人文与社会译丛

刘东 主编

图绘暹罗

一部国家地缘机体的历史

[美国] 通猜·威尼差恭 著

袁剑 译

译林出版社

图书在版编目（CIP）数据

图绘暹罗：一部国家地缘机体的历史 /（美）通猜·威尼差恭著；袁剑译. —南京：译林出版社，2025.8
（人文与社会译丛 / 刘东主编）
书名原文：Siam Mapped: A History of the Geo-body of a Nation
ISBN 978-7-5753-0147-3

Ⅰ.①图… Ⅱ.①通… ②袁… Ⅲ.①泰国－历史－研究 Ⅳ. ①K336.07

中国国家版本馆 CIP 数据核字（2024）第 088017 号

著作权合同登记号 图字：10-2018-358 号

图绘暹罗：一部国家地缘机体的历史 ［美国］通猜·威尼差恭 / 著 袁 剑 / 译

责任编辑 刘 静
装帧设计 胡 苨
责任印制 董 虎

原文出版 University of Hawaii Press, 1994
出版发行 译林出版社
地 址 南京市湖南路 1 号 A 楼
邮 箱 yilin@yilin.com
网 址 www.yilin.com
市场热线 025-86633278
排 版 南京展望文化发展有限公司
印 刷 江苏凤凰通达印刷有限公司
开 本 880 毫米 ×1240 毫米 1/32
印 张 10.5
版 次 2025 年 8 月第 1 版
印 次 2025 年 8 月第 1 次印刷
书 号 ISBN 978-7-5753-0147-3
定 价 76.00 元

主编的话

刘　东

总算不负几年来的苦心——该为这套书写篇短序了。

此项翻译工程的缘起，先要追溯到自己内心的某些变化。虽说越来越惯于乡间的生活，每天只打一两通电话，但这种离群索居并不意味着我已修炼到了出家遁世的地步。毋宁说，坚守沉默少语的状态，倒是为了咬定问题不放，而且在当下的世道中，若还有哪路学说能引我出神，就不能只是玄妙得叫人着魔，还要有助于思入所属的社群。如此嘈嘈切切鼓荡难平的心气，或不免受了世事的恶刺激，不过也恰是这道底线，帮我部分摆脱了中西"精神分裂症"——至少我可以倚仗着中国文化的本根，去参验外缘的社会学说了，既然儒学作为一种本真的心向，正是要从对现世生活的终极肯定出发，把人间问题当成全部灵感的源头。

不宁惟是，这种从人文思入社会的诉求，还同国际学界的发展不期相合。擅长把捉非确定性问题的哲学，看来有点走出自我囿闭的低潮，而这又跟它把焦点对准了社会不无关系。现行通则的加速崩解和相互证伪，使得就算今后仍有普适的基准可言，也要有待于更加透辟的思力，正是在文明的此一根基处，批判的事业又有了用武之地。由此就决定了，尽管同在关注世俗的事务与规则，但跟既定框架内的策论不同，真正体现出人文关怀的社会学说，决不会是医头医脚式的小修小补，而必须以激进亢奋的姿态，去怀疑、颠覆和重估全部的价值预设。有意思的是，也许再没有哪个时代，会有这么多书生想要焕发制度智慧，这既凸显了文明的深层危机，又表达了超越的不竭潜力。

于是自然就想到翻译——把这些制度智慧引进汉语世界来。需要说明的是,尽管此类翻译向称严肃的学业,无论编者、译者还是读者,都会因其理论色彩和语言风格而备尝艰涩,但该工程却绝非寻常意义上的“纯学术”。此中辩谈的话题和学理,将会贴近我们的伦常日用,渗入我们的表象世界,改铸我们的公民文化,根本不容任何学院人垄断。同样,尽管这些选题大多分量厚重,且多为国外学府指定的必读书,也不必将其标榜为“新经典”。此类方生方成的思想实验,仍要应付尖刻的批判围攻,保持着知识创化时的紧张度,尚没有资格被当成享受保护的“老残遗产”。所以说白了:除非来此对话者早已功力尽失,这里就只有激活思想的马刺。

主持此类工程之烦难,足以让任何聪明人望而却步,大约也惟有愚钝如我者,才会在十年苦熬之余再作冯妇。然则晨钟暮鼓黄卷青灯中,毕竟尚有历代的高僧暗中相伴,他们和我声应气求,不甘心被宿命贬低为人类的亚种,遂把迻译工作当成了日常功课,要以艰难的咀嚼咬穿文化的篱笆。师法着这些先烈,当初酝酿这套丛书时,我曾在哈佛费正清中心放胆讲道:“在作者、编者和读者间初步形成的这种‘良性循环’景象,作为整个社会多元分化进程的缩影,偏巧正跟我们的国运连在一起,如果我们至少眼下尚无理由否认,今后中国历史的主要变因之一,仍然在于大陆知识阶层的一念之中,那么我们就总还有权想象,在孔老夫子的故乡,中华民族其实就靠这么写着读着,而默默修持着自己的心念,而默默挑战着自身的极限!”惟愿认同此道者日众,则华夏一族虽历经劫难,终不致因我辈而沦为文化小国。

一九九九年六月于京郊溪翁庄

目　录

中文版前言

当一本书出版以后，它的命运就不再被作者所掌握了，也时常会与作者的预期迥异。作者可能需要用他的一部分人生对其投入非常多的思考与想象。尽管如此，读者常常还是没有看到作者想要表达的，却对作者未曾言说的多有体会。

《图绘暹罗》这本书可以有不同的阅读方式，无论是从作者的意图，还是从读者自己的发现出发。我自从本书1994年初版开始，就已经认识到了这一点。

本书考查了形塑暹罗这个现代民族国家的地理学知识的变化。我希望读者们能够喜欢这个故事。除此之外，如果读者在阅读的过程中找到或创造出了任何额外的价值，那都将被认为是意外之喜。

我写作这本历史书的目的很简单：讲一个好故事。这是历史学家共同的渴望，也是一项挑战。这听上去很简单，做起来却没那么容易，不是每位历史学家都能顺顺当当地完成这个任务。“讲一个好故事”在很大程度上依赖于历史学家的生活经验、志向和对于过去的想象力，同时也取决于他的读者。对于我来说，一个好的故事是引人深思的，能够吸引、鼓励读者在阅读时进行思考，并且在掩卷之后仍能留下许多值得思考的东西。但是历史故事，特别是学术历史故事，不像小说，它必须根植于证据、分析、解释、方法论以及概念，而且还必须是原创性的。从根本上来说，一个故事自身无所谓优秀，它之所以出彩，往往是靠讲故事的人。

此外，对于泰国历史和我本人来说，一部好的历史必须对在20世纪暹罗史学中占有支配地位的皇家民族主义范式提出挑战。好的故事应该有助于读者“忘却”上述强大的历史学思想体系，并对其产生质疑。然而，如果有可能的话，一部好的历史不应该是全然可信的，以避免最终变得太过权威或者残酷无情。

好的历史故事因具有将过去带入现在生活的能力而获得力量。只用社会科学的语言来进行解读的经济或政治的宏观历史可能会有所助益，但几乎不能让过去重新活过来。微观历史也并不能帮助读者透过狭窄的视野来想象过去的生活。讲述一个好的历史故事的要诀，在于对可以将巨大变革的进程展示出来的故事本身给以关注。

从语境上来说，本书的写作背景是1976年10月6日在泰国曼谷所发生的事件。它也涉及泰国激进运动被镇压之后数年的事情。自从1976年10月初那个具有决定性意义的星期三之后，我就认识到了“历史”，作为理解世界的多种方式之一，是残酷的。从题目、方法论、概念到它的故事和发现，本书都或明或暗地体现出来，它就是跟传统泰国史中这种残酷性进行的一次战斗。

在另一方面，本书并不仅仅是关于泰国历史的研究。在主旨和方法上，本书挑战了当时许多关于泰国研究的假设，同时也跟后殖民主义和后现代地理学相融合。在过去的数十年间，对地理和空间的兴趣扩散到社会科学和人文科学之中，本书在此方面有所贡献，同时也成为其中的一部分。

本书阐释了地图是如何构建出一个国家的。暹罗的诞生得力于现代地理学和地图。但是，其中的变化并不简单等同于由科学家或政治家所带来的制图技术的发展。本书并不是有远见的统治者的光荣历史，更不是对现代化的赞颂。它是一部争论和冲突的历史，说明了现代技术是如何支配人类的。它也不是一部反殖民或反帝国主义的历史，而是讲述了看上去无害的知识和技术如何变为强有力的、危险的东西，就像羊变成狼一样。民族主义屈辱地“丧失领土”成为了具有欺骗性的历史，而真正丢失的东西几乎从未被听说过。民族国家的“地缘机体”（geo-body）被地图塑造成一种新的拜物教。现在，它可以要求人们为仅仅几英尺的国土做出牺牲。本书讲述的就是这些内容。

本书对于国家保持了一定距离，以看清对于“地缘机体”的崇拜，因为它写作于对国家的尊崇及对主权的捍卫都成为陈腐旧说的时期。国界线成为人为设置的不得逾越的界限。跨越全球的人类活动和各类事件如今已成为常态。所以本书能在没有神秘主义和祖先崇拜的情况下，对民族国家的创立过程加以回顾。

本书的命运超出了我最初的预期。它在泰国研究、东南亚研究以及其他领域都已经广为人知。2009年，《东南亚社会问题杂志》（*Journal of Social Issues in Southeast Asia, SOJOURN*）在东南亚研究者中做了一项调查，发现本书是东南亚研究中最有影响力的作品之一。此外，本书也影响了世界上其他地区的类似研究，而不仅仅限于东南亚地区。

最后但同样重要的是，我承认翻译是我放弃尝试的一项工作，因为这对于我来说太难了。这比掌握两种语言更难，因为这是一种跨越了语言的创作。非常感谢本书中文版的翻译者袁剑博士、校对者金勇先生，以及其他参与到这项翻译工作中的朋友。感谢译林出版社促成了本书中文版的出版。

我希望读者诸君能够喜欢这个故事。

通猜·威尼差恭
威斯康星州，麦迪逊市
2014年5月14日

序　言

ix

在20世纪最后的这十年里，受欧洲共同体的推动，整个世界正转变成一种新的共同体。各式各样不再局限于一国的跨国公司如雨后春笋，纷纷涌现；市场与生产也愈加全球化；货币金融体系以及信息、资本的流动早已经没有了边界。亚洲、太平洋世界以及美洲，都在试图赶上欧洲的步伐。整个世界似乎正准备超越19世纪的欧洲遗产：民族国家与民族主义早晚都会被弃置一旁。但与此同时，苏联集团的瓦解释放了民族主义的强大能量；确实，这是一种相当古老的族类民族主义（ethnic nationalism），它要比马克思或列宁曾设想的更有力量。新的"古老"国家再次浮现。国家感（nationhood）* 即使正被淘汰，也依然充满着号召力。

本书正是在这样的一种背景下逐渐成形的。国家跟每个人的生活息息相关。国家拥有一整套政府体制、经济运行机制以及社会文化结

* 在英汉词典中nationhood一般指"作为一个国家的地位"或者"成为国家的状态"，有时候也被译为"民族性"或"国民性"，但在本书中，由于作者所讨论的内容与国家疆域版图有更密切的关系，因此译者将其译为"国家感"，并与本书所提出的"地缘机体"形成具有内在对应性的互动关联。——译注（以下脚注若无特殊说明，均为译注）

构；所有这些，都会影响到个人。我们必须承认，国家感具有一种能够将彼此互不相知的成员结合成一个共同体的强大凝聚力。这种力量是如此之强大，以至于人们愿意为之牺牲生命。它鼓舞着一代又一代的人，为了革新性、建设性的成就，而奋斗进取。事实上，哪怕是一些国家中的激进分子，也和他们的对手一样忠于国家，渴求获得国家感。

然而，民族主义的破坏性影响还是十分巨大的。确实，它的这种破坏性使我们更多地意识到一个国家的任意性与人为性。在这种经济跨国主义与政治民族主义并存的局面下，对民族主义与国家感的研究将会开辟一个新的方向。我们不再被它的普遍性和伪装所压倒。这样的一种观念，在个人与其国家之间的关系方面，已经造成了一种距离，因为我
x 们如今可以用一种可能超越于国家感世界之上的优势来对国家感进行条分缕析。宏观地看，一个民族可以被看成是一种特殊历史背景下的文化建构，这种建构善恶兼容。这种情况真假难辨；它是一种话语，一种用新的方式所阐明的可能性，在20世纪末我们造就了这样一种可能性。

通过将旧称“暹罗”的泰国作为个案，本书经由对话语交锋与替代的众多时刻的分析，探究了国家感是如何通过一种早已熟知的科学（地理学及其基本认知技术，制图）被任意而又人为地塑造出来的。就算是一个民族国家最具体实在的身份认同，比如它的领土，以及与之相关的价值和具体实践活动，所有这些我称之为“地缘机体”的东西，都是一步步形塑出来的。书中“导论”部分用一种不寻常的方式探究了国家感的重要意义：通过自身族人之眼，或者正如爱德华·萨义德所说的，通过一种替代东方学家想象的“内在”观念，对泰民族/国家（Thai nation）的认同加以质疑。它确立起了主要的研究问题和研究目标以及基础观念和方式。

第一章进而对一些本土的空间观念加以探究，其中包括宇宙观或

宗教方面的概念，以及世俗层面的概念。它表明，前现代社会从来就不缺少想象空间的知识与技术。第二章则展示了地理知识转换的具体形态。通过对早期暹罗的地理学课本的研究，本章通过运用符号学方法，对知识的替代现象做了深入研究；并用类似的方法，对众多的转换时刻做了相应的阐释。

第三、四和五章研究的则是地理学知识在三大观念与实践领域的替代问题：边界（boundary）、领土主权（territorial sovereignty）以及边缘地带（margin）。在这些领域，在涉及暹罗边疆的众多问题上，现代地理学以各种不同的方式排挤了本土观念，而坚称自己才是一种新的、具有合法性的"正确"知识。在所有的事例当中，符号政治的操作方式从来就不单单是知识界或者学术界的。这种替代常常发生在外交和政治活动中，发生在战争和国际关系当中，甚至出现在日常交际的文字材料当中。第六章叙述了制图（mapping）是如何在塑造一个新的暹罗的过程中发挥决定性作用的。跟军事力量一起发挥作用的过程中，制图不仅预期，并且具体规划了暹罗所应有的模样。一个民族国家的地缘机体浮现出来了。

第七和八章讨论了地缘机体的话语是怎样通过一种特殊的方式来形塑一种为自身生存服务的知识的。通过对历史的关注，文中的论述 xi
表明了新的地缘机体是如何形塑了人们看待和理解暹罗的过去的方式。事实上，地缘机体本身出现的时刻，在泰国历史的一种新的绘图法形塑过程中扮演了关键性角色，而这种新的绘图法在整个20世纪主导了泰国的历史观，也必定会在未来持续下去。

现代地理学、绘图和一个国家地缘机体上的霸权也许要比我们准备要认识的情况强大得多。它不断重塑它自己，从而将我们囊括到它的统治之下。这种情况，不仅对泰国民众来说是千真万确的，也拓展到这个被绘制的世界（this mapped world）的一些其他事件当中。

xv

致 谢

1976年10月6日，这一周三的早上，在位于曼谷的泰国国立法政大学的大屠杀中，那些或不幸丧生，或身心饱受伤害的人，以及数以千计因此受到影响的朋友们是我开始本书写作的动力。谨以此书献给他们。与他们所付出的巨大牺牲相比，本书是那么微不足道。

在悉尼的数年，从提高我糟糕的英语水平，到学习新思想以及完成这项大胆的研究，我的学习过程都是在我伟大的老师Craig J. Reynolds的指导与关怀下进行的。毫无疑问，他是最好的老师：不仅精通专业，接受新的人文学科和社会科学理论，而且对每一位学生的发展尽心尽力。如果没有他，这本书压根就不会成形。

这里要特别感谢Charnvit Kasetsiri*、Kanchanee La-ongsri、Supaporn Jaranpat-Shigetomi、Chaiwat Satha-anan以及那些以各种方式帮助我度过混乱不安的大学生涯并进入学界的法政大学的老师与同事们。康奈尔大学Benedict Anderson的批评和鼓励对我有着莫大的意义：虽然我们

* 泰国历史学家、泰国国立法政大学前校长。

仅仅见过几次面，但是这些年来他的鼓励对我而言极为重要。莫纳什大学的David Chandler和悉尼大学的Anthony Day所做的批评也同样意义重大。

感谢Sujit Wongdes和Singkom Borisutdhi协助我获取丹南地图和沿海地图中的精品。感谢《艺术与文化》杂志允许我重印属于他们的图像2和4；位于曼谷的国家图书馆允许我重印图像3；泰国皇家测量局、泰国国防部允许我重印图像5。感谢Andrew Turton自始至终一起参与 xvi
复制工作。同时也要感谢夏威夷大学出版社的Pamela Kelley为本书原稿所付出的心血以及在督促我完成全书上所做的努力。我希望我没有疏漏任何以不同方式为这本书做出贡献的人们。他们的鼓励、关心和帮助，我将永远铭记。

最后，尽管我不喜欢因循成例，但我还是必须承认，没有我妻子Somrudee的悉心照顾、努力工作和无私奉献，我是无法完成这本书的。

我不知道这本书对建立一个更好的世界是否会有某种贡献。我只是希望：在未来的某一天，所有那些毫无道理的所谓理性（the irrational rationality）将会被一一揭露，人们会变得更为宽容、更为体谅。

导　论 1

国家感的存在

在1986年世界杯第一轮丹麦击败苏格兰后，有报道称，在500万丹麦人中，有97%的人收看了这场比赛的电视转播。一位电视播音员这样评论剩下的那3%人口："只有瑞典人和卖国贼才会对这场比赛视而不见。"[1]这一评论看似幽默，却发人深省。这是现代跟国家感息息相关的一出喜剧。但是，国家感也有许多悲剧性的方面。在接近21世纪的当口，我们目睹了东欧诸国的崩溃，这种崩溃演变为众多新建立国家之间严重的族群与民族主义冲突。事实上，在全球范围内，众多自认为属于某一民族的人们彼此之间的冲突一直都在上演。这个关于足球比赛观众的评论之所以有意义，是因为其中明显的国际竞争意味暗示着民族间在其他领域内相互敌对、竞争和对抗的大背景。正因为这一玩笑涉及的是民族性质的标准看法及其与现代个体的联系问题，它才这么容易被人理解。 2

国家感的两种认同

一方面,民族通常被设想为一个单独个体必须从属的集合体。更进一步来说,民族被设想成是一个整体,作为其中一分子或者组成部分的民族成员在本质上是相同的。民族的本质特征被普遍灌输到成员内心当中,而且,成员们还具有相同的民族利益。爱国主义、忠诚以及其他从属的思想、感情和实践方面的依附似乎就是成员与他们民族间的天然联系。另一方面,民族也常常被设想为是在全球民族共同体中存在。这就是说,世界上还有其他与我们的本质和利益并不相同
3 的民族存在,它们与我们竞争,甚至与我们为敌。有关现代民族的论述通常会假定这两个方面的认同:建立在民族有共同的本性、同一性或利益上的积极认同,建立在与其他民族的差异上的消极认同。我们的现代文明在很大程度上是建立在这种同一性和差异性的基础上的。

民族的同一性及其与异民族的敌对(民族认同的两个方面)是如何产生的?或者说这种情况是怎样造成的?现代人在涉及民族问题时是如何谈论、认知和行动的?更进一步地说,关于民族的知识是如何在我们的文明中构建出来的?这些问题的答案不应该框定为仅仅是关于民族国家形成或民族建构的另一种研究。相反,这更应该是关于国家感话语的研究。这种研究所关注的是暹罗或泰国之所以得名的问题。但它的意义远大于个案研究。它也可以用来解释近两个世纪中出现在这个星球上的其他一些现代民族。

泰国性的积极和消极认同

在今天的泰国，存在着一种普遍的假设，即，人们认为存在一个共同的泰国特性或者认同：khwampenthai（泰国性，英文为Thainess）。它被确信已经存在了很长时间，并且所有泰国人都清楚地意识到它的优点。尽管实际上，在过去的一百年中，暹罗在迈向现代化的过程中已经大有变化，但泰国性的本质还是被很好地传承至今。与其他民族主义话语一样，它假定伟大的领袖（即君主）选择性地接受了西方的好东西，同时又尽可能保存了传统的价值。尽管怀疑论者可能对这一观点的正确性有所质疑，但这一看法在学界仍然很流行。

这种在泰国性基础上的选择性现代化最常被引用的例证之一，就是在现代化过程中，泰国虽然吸收了西方科学技术，但佛教仍然是国家信仰。另一个著名的证据，则是某些杰出的暹罗国王的命令，他们对于应该接受西方知识的范围有过深思熟虑：他们指出，它必须以适合暹罗为基础，而不是根据其原有的形式或标准行事。但是，要精确地确定什么是需求、适当、美德、有益的或正确的，是有难度的。“正确”的东西从未被明确地定义过，事实上，对其定义也是不可能的。因此，随着时间的推移，出现了许多对于泰国性的解释。这种情况从20世纪开始持续至今。

什么不是“好的”？朱拉隆功国王（1868—1910在位）在1885年宣 4
称，政党和议会制度是不适合暹罗政治传统的。[2]在另一场合，他甚至还指出，华人在暹罗组建政党的尝试与暹罗的利益是相悖的，因此只要一有可能就必须反对。[3]拉玛六世（1910—1925在位）查禁了泰国的第一部经济学书籍，因为它并不适合泰国社会。他认为，除了君主，在他治下的泰国人民都是平等的。因此，由于经济学涉及贫富阶层的分化，所以它可能引起国家内部的不团结或分裂。作为替代，他提出了自己的经济哲学：以佛教原则为基础，人们应该满足于自己所拥有的东西。不仅仅关于经济学的书籍被禁，在1927年，泰国还通过了禁止教授经济学的法律。[4]

究竟什么东西应该受到保护，还是让人捉摸不透，这是因为泰国性已经被众多不同意识形态阵营的权威人士从各个角度做了定义与断言。在泰国学者中众所周知的是，君主制和佛教是这个国家最重要的两大要素。拉玛六世认为君主制对于国家感来说是最为重要的。伟大的历史学家和行政长官丹隆拉查努帕（之后称为丹隆）*曾提出，泰国人民的三大道德支柱是对国家独立、宽容、和解或融合的爱（the love of national independence, tolerance, and compromise or assimilation）。[5]披汶**政府在第二次世界大战期间（1938—1945）开始了许多雄心勃勃的尝试，力图使泰国文明开化。[6]许多委员会建立了起来，以把控泰国文化的未来走向，并监督宣传工作。众多的细节性事务（从私人事务到公众事务，从家庭问题到社会问题）都被规定好以供人们遵行。[7]颇具讽刺意味的是，传统服饰和咀嚼槟榔这一习俗被禁止，而穿裤子、裙子以及在早上去工作以前亲吻则被规定执行。在这届政府下台后，这些泰国文化新元素中的一些没有留存下来，而其他的直到今天仍被

---

* 丹隆拉查努帕（1862—1943），泰国王室的亲王五世王朱拉隆功的御弟，也是一位著名的学者，涉及宗教史、艺术史、政治史、文字史和泰族族源研究，著述颇丰，被誉为泰国历史学之父。1881年，他于皇家卫队团长任内创建了泰国知名的玫瑰宫学校，并于1892年的内政部长任内，将原有的一百来个泰国省区归并为十四个“特区”。

** 銮披汶·颂堪（Phibunsongkhram或Phibul Songkhram，1897—1964），泰国总理（1938—1944，1948—1957）和军人政治活动家，原名叫贝·奇达桑卡，銮披汶·颂堪是他的爵衔，1943年他宣布废弃爵衔制度，改用贝·披汶颂堪（Plaek Phibunsongkhram）这个名字，但泰国人更习惯称呼他为波·披汶颂堪将军（Chomphon Po Phibunsong Khram）。

沿用。

还有许多关于泰国性的看法，对泰国性的定义永远不会有终结的一天。泰国关注对可能会突然消失的民族文化加以保护，不过它不是唯一一个这样的国家。因此，为了实现这个目的的政府机构一直存在着，虽然它的名称与职责范围会不时发生变化。现在存在着的一个实体是国家认同委员会，它不得不对泰国性做出定义，以便澄清其为保证民族、信仰和君主制的安全而进行的规划、协调、咨询等方面的工作。委员会将国家概括为由八大要素组成：领土、人口、独立和主权、政府 5
和行政机构、宗教信仰、君主制、文化、尊严。然而，委员会也表达了他们的顾虑："就像我们看到的那样，'国家认同'这个术语是一个广泛的概念，包含了国家的所有方面，所以它可能引起一些混淆和不清晰的理解。即使是这八个要素，也并不是（委员会中）所有人都能够同意的。"[8]事实上，在这本二十六页的小册子《国家认同》（*Ekkalak khong chat*，英文为*National Identity*）中，三位杰出人士给出了许多对于泰国认同要素的解释。这些要素彼此之间是不矛盾的。而且，它们都很重要；看过这个册子的人都应该接受这些要素。[9]泰国特征和习俗的数量似乎是无穷无尽的。冗余是必要的，也是有用的。

虽然泰国性从未被明确定义，但它被假定为所有泰国人都知道的存在。现代泰国最杰出的政治家和学者克立·巴莫*承认他对于"认同"的意义并不十分清楚。但他确信，这种"认同"深深影响着他："这种认同属于国家中的人民……每个人生而有之。泰国性在很大程度上将泰国人民团结在一起。只要是一个泰国人，就意味着有如此这般的

---

* 蒙拉查翁·克立·巴莫（1911—1995），泰国政治家和作家，社会行动党主席，泰国历史上第十二位总理（1975—1976）。

感受，有如此这般的特定性格。没有人能改变这些。”[10] 如果说，“什么是泰国性”这一问题很难清楚定义的话，那么，“什么不是泰国性”，即非泰（un-Thai），就时时被定义着。同时，这种认同帮助我们从外部定义泰国性。正如埃德蒙·利奇*在对缅甸高地的研究中指出的，族群的人根据与其他族群的不同来定义其自身，而不是根据族群内共享的一套特征来定义，这种所谓的共同特征仅仅是社会学的虚构。[11] 这就是我所说的“消极认同”。

把他者（otherness）用作参照，常常是通过把属于另一民族的特征识别出来而实现的。但是，用作参照的民族或族群常常被胡乱定义。例如在泰国，farang是一个用于指称西方人的众所周知的形容词和名词，并不具备任何民族、文化、族群、语言或其他特性。Khaek是用于无差别地指称马来半岛、东印度群岛、南亚以及中东的民众与国家的另一个术语。Khaek也指穆斯林，但同样也并不是一个专门称谓。这就是说，一个参照（reference）有时并不怎么顾及真正从属于某一特定民族或族群的某种特征，这是因为这种话语的目的是要识别出非泰国性的东西，而不是去定义任何特定人群的特征。一旦非泰国性被体认的话，那么，作为它的反面，泰国性也就显现出来了。

---

* 埃德蒙·利奇（1910—1989），英国人类学家。1932年毕业于剑桥大学机械系，后在上海经商数年，1937年从贸易公司辞职，前往台湾研究雅美人，从此走上人类学之路。同年，他进入伦敦经济学院师从马林诺夫斯基，1938年前往伊朗库尔德地区做田野工作，1939年他来到缅甸克钦地区，随着第二次世界大战蔓延到缅甸，他在克钦游击队中任职，直至第二次世界大战结束。战后他重返伦敦经济学院，并根据自己亲身经历与二手资料完成了他的博士论文《缅甸高地诸政治体系》。毕业后他留校任教，1953年开始到剑桥大学任教。1975年他被授予爵士爵位。利奇被认为是列维—斯特劳斯结构主义在英国的代言人，他因此也被称为新结构主义者，但是他的结构主义更具有经验主义的根据，而且，他后来转向了象征体系的研究。他的主要作品包括：《缅甸高地诸政治体系》（1954）、《重新思考人类学》（1963）、《列维—斯特劳斯》（1970）等。《缅甸高地诸政治体系》是利奇的代表作，是凝聚了其个人经历和战争考验的成果。该书中文译本可参见［英］埃德蒙·R.利奇著，杨春宇、周歆红译：《缅甸高地诸政治体系：对克钦社会结构的一项研究》，商务印书馆，2012年。

关于消极认同的例子在日常生活中并不难找到。1987年2月中旬，6
在堪培拉的泰国大使和泰国学生进行了一次关于在澳大利亚的亚洲人的谈话，大使教育学生们“不要像越南人一样”。但不清楚他所指的到底是在澳大利亚的越南人，还是在越南的越共分子，或是两者都是。可能他并不关心他使用的术语究竟特指什么。在这种情况下，“越南”这个术语代表了一种应该避免的差异性或者非泰性，不管越南人事实上是否以这样的方式行动。

非泰国性有些时候并不是关于民族或族群的问题。一位记者说过，他曾经取笑一个泰国人是共产党分子，但是这个泰国人并没有感到可笑，而是很快回应说：“我不是共产党。我是一个泰国人。”[12]这表明了泰国看待共产主义的官方态度。概括来说，反共法案（1952）以非美活动立法作为样板，其逻辑在于共产主义在思想和生活方式上都是非泰国性的。[13]二三十年前，在冷战期间，一份关于共产主义威胁的海报被广泛分发到所有小学。在这幅画中，一幅小型泰国地图被笼罩在起源于亚洲大陆的红色恶魔的巨大威胁下。在此，共产主义和其他民族被融合为一个恶魔般恐怖的他者。（一份与此相似但更为晚近的海报随后会在本书中被深入讨论。）

1973至1976年间所发生的激进运动时常被指控为引狼入室。这个狼一般的敌人似乎是指共产主义和其他民族。学生领袖都被说成是越南人的后裔。在泰国官方看来，越南在1975年以后就成为了一个最坏的他者的象征。在1976年10月6日对学生的屠杀中，数以千计的示威者被警察和右翼准军事团体攻击，其中一些被私刑处死，因为疯狂的民众被灌输了这样的想法，即那些受害者是越南人。越南、共产主义以及激进分子，在这一语境中就跟电视播音员口中的瑞典人和叛徒有着相同的意义。他者、非泰国性的存在，正是泰国性的积极认同的必备之物。或许，我们可以这么说，对于后者而言，前者是必不可少的。

泰国研究

尽管对泰国性认同和构成的认识还存在着不清晰的地方，但在泰国人心中，对于泰国性的想法却足够明显。这是在地球上、在历史上存在的一件“东西”(thing)，它有自己的特色，区别于其他的民族。对许多泰国学者来说，在对这个东西的研究上，泰国人会比任何其他人有更深刻的了解。

7 泰国人，无论是否是学者，常常被提醒不要tamkon farang(“对西方人亦步亦趋”)。对于他们来说，泰国性、泰国、泰国人、泰国研究以及诸如此类与泰国相关的问题，西方人(farang)都可以管中窥豹、略见一斑，但他们绝不会像泰国人那样有极其深入的了解。泰国人属于这种泰国性，并且就是其中的一部分，两者水乳交融。从另一种意义上说，泰国性是属于他们的，成为他们生活中的一个共同部分。这种认为自己是其中一员的认同感能够使泰国学者在泰国研究中设定一种特权状态，因为“泰”并不仅仅是一个研究领域，而更是他们的一个固有组成部分。与此相比，西方学者不得不克服研究者自身和研究客体之间的巨大距离。

在有些时候，这种距离被加以明确和具体的估量。在研究泰国的边界问题时，也是如此。一位研究对外政策的顶尖政治学家曾经在柬埔寨问题上与外国学者意见相左，他认为那些外国学者距离柬埔寨及其边境所发生的事情非常遥远，而不像泰国人(民众？学者？士兵？)一样会直接经历事件，并受其影响。正因如此，他说：“我对一些只相信国外学者给出的理由的［泰国学者］表示遗憾。相比泰国人来说，那些国外学者看待这一问题是如此浅薄。”[14]

爱德华·萨义德认为，那些关于欧洲以外的国家和民族的话语，特别是关于“东方”的话语，已经成为欧洲权力关系的一部分。这些话语与其说是关于“东方”究竟是什么的证据，不如说是建构了“他者”的存在，以达成巩固欧洲中心的优越感和认同感的目的。[15]尽管如此，在相当长的一段时间内，欧洲中心主义观念及对其他民族的偏见，在欧洲学者中是非常普遍的。作为一种对东方学家之前所作所为的修正、辩护或是矫正，这种负罪的心理将西方学者推到了一个相反的取向：认可本土的视角。最近一项关于东南亚的研究宣称，这项工作“在研究体系上……对于所研究的民族更为客观公正”。[16]但是，这一相反的取向有时候走得过头了。不同于其他殖民国家的例子，在泰国研究中，并不存在殖民和反殖民学者之间的争论，这个事实有时会导致西方学者不加批判的合作，这些西方学者趋向于接受那些暹罗精英分子已经确立起来的观念，以此作为关于泰国的**唯一**合法性话语。[17]如果这种学术事业是由萨义德所说的权力关系所建构的话，那么，在这种语境之下，本土视角多多少少就成了一种特权，至少对一些本土学者来说是如此。

当东方学被从根本上当成西方文明的他者的时候，泰国人的泰国
就成为了“我们”或某人的自我领域。被言说、研究或想象的真实不是
一个“对应物”(counter-part)，而是一种自我，一种社会的和集体的自 8
我。因此，一个民族共同体及其众多方面(民族主义、爱国主义、认同、文明、历史、想象、世界观等等)就并不仅仅是科学研究的客体。它们不仅仅是物质上、精神上对“我们自身”(We-self)的研究的对象，也是移情、忠诚、偏爱、痴迷的对象。

在科学方法和学术格式(特别是脚注、引用和参考书目)的伪装下，

泰国人对泰国的研究被深深地定位在对“我们自身”的范式性话语当中。这就为他们提供了特定的视角、观点和价值观，但同时还包括了约束（constraints）、忌讳（taboos）、托辞（alibis）和花言巧语（plausibility）。关于“我们自身”的领域也同样有它自己的政治经济环境和自己的问题，这些问题与外国学者所面临的并不相同。在泰国学者的心目中和笔端的泰国也许与非泰国学者所见的并不相同。[18]作为“我们自身”话语的一部分，这种研究好像获得了一种自然的权威，成为一种判别对泰国来说什么是福什么是祸，什么才是泰国的内在视角。关于观念或世界观的人种学研究宣称，这种内在视角具有无可比拟的优势。就像一项研究所宣称的那样：

> [这本书]将……通过泰国人的眼睛，以趋近于民族志的本位或“内在视角”，来观察泰国的世界观，并力图在这种新趋向中获取某些有益的东西。虽然本卷中的许多作者是在西方学习的，但是他们基本上是以泰国的方式思想和行动的。本卷的文章应该能反映出泰国以及非西方民众的观念和看法。[19]

“泰”这一概念（世界观、民众、见解、思想、行为、观念、看法）在这种表述中似乎是均质的，并不需要进一步加以阐明，因为它已经在写作主体或者作者笔下被呈现了出来。这种研究最近一段时间大量涌现，绝大多数是由各地区的民族志研究中心和历史学家完成的。因此，我们了解了北部、东北部、南部泰国人的世界观，以及素可泰王朝*、阿瑜陀耶

* 素可泰王朝（1238—1378），泰国首个王朝，首都素可泰位于泰国中央平原，统治者称之为“幸福的黎明”，这一时期也常常被认为是泰国历史的黄金时期。

王朝*、曼谷王朝**早期的世界观。[20]这些研究在方法论上几乎都是相同的：首先，研究者根据事先设定的关于泰国人世界观的看法而将原始材料加以分门别类；然后，作者对他们所搜集到的材料（民间故事、歌曲、谚语、游戏）加以复述（paraphrase），并给出一个结论，作为对泰国人世界观的分析。[21]问题是，没有人对这究竟是泰国人的世界观还是作者分类的结果提出质疑，而这本应是每一项研究前需要作为方法论详细说明的。可能这被假定为都是一回事。泰国人世界观的来源又一次成了写作的主题。这些材料只不过是泰国世界观（Thai-worldview）主题的实证而已。 9

这一批评并不是对社会独特性的拒斥。但是，对于“我们自身”的讨论不仅是对这种独特性的夸张（或是对亲缘的重要性的过分强调），而且还是特定的人群和文本基于其归属关系（ascriptive relationship）或是**知情者**（insider）角色，而想在泰国或泰国性研究中拥有特权、权利或者权力的要求。本土视角是破解东方学家话语中的权力关系的一服良药。但是，关于泰国性的话语也有它自己的权力关系范围。在全球权力关系的语境之下，它可能体现着边缘（periphery）对中心（metropolis）的反抗。但是，在泰国社会内部的权力关系语境中，它常常宣示着一种官方或支配性话语在对从属或边缘话语施加其特殊秩序时的合法性。正如后殖民时期的情况一样，一种反西方的话语可能属于压迫者，而不是被压迫者，以重申其控制的权力范围。对于泰国性的定义并不明确

* 阿瑜陀耶王朝（又称大城王朝，1350—1767），首都为大城（阿瑜陀耶城），1767年亡于缅甸大规模入侵。

** 曼谷王朝（泰文中称作叻达纳哥信王朝），是从1782年起延续至今的泰国王室。该王朝的君主在1932年前是拥有专制权力的统治者。1932年，泰国转变为君主立宪制国家，此后历代国王都只是国家的象征性元首。

（这一定义是永远不会清晰的），因此，什么是泰国性的范围以及在对这一问题的讨论中出现的权力关系，就构建了一个舞台。在这个舞台上，站在各种立场的不同解释为了获得霸权而斗得你死我活。

解释上的斗争

从20世纪70年代后期开始，占有泰国三分之二广播电台资源的军用广播网在每天早上6：45和下午6：00播出两套节目，号召民众保持秩序和团结，并鼓舞民族主义和民族安全意识，以应对来自国内外的共产主义威胁。广播涵盖了不同的话题，从对抨击民选政府等等社会事件的政治评论，到信件和讣告，应有尽有。但是主题是明确的：对于泰国人民来说，什么是好或坏，他们应该如何行事，应该如何看待每一个事件。这种广播试图给民众强行灌输社会的以及思想的准则，这是一个公然的洗脑计划，每天两次，不厌其烦地渗透到每一间屋子和每一辆汽车中。通常，这种标准观念的合法性仅仅是"根据泰国的……［文化、价值、传统、历史］"。[22]从正面来看，评论常常引用历史、国王的讲话、现任军队首脑的言论以作为泰国性各方面的权威。而从反面来看，这些广播通常会提到别的国家发生的事情，特别是印度支那，广播会把它们作为邪恶、堕落的例子，泰国必须免受这种价值观的荼毒。更确切地说，邪恶和堕落常常被宣称正在那些"其他"国家发生。除了动员民众
10 支持军队之外，广播显然也是用以制造某种泰国性标准的官方产业的一部分。[23]

除了这些力图以标准化为目的对泰国性进行的不容争辩的解释之外，还存在着其他不同的解释。然而，在所有情况下，它们之所以挑战官方视角，仅仅是为了提出另一种泰国性的标准。完全消解泰国性的

概念可能难以想象。就算是泰国近期历史中最为激进的反对派泰国共产党，在20世纪70年代后期的意识形态宣传方面大获成功，在很大程度上也是得益于它强大的民族主义情感，而这也成为了反西方主义的开始。这种趋势的一个明显标志就是它颇具清教徒意味的提倡传统和民粹的文化计划，它反对堕落的西方文化与虚伪的政府的合流，并认为这样无法防止泰国文化的退化。一位一度入党的学生领袖评论说："就传统价值而言，共产党比观察者所见的更多地继承了泰国的遗产。"[24]迄今为止，泰国在对泰共的评论上，对这一点仍避而不谈。但是，这是因为他们没有认识到泰国共产党的这种保守主义特征，还是因为这些评论也持有同样的倾向呢？

对于泰国性的另一种有争议的解释则更为晚近，并且仍具有影响力，作为一种舆论取向，它以其保守的激进主义吸引了不少拥趸。从根本上说，它以泰国传统佛教的眼光来抨击现代泰国社会的失败，认为现代性、资本主义以及消费主义从根本上改变了泰国人基于泰国文明的基本生活方式，因此，现代文明以及泰国社会中的道德和佛教都将一起退化。转而，它号召回归泰国性，认为这是泰国文明的根本和基础的价值观，也是泰国知识分子所一再主张的，而这一切都以佛教为基础。[25]这些人同时也反对军人干政和军政府，因为军人干政对泰国社会的退化负有不可推卸的责任，跟过去的君主制不可同日而语。[26]

此外，目前持有这种主张的一些人还宣传这样一种观念，即泰国性深深根植在人们的生活方式和思想中，特别是在农民那里。照这种观点来看，泰国性和泰国的思想就根植于乡野，在精英的对立面生根发芽。[27]然而，与泰国精英所倡导的泰国性一样，它也反对西方文明。一位持这种观点的主要宣传者在一本诗歌集中宣称：

> ［这些诗歌］拥有超越西方哲学的思想方法上的优势……［这些诗歌］使我们得以感受乡野之美，并发展出一个生气勃勃、切实可行的计划……［这些诗歌的］作者是一位运用泰国的才智挑战西方的艺术家和思想者……在许多艺术家丢失了他们的泰国认
> 11 同，并转向从其他国家获取新认同的时代。[28]

对于军方来说，尽管左派的威胁不断，但泰国性还是生机勃勃。对于佛教激进分子来说，它是处于危机之中的，因为西方文化占据了优势；因此，当务之急就是恢复这种泰国性，并使之成为未来的唯一选择。[29]就像一位佛教激进分子评论的："现在泰国整整一代人都与泰国性分离了，他们对自己的国家没有亲近之情并失去了自豪感，因为在过去的一百年中，泰国社会的精英在对西方的亦步亦趋中迷失了，没有运用他们的才智来探究我们的认同。"[30]具有讽刺意味的是，对于道德衰败的关注同样被最近另一起影响深远的佛教运动提及：法身寺(Dhammakaya)运动。其支持者是一些皇室成员和军方首领，而佛教激进分子反对这场运动。这场运动表达了对西方知识和文明的不信任以及其对佛教的影响。[31]然而，著名的反共僧侣吉滴乌笃(Kittiwuttho)并不持这种看法。他虽然同意商业的贪婪和高等教育在西方国家引起了道德和信仰的衰败，但是他确信，在泰国，佛教是引路的明灯，科学和技术将对佛教信仰起到促进作用。[32]

问题的关键并不在于泰国性的哪一种解释应该被视为正确和合法的，而在于这些所谓归属的、天然的亲缘感虽然被确信可以使泰国人民熟知或者从直觉上认知泰国性，但无法保证能有一个清楚的关于泰国性的概念。泰国民众在这一问题上的斗争，与东方学家书写东方的渴望相比，所用的暴力、压迫和霸权一点都不少。对共产主义、破坏活动、

反叛和冒犯（lèse-majesté）之举的指控屡见不鲜。

这些例子同样指明了这样一个现实，即无论哪种关于泰国性的解释占据支配地位，或者，无论形成怎样一种折中主义，泰国性的支配地位都不会改变。虽然各种解释在很多方面尖锐对立，但是有一点是共同的：它们都关心泰国性中的佛教以及西方文明对泰国性的威胁。尽管它们的政治立场不同，但各派都宣称他们通过遵守泰国性而获取合法性。这是政治思想中没有人敢违背的范式。如果有人被指责违背了这一基本原则，他的理论就丧失了可信性和权威。这正是右翼分子在 12
1973至1976年间反对左翼运动时曾经采用的一种策略，这也是导致泰国共产党分崩离析的部分原因所在。通过对第一手材料的阅读，可以知道，泰共曾经不加思考地试图在泰国革命中模仿中国模式，甚至受到中国共产党的直接影响，那些在1976年后加入泰共的青年激进分子深感幻灭。[33]对于这些年轻学生来说，正是因为外部因素的影响，泰国共产党在阶级斗争和泰国社会方面的权威和力量几乎消失殆尽了。

但是泰国性，或者说泰国的国家感，泰国民众所理解和感觉到的"我们自身"、合法性、准则、标准、情感、灵感以及敌意的来源、参照与理由，从未被认真质疑过。它从哪里来？以何种方式形成？泰国民众所宣称的对于它的归属关系是真正自然而然的吗？如果不是的话，那么，泰国性又是如何制造出来的？

作为文化建构的暹罗

从根本上说，历史或许可以被看成是泰国性的一个主要数据库。大多数对泰国性的解释都以从历史中寻找支持为傲。在这种意义上，历史也变成了决定"什么是泰国性"或"什么不是泰国性"的权威。对于泰国性的解释很少有不援引历史以证明其合法性的。可以说，所有对历史的研究都是关于泰国国家感的学术与科学话语的支柱。正因如此，如果要在泰国研究上有所建树，特别是泰国人进行研究的话，就应该在现存的研究作品之外有所突破。这种研究应该是一种挑战：一种反向的历史（a counter-history）。

传统的对于泰国历史的研究总是会预设从未知时代开始，就存在某种政治的或社会经济的“东西”，一个王国或者国家的存在。只有如此，历史学家才能讨论它的政治组织、经济形态、文化、发展和改革。它是先在的；研究只是对这种先验事物的再次确认。但是，本书所研究的是泰国国家感是如何一步步被创造出来的。这一研究将重新审视被传统历史学家作为卓越的泰国性而称颂不已的伟业，即现代暹罗的建立。但是，这一研究并不是讨论民族国家建立的进程，它想要表明的是：暹罗是一种话语建构。泰国历代国王只不过是一种新的话语的工具。泰国性只不过是一种对卑贱出身（humble origin）的建构。

13 跟欧洲之外的其他国家一样，历史将暹罗在19世纪与欧洲帝国主义的斗争看成是现代民族国家的出现。然而，与其他国家不同，暹罗从未正式成为殖民地；对于这一与众不同的现象，泰国人常常引以为豪。因此，暹罗被认为是一个实现了自身现代化的传统国家，这还得感谢历代国王的无上智慧，正是他们明智而又及时地应对了欧洲力量的威胁，在合适的时期引领泰国迈向了现代化。而那些留存下来的传统，特别是泰国佛教和泰国君主制，就成为了现代暹罗独有，或者说是独一无二的特征。尽管遇到过一些挑战，但是这种关于泰国历史的既有看法在泰国社会中坚如磐石，不管是在今天泰国的学术界，还是在年轻激进分子的圈子里，都是如此。[34] 当然，这同样也使军人干政变得底气十足。

在泰国，这一观点在20世纪50及70年代受到泰国马克思主义历史编纂学的质疑。[35]一些另类的历史（alternative histories）被构建起来，特别是以阶级斗争和社会经济变革之类的术语包装起来的历史。在这种视角下，现代暹罗的形成是其进入世界市场的结果，其标志是1855年与英国签订的正式条约。对君主制在民族国家建立过程中所扮演角色的直接争论，则表现为这样的命题：民族国家真正意义上的开始并非在1932年专制君主制结束之前，暹罗在从19世纪晚期到20世纪前三十年的时间里是一个专制国家。[36]

除了泰国国内关于泰国建立的话语之外，西方学者也提出了相似的问题。暹罗被看成是一个被间接殖民的国家，从19世纪中期一直到第二次世界大战结束后的历届独裁政权时期，无论是经济上还是政治上，都是如此。[37]19世纪晚期的国家建构和国王的角色同样大受质疑，没有人把它看作民族国家的开端。这一争论的中心正是这样一个事实，即泰国无法在国土统治下实现信仰泰国佛教的主体民族与少数族裔在各个方面（族类、宗教或意识形态）的现代国家政治一体化。[38]在西方学者的话语中，被当作现代泰国的“东西”最近得到了多样化的定义。[39]

这些挑战试图反击那些对国王能力和传统习俗的适应性的过分信
任。与之相反，它们更注重历史中非个人的力量，并试图将看上去是民
族主义者的国王与现代国家的诞生分离开来，强调泰国在从君主统治 14
转变为一个真正的民族国家时的那种无能为力。这种政治经济学的取
径，必须预设一个原型或者组成民族国家概念的一些准则，然后将暹罗
作为一个政治经济学的实体，与这些模型或准则相对照。这种研究，其
目的是为了确定暹罗是否是一个民族国家，或者通过应用学者所规定
的条件去探究这个国家的性质。

正统的王朝史和战争史对泰国民族国家设定了一种静态的、老式

的定义，并将这种定义应用到过去。另类的历史展现了动态与过程，却仅仅依据所讨论的历史之外的特定的学术标准而定。确实，学者试图根据欧洲民族国家的历史来判定一个国家的真实情况与本质结构，也就是说，这个国家的本真或认同。一个国家的全部历史都假设了这样一种实体的存在，或者假定了这种实体的确切条件，就好像这种认同早就被赋予了。

这种困境在东南亚国家的现代史中并不是独一无二的。困扰早期东南亚历史学家的一个主要问题就是国家的形成。具体来说，即如何在不去争论什么是国家的基础上，来探讨一个国家的形成问题。这个标准常常是社会科学家规定的，而不是早期东南亚人自己规定的。因此，历史学家时常对暹罗是否是一个国家抱有怀疑。[40]

要超越民族国家来看待问题。唐纳德·埃默森向我们表明，对"东南亚"这一概念的认同在第二次世界大战之前还没有形成。殖民者根据各自的势力范围划分了统治区域。是战争，特别是日本人的占领，而不是学术，消除了殖民地之间的分隔。此外，"战争一旦爆发，地图就要重画"（making wars means making maps）。美国国家地理学会（The National Geographic Society）制作了一幅东南亚的地图，同盟国在战后建立了东南亚最高统帅部，从此，"东南亚"一词开始流传开来，尽管它的定义还存在争议。[41]正如前苏联和南斯拉夫分裂为俄罗斯、立陶宛、拉脱维亚、乌克兰、克罗地亚、波斯尼亚、塞尔维亚等许多独立国家，有谁敢保证说缅甸和斯里兰卡就应该是统一的国家，而不是分裂为缅族、孟族、克伦族、掸族、斯里兰卡人、泰米尔纳德邦或者其他人的国家？什么才是民族的精髓所在？一种无可非议的判断，可能突然变为无稽之谈。

有别于对民族准确定义的追寻，本尼迪克特·安德森将民族看成是一个想象的共同体。[42]一个民族并不是一种给定的实体。更恰当地说，它是想象的产物。相对于宗教统治与王朝专制，民族被设想为一个新的阶段、一种新的共同体形式，其时空特征以多种形式被展现出来。这 15
种身份认同通过诸如语言等特定的媒介才变得可能。作为想象国家感的一种主要技术手段，语言通过多种方式形塑了一个民族，例如，通过方言、书面语、出版物、皇室语言、诸如教育之类的国家体制、殖民统治下的统一语言等等。概括来说，语言可以使某一人群在一种前所未有的、时空共存的范围内理解他们的共同体。国家感是一种想象出的范围，并没有先定的认同或本质；它是一种文化的建构。通过用特定的技术手段来刻画这种可能的范围，我们就能够知晓得一清二楚。反过来，这些技术手段创造了关于民族国家的知识与事实，使之变成了实在之物。

安德森的开创性研究为国家感研究开启了更广阔的空间。但同时，它也需要更多批判性的质疑。首先，在安德森的研究中，充当想象共同体的中介的语言被语言学家们称作“言语”，即在日常交往中的口头的、操作性的语言。而广义的语言是人类个体与外部世界之间的一种中介。那么，其他类型的中介，如技术、当地语言之外的其他语言等等，是什么呢？它们又是如何促成和塑造想象的共同体的？

其次，安德森似乎过于关注想象，即一个民族的可想象性。这听起来好像一个民族是在头脑中凭空创造出来的，并且随着人们头脑中这种观念的再生，这个民族就会维系下去——因此它就是一个想象的共同体。人们或许仍然会疑惑，这样一种介质如何在真正的人类关系当中构想出用以维持想象共同体的运行与再生产的社会组织与社会行为。强调意识胜于人类实践的活动总是有理念论的倾向。因此，新的想象共同体似乎就是在新理念的顺利传播下创造出来的；这就像在一张空白纸上书写一种新的语言。如果一个国家并不是第一个想象共同体，或者唯一的想象共同体，如果新的介质并不是在真空的情况下发挥作用，那么，在新旧介质之间，就必然会出现交汇、冲突、融合或联合的情况。

再次，安德森的想象共同体中的身份认同是一种积极认同。他的语言媒介创造了一种认同范围，形成和定义了共同性（commonness）的时空轴。而要弄清楚共同性的范围，就需要对这种范围的内外之别加
16 以确认。想象的认同总是暗示着对超越边界之外的认同的缺失。事实上，民族志学者对这种族类认同存在的问题是很熟悉的。基本上，族类认同是一种通过对"我们"和"他们"之间的不同而加以定义和区分的动态机制。在一些情况下，关于"我们是谁"（who we are）的观念可能只有在识别出那些不属于我们的特征时才表现得更明显，而不是在对"我们"的自然特性进行积极思考时。再进一步来说，这种区别是文化上的，并不是基于任何自然属性的，并且可以被改变。[43]这也是国家感认同的一种本质。

本书并不是对民族建立、国家形成或民族起源问题的另一项研究。它也不是一部从前现代帝国向现代民族国家转变的政治或经济史。它是一部国家感**认同**的历史：是什么形成了泰国国家感？对于它的认同又是如何被创造的？

对象和方法

国家感由许多要素组成。安德森的著作强调新的、暂时的观念促成了在历史渊源中新的共同体意识的建构（有别于之前的想象共同体）以及新共同体中的同质化时间观念。我的这一研究将注重于国家感的另一要素：地缘机体。它描述的是形塑国家感空间的领土性技术如何产生作用。它所强调的是空间知识的替代，而这种替代影响了创造国

家感的社会制度和实践的形成。

这种选择并不是任何理论的或历史的原因造成的。毋宁说，为了挑战对泰国性或我们自身的形而上理念，我们就应该去讨论民族更实在的、看似自然的、稳定的特征，以阐明形成民族的哪怕最“自然”的要素也是通过某种特定的知识与技术而被创造出来的。但是，我们充分认识到，与此同时，“时间革命”（revolution in time）正在进行着，而且与这种选择颇有关系。[44]

一个民族国家的领土不只是地球表面上的一块地方，它是一种领土性。根据一位理论地理学家的看法，“领土性是个人或群体通过对地理区域的划界及全面控制以影响或控制人民、事件以及关系的一种企图……［它］并不是一种本性或本能需求，而是一种相当复杂的策略……［并且］通过这种策略，人们建构并维持了空间上的组织架构”。[45]领土性包含着三种基本的人类行为：区域的划分方式（a form of classification by area）、边界的交流方式（a form of communication by boundary），以及加以贯彻实施的意图（an attempt at enforcing）。而最重要的，则是对影响和权力的一种基本地理表现，“领土性总是社会或人为构建出来的……因为它是一种社会语境的产物，故而，不管人们怎么 17
说它……都能给它赋予规范的含义，同时，也能够回归到某一社会语境当中”。[46]同样，一个民族的地缘机体是一种人为设定的领土性定义，并通过分类、交流和贯彻实施的方式，对人民、事件和关系产生影响。

从地理学的角度来看，民族国家的地缘机体占据了可客观识别的地球表面上的某些部分。它实实在在地出现在人们眼前，似乎它的存在并不依赖于任何想象。当然，事实并不如此。民族国家的地缘机体仅仅是以地图为主要技术的现代地理学话语的一个结果。在很大程度上，关于暹罗国家感的知识已被我们关于“地图上的暹罗”（Siam-onthe-map）的概念创造了出来，在地图上出现，并在地图之外的各个地方存在下去。

“地缘机体”一词是我创造的。但是，对于这一词汇的定义并不清晰，也不确定。读者们会发现，在涉及民族国家的领土性意义的时候，这一词汇具有很大的变通性。我们都知道领土性对于民族国家来说是多么重要。毫无疑问，不管是从字面上看，还是在内涵上分析，这都是作为一个整体的国家感的最具体的特征、最坚实的基础。在对一个民族国家的地缘机体加以规定与限制上，无数的观念、行为以及组织机构发挥着影响：领土完整与主权的概念，边境管理、武装冲突、侵略以及战争，对国民经济、产品、工业、贸易、税收、关税、教育、行政、文化等等的领土化的界定。但是我使用地缘机体这一术语是为了表明本项研究的对象不仅仅是空间或领土。它是国家生命的组成部分。它是自豪、忠诚、仁爱、热情、偏见、敌意、理性以及非理性的源泉。它也同国家感的其他要素相互结合，形成了关于国家感的许多其他概念和习俗。

虽然这种地缘机体是具体实在的，或者说，也正是因为这种实在性，目前对于一个民族国家的领土历史的研究还很少。这些研究中的大多数着力于讨论领土和边界划分方面的争端。这类研究总是预设一种现代形式的国家领土性的存在。据此，他们仅仅提出证明或反驳，进而只是以一种政治—技术的观念来讲述政治史。只有埃德蒙·利奇在对缅甸的研究作品中，才认真探究了边界的任意性与近期起源所产生的影响。[47]然而，利奇仅仅揭示了现代边界对于族群整体而言的局限性或不适用性。他并没有考虑到边界在创造国家感时所扮演的积极角色。

18 对于民族国家地缘机体史研究兴趣的缺乏导致了许多具有误导

性的历史解释，这些解释想当然地认为现代的空间概念在解释前现代的事件时依然有效。还没有什么研究对古代地理学话语及现代地理学话语之间的关系（不管是变革、转变还是冲突）加以关注。出于一些操作上或技术上的原因，暹罗王国在前现代缺失明确边界并没有引起人们的重视。[48]许多历史学家以追溯的方式划定古代国家的边界。相当多的文本中包含着与历史时代错位的地图。从这个角度来看的话，这项研究所关注的并不只是如何绘制地图，以及边界如何通过谈判加以确定的问题。更确切地说，本书所着力研究的是新的地理学话语如何替代了原有的地理学话语，并进而产生冲突、对抗和误解。整个研究所围绕的中心问题是：地图如何塑造了现代国家的地缘机体。

地理学在这里被看成是一种媒介。它并不是一种预先设定的“在那里”（out there）的东西。它是一种知识，一种对于假定的客观实体的概念抽象，一种符号的系统集合，一种话语。本研究所采取的策略是对古代和现代的话语进行分析，进而探究新旧话语冲突碰撞的那些时刻。这些时刻实际上正是政治—符号学（politico-semiological）产生作用的时刻，在这一过程中，新的话语威胁并替代了现存的话语。这种话语替代的过程发生在地理学、边界、领土主权以及边缘的概念产生冲突的时刻。这类冲突可以出现在每一种社会活动中：外交关系、学术考察、通信联络、旅行游历、教科书、战争，当然，还包括土地测量和地图测绘。它们可能在任何一个地方发生，不管是在巍巍皇宫中的书房里，还是在偏远边境的茂密丛林。这些冲突的时刻出现在空间的含义指代不清的情况下，因为话语的冲突发生在同一片术语和实践的领域。在这里，地图测绘和军事力量之间的关系被加以强调，它们作为知识和权力共同作用，构成了地理学知识的真理。

我在本书中对于暹罗、暹罗人、泰国、泰国人等词汇的使用遵循一个简单的标准：暹罗和暹罗人用以指称在1939年国家名称变更之前的国家和民众，泰国和泰国人则用于1939年以后的语境。之所以这么做，要归结于对围绕这些名称的争论的全面体认：变更国家及其民众的名字是沙文主义政权发起的政治事件，用以加强泰族的主导地位及其对其他文化的控制。但是，尽管这个名称在语源学和现实中所
19 表现出来的这种种族偏见还远未消除，它却已经不再是最主要的表现了。现在，“泰国人”这一词汇的应用已经超越了原初的种族意义。例如，本章中讨论的“泰国性”一词并不仅仅意味着泰族的特征，而且也代表全部泰国国民的特征。另一方面，使用“暹罗”这一词汇的局限性更大。没有人使用“暹罗性”（khwampensayam，英文为Siamness）来表示所有泰国公民的共同特征。新的命名法从出现开始就没有发生过变化。但是它的应用和指称范围，即国家和人民，已经发生了变化。所以围绕这一话题的复杂局面将在本研究中被搁置一边，不予专门讨论。

另一个非常有误导性的词汇是“现代的”（modern）；这是一个模糊且相对的术语，很难代表任何特定的历史特征。事实上，除了某些特定名词，如艺术上的现代主义以外，它可以指代很多东西，取决于其后附着的名词及相关语境。例如，东南亚的现代时期就与欧洲或艺术领域内的现代时期不相同。在暹罗历史的语境中，这一形容词通常代表着与传统相对立的西方化。但是我怀疑，19世纪晚期的西方化的暹罗是否也可以被看成是现代的。它的模糊性致使其他与之有关的术语，如传统的、前现代的等等，也变得模糊不清。在大多数情况下，这些术语中的每一个的意义都必须参照其他术语的情况才可以明晰。

此外,“现代的”通常暗示着一个国家的进步、提高、发展,甚至优秀和美德。也就是说,“现代的”对于古代的和传统的来说是优越的。当然,这种宣称并不是必然正确的。不幸的是,正是因为它的相对性和模糊性,这一术语变得难以捉摸、包罗万象,因此,可以适用于任何情况。所以,从这种角度来看的话,它是非常有用的。

20 ## 第一章

本土空间与古代地图

大多数对古代泰国地理思想的研究倾向于关注被称为“三界宇宙学”(Traiphum cosmography)的佛教宇宙结构学。“三界”按字面意思理解是指三个世界，它是小乘佛教的一个重要传统理论。在泰国，这一传统理论最著名的文本是《帕銮三界》。[1]它被认为是13世纪建立在湄南河上游的素可泰王朝的重要著作，不过，这一文本的确切年代仍然存在异议。[2]这一宇宙结构学的重要性是显而易见的。即使在18世纪晚期，达信王与拉玛一世这两位杰出的君主，为了重建于1767年被缅甸摧毁的王国，还把监督“三界”文献的重修作为一项主要任务。但最终的结果并不是对《帕銮三界》的复制，而是在其中构造和添加了新的文本。然而，人们不应该觉得“三界”是在现代地理学出现之前唯一的本土空间理论。[3]

神圣的地形学

在三界宇宙结构学中，各类生物根据它们的功德被加以分类，并且根据它们积累的功德被指派到特定的位置。大多数邪恶的生物居住在地狱的最底层；而某一生物所积累的功德越多，它居留的层次就越高。功德因其所作所为而增减，并影响到命运的轮回。根据这一逻辑，牛物现世的存在正是其前世的业果。三个世界中的三十一个层次构成了生物性质上的分类，而人类只不过是其中的一层。三界中的空间是想象中的存在的实质表现。所有现存的三界文本都有对丰富多彩世界的具 21
体描述，特别是对于太阳、月亮、四季变迁及人类世界变化过程的描述。

《帕銮三界》及其他相同类型的文本主要涉及三个世界中每一层中的生物以及涅槃的真理，仅有一到两章是关于宇宙、行星运动以及世界形成的。像《创世》(*Lokkabanyat*)和《宇宙创生说》(*Chakkawanthipani*)一样的重要文本是宇宙结构学说的原型。[4]《宇宙创生说》被认为是这种宇宙结构学说的最好阐释。例如，其内容集中讨论了地球和宇宙的结构：地球和宇宙的定义，其中每一部分(山、大海以及其他)的大小和细节，人类世界的四块大陆，三十六个城市和二十一个国家的故事，对神灵的世界和地狱的描述。[5]在人类世界中，以地球上最主要的山须弥山为中心，其四个主要方向上分布着四块大陆，在须弥山和四块大陆之间，有七重金山，为七重大海所隔[*]。除了南边的南赡部洲[**]之外，其余的三块大陆的情况人们所知甚少，或者只是象征性地了解一点。南赡部洲是佛祖诞生的地方，所有已知的国家都在这里。虽然不同文本在描述这个世界时给出了许多数字的细节，这些细节多数情况下是相同的，但对人类世界的描述千差万别。世界可以被想象为许多种不同的形式。

---

* 佛教中有“四大部洲”之说，东边的称为“东胜神洲”，南边的称为“南赡部洲”，此即人类所居之地，西边的称为“西牛贺洲”，北边的称为“北俱芦洲”。

** 亦可称为“阎浮提”。

对于小乘佛教宇宙结构理论和其在19世纪晚期转变为现代理论的研究在泰国的历史学家之中早已是众所周知。[6]然而，这种宇宙结构理论与其他地理学理论的关系还是不清楚的。事实上，对于其他空间理论的兴趣还很少。将多种本土空间理论置于三界理论的框架下在两个方面误导了我们。一方面，三界宇宙结构理论中的人类世界似乎被看成是一种关于地球的本土观，是歪曲或者原始的，被错误观念或者知识匮乏所污损。[7]但是，对于三界世界地图这种符号性再现究竟是不是被设计用来表现地球这一星球的问题，还存在争议。事实上，对地球的描述是多种多样的，比如说，有时它是一块正方形的平地，有时则是一个圆形的地域；总之，这些描述并不能表明关于地球的地方性知识的发展或者缺失。更有可能的是，它意味着人类世界的物质性能够以不止一种方式被加以想象，而三界的精神意义则必须被
22 遵循。精神维度是三界空间的“本真”，最重要的知识需要加以准确传递。

其二，关于物质空间的本土观似乎被当成不存在的东西而被忽略。在三界宇宙观的统治之下，还存在着其他本土的空间观，其中就包括对于世俗的、物质的地球的观念。最值得一提的是罗伯特·海涅—格尔德恩*对微观世界与宏观世界关系所做的经典研究。在对东南亚宫殿与宗教建筑的建筑形制进行研究之后，他指出，一个国王的主权范围、中心及国王的神圣驻跸空间都被认为是微观世界，宫殿及宗教建筑都必须按照宇宙秩序来设计。在佛教、印度教或者伊斯兰教传统中，建筑空间是一种在隐喻上跟宇宙结构相关的空间安排。[8]这两种空间并不完全相同。建筑空间有它自身的规则、传统和转变类型。实际上，中心的

* 德国研究东南亚问题的民族学、人类学权威学者。

神圣空间对于从事东南亚研究的历史学家和人类学家来说早已熟知。[9]

弗兰克·E.雷诺兹曾经探访过当代泰国的四座寺庙，并发现了一个通往他称之为佛教空间（Buddhological space）的过程。他将小乘佛教的观念划分为三条线索：涅槃哲学、三界宇宙学以及佛陀生活、本生经、佛迹、预言等佛教故事。这三类观念之间是相互关联的，但在根本上是佛教的不同方式。它们甚至跟当地信仰或其他印度信仰交杂在一起。他所探访的寺庙的壁画描述的是跟这些寺院场所相关的佛陀生活故事。[10]在这些壁画中，这些寺院的特殊地方性以及佛陀的无处不在联系在一起，似乎变成了一种跟我们所知的地球空间无关的佛学地理学。这些壁画类似于一种本土想象，在泰语和缅甸语中分别被称为Tamnan和Thamaing，它将佛陀的时空与各种地方性联系起来。跟三界一样，这种佛学地理学作为真理的价值并不在于它对地球表面描述上的准确性，而在于它对通过故事所传达的精神真实性的再现。然而，跟三界叙述所不同的是，它所关涉的空间并不是三个世界的宇宙，而是佛学的宗教空间。这种空间的单位可以经由本地的佛教故事而加以想象，而壁画则是另一种形式的空间再现。

另一种类型的宗教空间是关于朝圣与命运的地形学。查尔斯·凯斯标示出对兰那王国（如今位于泰国北部省份）民众来说至为神圣的 23
十二座圣殿。每一处都被认为在十二年年轮中的某一年彰显力量；因此人们的命运都被掌控在他们出生年的圣殿的权力之下，故而人们有义务向他们所在的圣殿表示尊崇。凯斯指出，这种十二年的轮回是当地的一种古老的、前印度风格的宇宙秩序，后来才转变为一种佛学规则。因此，十二座佛教圣殿就接管了当地神灵的圣域。它们全都以各种方式被认为跟佛陀的一生息息相关，尽管其中一些的建造年代非常晚近。这些圣殿的位置可能会发生变化，但总数一定是十二。[11]此外，这十二处圣地一起构成了一个宇宙地形，在这中间，人们顶礼膜拜，求福报，保平安。值得注意的是，这种地形涵盖了当今缅甸、老挝、泰国北部的部分地区，并将这些地区与印度源头联系到了一起。其中的一处圣殿就是“三十三天”，或称“忉利天”*，这是天界中的一层，而且是一种专门为人们信仰服务的代理寺院。这种圣殿网络逐渐扩展，不仅超出了国家的边界，而且还超越了人类世界的界限。它笼括了天界与南赡部洲的想象空间以及朝圣者所涉足的兰那王国、缅甸、老挝以及印度的真实地域空间。因此，一幅朝圣地图，就不像标记地球表面地点与距离的现代地图，而更像一种以图形的方式表现相互关联的地点的旅行记（参见图像1）。[12]

朝圣地理学并不是唯一能提供某种观念化空间框架的前印度宇宙秩序。H. L.肖托和戴维·钱德勒对孟人王国和柬埔寨王国的空间秩序进行了研究，这些空间秩序也是由前印度宇宙学所构想规划出来的。他们发现，这些空间秩序并不是像三界秩序那样的想象空间，而是陆地上的一种空间组织，用罗伯特·萨克的话来说就是一种“领土性”。紧贴当今缅甸南海岸的孟人王国，如果不包括首都的话，通常可以划分为三十二个乡镇（myo）。不管地域范围扩大还是缩小，这个数量一直是三十二。关于三十二个乡镇起源的故事名目繁多。其中的一个故事就说，它们是当年珍藏佛陀舍利的佛塔所在之处。因此，按照佛陀的预言，真正的佛国就是孟人王国的范围。另一种说法认为，它们是那些拥有被称为王权圣物的白象的王子的驻跸之地。然而，肖托发现，不管在什么情况下，这种秩序都跟三十七守护神（nat）崇拜非常相

* 佛陀为过世并升至忉利天的母亲讲述阿毗达摩的天界，此处也是到达涅槃的比丘们在禅修中死亡后投生的地方。

像，这种三十七守护神崇拜是对当地守护者、山神和先灵等本地神灵的前佛教信念，其中的一些后来转变成为佛教，有些变成了遗迹。[13]概言之，将所有本源故事加以归纳的话，可以发现，三十二乡镇的范围正是被一个三十二圣物体系所捆绑起来的圣地，不管它们是白象、守护神、 24
佛迹、佛塔或者大多数情况下它们的组合，而最高的一级在首都。这是孟人王国领土组织的宇宙法则，而缅人国家也吸纳了孟人王国的传统。

王国是根据宇宙秩序加以规划的，不管这种秩序是印度还是前印度方案。一种宗教概念体系会带给它神圣性。神圣领土性是由当地的神社标示出来的，其中的一些具有天体的特征。此外，尽管这里的数目并不如上面所提到的朝圣空间那样也是十二，但数字背后的基本原理是相似的。[14]这种宇宙观念似乎跟一个王国的领土安排存在更密切的关系，但它们并不是同一种空间。

钱德勒对两份古高棉文献中的地名进行了研究，发现柬埔寨王国的范围是由当地神灵（mesa，nakta）所佑护的一块圣地，或者是举行神圣仪式的圣地。虽然钱德勒并没有就这种空间安排背后的宇宙秩序加以论述，但他强调了地名列表的另一方面：它是在现代地图被引入之前关于整个王国的一幅本土化地图。[15]

在暹罗的事例中，王国被设想成一块圣地的观点，明显表示在关于王国或者领土主权的词语中。从字面上看，anachak 这个词意味着国王的轮宝*（代表主权的一个类似太阳的圆盘）环行的区域。另一个词 khopkhanthasima，字面上的意思是用圣石所围成的区域。Sima 或 sema 是标示神圣空间的石头界碑，通常是在寺庙内，在这中间可以举行授

* 来自佛教的转轮王一说。

予圣职的仪式。它也指类似城垛的石头。因此，一个王国就是在国王轮宝权力笼罩下的圣域，或者是在一个圣殿的sima内的神圣领土。此外，还有早期阿瑜陀耶时期的一份泰文文献，时间至少在14世纪中期，这跟钱德勒所研究的柬埔寨文文献非常类似。虽然至今还没有人对文献中的神圣数字或者当地神灵加以综合研究，但一座城镇有其自身保护神的看法早已众所周知。在如今的曼谷，守护神的名字Phra Sayamthewathirat经常在全国福祷中被提及。

想象空间的描述：古代地图

三界地图是对所有生命存在的一种图片化再现。三个世界的结构
25 对我们来说是符号化的；也就是说，它并不是一幅关于世俗地理的地图。这种地图不仅出现在手稿中，还能在大量佛寺的墙壁上发现，大多数位于各个寺庙的大佛殿当中，标志着佛教的宇宙观。这里有必要再次指出的是，对三界空间的描述可能会多种多样。南赡部洲的形象甚至可以是椭圆形或者三角形。[16]这些不同所反映的，与其说是关于地球的知识的发展，不如说是画图的不同传统或流派。

但三界宇宙学只是这些寺庙墙上描绘的著名主题之一。此外还有其他的佛陀题材，比如佛陀一生的故事，维山达拉本生的著名故事或者佛陀本生十世的故事，以及其他圣迹、佛像或各地的故事。在大多数情况下，宇宙学和佛陀题材被绘制在相同圣殿的不同墙壁之上。[17]有一幅手稿，它是迄今为止这些佛陀故事图片的主要来源。这份手稿绘制于1776年，没有标题。但是后来人们给它的标题《三界画稿：吞武里版》可能会误导我们，使我们以为这些图片只描绘了三界类型的结构。尽管关于三界构成的图片是手稿的主要部分，但事实上其中并不只有佛

教叙述，还包括了其他类型的地图。[18]

这份手稿呈条状，用大而厚的当地制造的折合纸制成。它由三界宇宙学、佛陀的人生、各种大本生经以及关于佛教进入“素万纳普”（Suwannaphum，即如今的东南亚大陆）的传说构成。它一开始是关于“涅槃大都”（Mahanakhon Nipphan）的图片，这是万物三界之上、之外的永恒救赎空间；后面则是依次排列的神灵，直至四大金刚的图片。之后，手稿的最长部分所表现的则是一直到最底层的各级地狱。对人类世界的描述由佛陀一生的神话开始，随后是一些佛本生故事以及圣地与动物的图片。最后一部分含有维山达拉和其他佛诞的图片。佛本生和神圣故事的图片沿一个河流状标志（～）排列，这就使这部分的图片看起来像一幅地图。引人注目的是，位于维山达拉和其他佛诞故事当中的许多图片，的确构成了一幅地理地图。河流标志可能不仅意味着我们意识中的一种地理关系，而且还表示诸如家谱或者故事顺序之类的其他类型的关系。

如果我们细细地看地图的话（参见图像2），图页（1）到（4）是佛陀
一生故事的再现，开始是一些佛教都市和国家，随后是佛陀觉悟前后的 26
重要时刻。因为手稿基本上是一部关于许多phum（空间、土地）的图片文献，所以这些时刻有时候用地点加以标示：佛陀父亲的圣城，他所降生其下的那棵树，顿悟的地方，他对找到的真理进行遐思再悟的七棵树，以及一些他在弘教过程中探访过的地方，其中包括一座鬼怪巨人盘踞的高山和一个动物之城。

随着这一河流标志进入图页（5），毗邻佛教空间的显然是兰那，即如今的泰国北部。图页（5）、（6）和（7）的上部则是老挝和越南地区，其中包括占婆，即16世纪被越南人击败的一个古国。图页（7）和（8）

的底部则是包括蒲甘*、毛淡棉**、锡里安***、萨通****和土瓦*****在内的缅人与孟人王国区域。这些图片的重点集中在兰那和包括阿瑜陀耶但不包括曼谷的暹罗城镇。图页(8)所表现的则是一些河湾三角洲以及从克拉地峡起的整个半岛,看上去像是一个大岛。图页(9)和(10)所描绘的则是一片大海,东南亚的两位著名高僧菩陀高萨占(Phra Phutthakhosachan)和菩陀塔达(Phra Phutthathatta)正是从这里出发,抵达如今称为斯里兰卡的锡兰。沿图页(8)到(10)的底部,则是一段众所周知的《罗摩衍那》故事。罗摩命令他的猴子指挥官建造一条跨海到达楞伽城(Longka)的道路,这是一座恶魔之城,它的名字跟锡兰的泰语名称兰卡(Langka)相似。图页(11)是斯里兰卡,其重点放在了佛骨舍利的圣地。其中的一些描绘还说明了地点、旅行时间和距离。图页(12)描绘的则是一种神话生物:安暖鱼(Anon Fish)。

迈克尔·赖特发表在泰国杂志上的文章是对这幅地图加以说明的唯一一篇文章。他在文中认为,整套图片可以被看成是阿瑜陀耶时代(14世纪中叶至18世纪中叶)的一份古老地图,也就是说,这些图片可能并没有受到外国地图的影响。[19]他同时指出,兰那的一些城镇以及中部平原的位置通常是正确的。但他对两个严重错误深感困惑:佛陀圣地和兰那直接相接,中间缺了缅甸;印度和斯里兰卡的方位位于地图的两极。他还注意到,作为王国中心的阿瑜陀耶城,在这幅地图上并没有特

---

* 现为缅甸曼德勒省的一个重要的旅游城市。从9世纪到13世纪,当地有一个蒲甘王国,该地形成统一的地区,后来逐渐变成现代缅甸国家。11世纪和13世纪之间,超过10000座佛教寺庙矗立于此,众多佛寺至今依然完好。

** 缅甸东南部贸易与航运重镇,是孟邦的首府和最大城市,人口约30万,为缅甸第四大城市。坐落于仰光市东南三百公里处的萨尔温江口。

*** 又译沙廉,现为缅甸南部港口城市。

**** 缅甸南部一小镇。

***** 缅甸与泰国的边境城市。

殊的位置。他并没有提及罗摩神话之路或者地图一开始的佛陀一生故事的作用。

如果一幅地图并不必须是对地球表面的再现，而可以是对其他类型空间关系的描述的话，就比较容易理解这组图片。在维山达拉故事结尾之后，紧接着就是佛诞故事。但是，对当地民众而言，除了佛陀一 27
生之外的众多有意义的佛教故事，正表明了佛教在素万纳普即东南亚大陆的欣欣向荣。一方面声称佛教直接起源于南赡部洲和佛陀时代，另一方面追溯佛教圣地斯里兰卡的两位圣僧，这些图片建立起了当地的佛教谱系。所有这些关系，都用相关地点的形式加以设定。不过，虽然兰那、湄南河流域、缅甸沿海城镇以及斯里兰卡的空间都是基于绘图者对于地表上这些地方的知识而绘制的，佛陀一生、两大圣僧以及其他神话生命的空间则完全是想象。这套图片并不是想要成为赖特所期望的这一地区的真实地理。艺术家刻意将地图放入一个更大的叙述框架，将关于南赡部洲、素万纳普和斯里兰卡的细节并入一套单一的叙述当中。

因此，南赡部洲和兰那直接相连，中间缺了缅甸，这绝不是一个错误。对于绘图者和他的受众而言，这套图片将当地佛教的源头从它的普遍性起源中准确地标示了出来。没有必要如赖特所说的加以改正或解释（比如说，在古代两者之间可能存在一条专门通道）。[20]将大陆和东南亚归并为一个整体的地图，顶部是东方，底部是西方，这是一个特殊地域的单一单元，在这里，佛教兴旺发达。这一单元的空间并不是想象的或者宇宙结构学的，因此地形学的地图在这里非常适用，河流符号代表着真正的河流。斯里兰卡也是具体的。[21]但是，斯里兰卡与素万纳普之间的关系被两位圣僧的故事所符号化了。大海变成了足以将某些神话故事灌注其内的符号。南赡部洲和斯里兰卡的位置分处地图两端，它们彼此之间的距离以及跟东南亚之间的错误方向，都不是地理学意义上的错误。地图中部兰那和暹罗的方位表明了它们作为三界世界中心的地位。所有一切都依照对素万纳普佛教的描述，而不是根据地表特征，被安置在它们正确的位置上。

总之，这组图片所讲述的故事跟绘制在寺院墙上的那些类似。这组中的某些部分恰恰就是在其他地方可以找到的佛教故事图片；比如说，两位佛教高僧在海上相会，以及佛陀放弃他的世俗生活而决然出发的时刻。[22]在一些当地的佛教传说或者丹南*中，可以发现对兰那和佛
28 陀生涯之间关联的类似描述。一些历史学家为了追寻泰人的起源，将其视为对真实地理状况的描述。但是，更有说服力的论述表明，它是一种理想化的地理，是“丹南地理学”。[23]因此，我们所论述的整组图片是一幅“丹南地图”，它所体现的是一种与丹南故事相关的空间关系，却是以我们现代意义上的地图形式展现出来的。

我们迄今的讨论已经表明，在现代地理学到来之前，存在着关于空间和地图的不同类型的本土观念。宇宙结构学的流行是毋庸置疑的，但是不同的空间观念同时存在，并产生出复杂的知识、实践和地图。这些空间的大部分在概念上被宗教观念和象征所神圣化了。例如，在朝圣中，“虔诚的朝圣者不仅将不容置疑的真实性赋予最终现实及其符号的概念，而且还将其施加在那些跟有意义的符号相关的以及对重要宗教行为加以适当设定的物理空间的维度方面”。[24]或者我们可以说，空间是被想象出来的，并且被神圣实体的体系赋予了意义。这些实体成为空间与人类之间的中介，创造出特定类型的想象空间。因此，这种空

* 丹南是一种特殊的史料，按其本意是记述各种故事、传说或神话，经常是有关国王、英雄或重要人物的故事，多出于僧侣或带发修行的居士之手。

间的特征是由在某一信念指引下的神圣实体的关系所决定的；比如说，三十七乡镇和三十二守护神的分层、十二个佛教圣地以及朝圣理念、丹南地理学及其神话—仪式故事。要理解空间和地图，人们就必须了解它的概念（其语法）及其象征（其语素）。

尽管有所有这些神圣地形，但描绘世俗的地表特征的地图不应该被看作是不存在的。丹南地图中的东南亚大陆地图就是明证。钱德勒告诉我们，在柬埔寨的例子中，有一些诸如村庄和旅行路线的小片地区的地图，但是他所称的全国地图的样本很少见。他将此归因于柬埔寨民众缺乏地区间的生活，以及柬埔寨村落的零星与孤立格局。[25]在暹罗的例子中，关于小片地区和路线的前现代的地图非常罕见，这可能是因为人们缺乏这方面的兴趣。（如果这是真的，那么，也许大量此类地图有待发掘。）图像3是位于北纬7至8度，紧邻暹罗湾的宋卡湖东岸的长条地图的一部分。在1680至1699年间，整个区域一直被描绘成六十三座寺院。[26]一项对其进行的研究指出，人们解读这一景观，也就是说，依据那些使地形充满意义的圣地构思和标记。[27]但是，这里所描绘的圣地并不是对某种信仰体系的一个符号性再现。它们所再现的是其所处地点的存在。这幅地图中的空间单元并不是任何类型的宇宙学或想象世界。它是一幅描绘世俗地表特征的地图。应当记得的是，这 29
种类似于藏宝图的线路地图或图表是每种文明中古代地图的一种早期类型。这种对地球某一区域加以描绘的图表，暹罗的当地民众显然是熟知的。

在《三界画稿：吞武里版》中，还有另一幅引人关注的地图：这幅海岸地图将从朝鲜到阿拉伯的世界囊括进了对三界中人类世界的描绘（参见图像4）。在这幅地图里，所有的海岸都顺着地图底部一字排开，海洋全都位于上部。它从坐落在海中的朝鲜和日本开始，之后则是与中国台湾相对的中国大陆沿海，右手边是广州（图页1）。之后的越南海岸像是突入大海中的一座半岛，湄公河口位于上部，而沿暹罗湾的海岸则位于下部（图页2）。在图页（3）的底部，阿瑜陀耶是海湾地区最大的城市。跟越南一样，马来半岛向上伸出（图页4）。[28]在这一海湾的底部，则是孟人王国和缅甸的城镇（图页5）。除了这些标记，所设想的印度海岸（图页5—6）上则没有为我们所知的地名，只有一个位于图页（6）中海岸中部的名为"小罗马"（Roam Noi）的城市。在海洋中，有许多椭圆形的岛屿。这些岛屿中的一些能够识别出来，例如日本群岛、台湾岛、锡昌岛（位于暹罗湾内）、安达曼群岛以及斯里兰卡。在图页（1）和图页（2）的一半，地图上部是东方。而剩下的那些地图，上部是南方；从此处向北的所有海岸都位于地图底部，东面在左边，而西面则在右边。

赖特认为，这幅沿海地图所遵循的是中国的传统。特维尔则认为，17世纪欧洲地图是"这幅地图灵感的主要来源"。[29]温克指出，它是一幅三界宇宙结构图，因为它是手稿的一部分。特维尔认同温克所做的分析，并据此进一步探究，但并不完全认同温克的结论：

> [这是]泰人有能力接纳新的详细信息并加以调整，使之与三界宇宙观相契合的一个例子……[它]不是一个严格意义上的地理学作品：许多海岸线扭曲的方向不符合实际，国家的相对比例也是错误的，而且没有网格。一些岛屿被放到了完全错误的位置……结论就是，图表的制作者更感兴趣的是宇宙结构学，而不是地理学，而图表与现实的这种明显分歧充分支持了这一点。图表可以被看成是对三界南赡部洲海岸线的大部分地区以及五百个岛屿中的一部分加以描绘的尝试。[30]

然而，地表知识在欧洲人到来之前还未知，或者说新的信息只有 30
通过三界宇宙观才能加以理解的这种假设是错误的。同样，如果因为本土知识根据科学标准并不正确就摒弃它，那也是错误的。三界世界和地理学的世界是不同的，但是息息相关，它们是在人类不同观念与实践领域内发挥作用的空间。将沿海地图纳入三界空间加以描述，就像丹南地图中的东南亚大陆地图一样，使得一个独立的单元进入一种整体性的宇宙学叙述当中。然而，它本身实际上是一幅对地表特征加以描绘的地理学地图，而不是一幅宇宙学地图。这幅沿海地图与欧洲地图相比，有很多特征跟中国传统的海岸图更相似。尽管有些信息可能来自欧洲，但这种地图的基本格局似乎是从中国类型中得来的。[31] 沿海图的绘制是中国人的传统，其时间可追溯到早期基督教时代，这一传统只是在16和17世纪才因为耶稣会士的影响而让位给欧洲制图术。在留给我们的图表中，有些是“窄条状图，海岸或者海岸的一长段，不论其真正走向如何，都用水平方向上自右向左来再现”。[32] 其基本走向要么正对着陆地，要么朝着海洋，而陆地则沿着地图的顶部或底部。尺寸大小是不均衡的。确实，在制作这些地图的过程中，还没有比例法。

中国人是在远东、东南亚和其他地方的最早旅行者。他们为后来的本土地图提供了他们曾经亲身探访或耳闻的地方的信息。从早期基督教时代开始，这一区域的地图就已经绘制出来，而地名也进入他们的记载当中。[33] 因此，穿越南海到达印度海岸途中的各个地方的细节，比起关于阿拉伯和欧洲世界的信息，要更为丰富，这并不奇怪。然而，我们很难说，在这个阶段，中国人对于暹罗制图术产生了多大的影响，或者说，暹罗人在多大程度上将中国传统本土化了。为了绘制一幅地图，绘图者可能收集了各方面的信息，其中包括欧洲方面的，但绘图者也许没有到海岸去的直接经验。众多地方的名称、距离甚至地点来自传说与神话故事，无法用我们今天使用的科学标准来加以衡量。

这里要讨论的最后一幅地图是所谓的《拉玛一世国王的战略地图》(参见图像5)。它据说是泰国最古老的地图。[34]如果我们将之前所探讨的本土图表看成是地图的话，这种说法显然站不住脚。然而，战略地图完全没有宗教标记，表现的是世俗世界的本土知识。它是一种地方性地图，所描绘的地表范围则是过去属于老挝，现在属于泰国东北部的区域。这幅地图被维克多·肯尼迪做过专门研究，他研究了现存的一份复本，这是曼谷王朝六世王瓦栖拉兀(1910—1925在位)时期的一份复制品。通过对这幅地图细节的探究，他得出结论，认为这是1827年暹罗军队在抗击万象政权的战争中使用的。但是，这幅地图本身最初可能是一份更古老地图的复制品，并因军事用途而专门做了修改。[35]

这幅地图展现了从曼谷到泰国东北部的行走路线，大部分沿河流行进，但也包括了山脉、要塞和城镇。两个地点之间的距离用当时从一地到达另一地的时间来衡量。肯尼迪试着用现代地图来评价其精确度，发现了一些缺陷。一些地点的位置是错误的。图中没有比例尺。距离是不可信的。然而，这些异常中的一些为他的发现提供了线索：由于一些地区对1827年的作战行动十分重要，因此跟其他地区相比，这些地区被不成比例地放大，并具有更多的细节。

尽管存在这些异常，但这幅地图的空间还是充满了意义。可以想见，这不是依据神圣实体而定的，而是通过沿地表线路的旅行者经历的地点而定的。这显然不是一幅神圣地形学或宇宙学地图，而是一幅跟现代地图相似的关于地表某一部分的地图。但是，跟现代地图所不同的是，它并没有展现出地表的这一区域跟整个地球的关系，或者说，这一区域在全球所处的方位。在这幅地图中，对于更为广阔的地球表面的情况，比如说经纬线，或者这块领土与周边王国之间的边界情况，并没有加以说明。而这种与周边王国的分界关系，可能并不是一幅地方地图的关注点，因为关于整个地球的知识是属于宇宙学的。从整个地球划出地表某一区域，也许可以跟从我们如今观念中的整个银河系划出地球相类比。换句话说，在关于空间的本土知识里面区分地方地理和整个地球，就像如今现代科学中地理学和天文学或天体物理学的不同分类一样。

看过这幅战略地图，让我们回到丹南地图和沿海地图，那些所谓的错误（在特维尔看来，“跟现实情况明显不同”）和失真可能要归因于本土的制图术以及旅行数据。这些地图的制作缺乏我们如今使用的科学标准和可靠性指标。但是，制图者或许早已有他们自己的方 32
法和标准。在丹南地图中，可以发现河流走向和从北向南沿河线路信息是地图所记录的主要数据。整个东南亚大陆主要是通过周边的城镇或地点而为人所知。因此，湄南河与湄公河之间的巨大内陆地区几乎不存在，然而四条河流汇入暹罗湾的狭长地带变大了。而且，在沿各条河流行进的旅途中，旅行者可能会在辨别伊洛瓦底江和湄南河三角洲的纬度方面遇到困难。这两个地区出现在相同的水平线上，伊洛瓦底江三角洲的城镇与它们的真实位置相比看起来要更南一点。或许是因为河流旅行者的看法，它们全都被想象成是平行的。在19世纪中叶之前由欧洲人绘制的东南亚大陆地图中（当时他们当中还没有谁真正对内陆地区进行过勘测，因此不得不仰赖当地人的信息），从缅甸流向越南海岸的所有主要河流在某种程度上也被画成是平行的。

没有陆上旅行加以交叉检验，从中国到印度的沿海岸的航海旅行可能形成受导航因素、季节性天气和风向、涨潮等等影响的信息。这种信息加上神话或传闻，也许可以解释一幅沿海地图的粗糙之处，这种地图虽然能够通过旅行时间来沿海岸标绘出方位，并标示出地点之间的距离，但无法获得沿海陆地上的数据。失真或反常能够引导我们辨析各种本土地图的信息、意图或者技术的特殊来源，正如肯尼迪在对战略地图的研究中所做的那样。与一些研究所采取的路径恰恰相反，这些反常必须被积极正面地看成是导引我们理解隐藏在地图背后的方法或观念的蛛丝马迹。我们不应该仅仅评价它们的科学价值。我们也不应该因为这些反常就认为这种地图对于地表的地理学无甚意义，而只是一种宇宙结构学。

在对各种本土地图进行比较的过程中，对想象空间的叙述和关于物质空间的地图之间出现了一种差别：对地点之间距离的量度。虽然在三界和佛教地图中存在一些数值，但它们是众多世界、想象地点、对生灵的描述的象征性数字，或者是圣物的象征性数量。它们中的一些可以用数学公式加以计算，诸如地表和其他层次的大小，或者七重山脉与海洋之间的大小和距离。[36]只有在关于地表某一部分的地图中，才会有关于提及的一些地方之间时间—距离的细节。在战略地图中，用
33 旅行时间来定义的距离被用两个地方之间的线条以及紧挨线条的少量词汇加以标注，诸如wannung、songkhun（ 天、两夜）。这种时间 距离也出现在丹南地图中：在湄南河三角洲右侧大岛上的一些地点之间的距离，就用诸如thanghawan（五天的距离）这类的词汇来标注。在沿海地图中，存在着大量地点之间的线条。其距离是用由旬（yot，梵文为yochana）来衡量的，一由旬约为十六公里。这种距离单位也在三界地图中使用，但很明显的是，这些地图中，距离是由人类的经验来衡量的，或许也是用旅行时间来计算的。

不同空间观的共存

三界宇宙结构学和其他神圣地形学可能不应该用我们熟悉的地理学“现实”来想象。对于我们来说，它们的空间是宗教性的或者想象性的，因此，不是对地球表面情况的反映。通过这些时空关系所表现出来的现实、意义和信息跟我们世俗的地理学没有什么关系。结果就是，存在着对于相同信息的众多不同叙述。几个世纪以来，三界的观念为现代和传统的艺术家提供了灵感。[37]地方地理学或者地球表面特定地区的知识，在另一方面，恰恰是另一种空间观念。它既不是象征性的，也不神圣。

我们也许会说，在前现代的地理学知识领域内存在多种关于空间的话语。它们各自在人类事务和日常生活的某一特定领域发挥作用。换句话说，在某些知识的地貌上，特定的观念正在发挥作用；在它们之外，其他类型的知识开始见效。特定村庄和城镇的知识也许已经在地方层面上发挥着作用。战略地图或沿海地图的空间或许已经对军队将领和中国商人产生了影响。然而，这种知识可能只被运用到军事行动、行政事务或者海上贸易当中。当人们想象或者谈论暹罗、万象王国或者中国的时候，另一种空间观可能已经映入心中。而当他们想象或者谈论他们所生活的地球或世界的时候，三界的图像可能已经先入为主地占据了他们的头脑。跟古往今来人类生活中的其他一些观念一样，从一种知识向另一种知识的转变，或者从一种空间观向另一种空间观的转变，并不是罕见的。

因此，在说到“暹罗”的时候，可能会出现关于暹罗的多种观念。 34
最显著的事例发生在19世纪40和50年代，在这一时期，暹罗精英接触到了西方的地理学知识和地图，而在这一过程中，有迹象表明暹罗的世界观念发生了转变。弗雷德里克·A.尼尔讲述了一个关于暹罗王室就"暹罗"地图做出说明的生动故事。尼尔说，有一天，暹罗国王告诉西方来访者，暹罗和缅甸在处理边界问题的时候发生了一次冲突。这位国王随后展示了两个王国的一张图片，说这是由他的总理绘制的，以展示暹罗人在地理学方面的天才以及绘画方面的才能。尼尔用一位来自文明世界的英国人的眼睛与心智，花了三页的篇幅对这幅地图和他的感受做了描述。这里是从他书中大段摘引的文字和图片（参见图像6）：

> 然而，我们差一点就冒犯无礼地大笑不止了，又不得不忍住，不让我们的笑声发作。似笑未笑的表情，在我们的脸上生动地刻画了出来，而这却被国王陛下误认为是对那幅摆在我们眼前的用色过度的地图由衷钦佩的高兴之情。这幅地图大约三英尺长、两英尺宽；地图的中部是一片红色区域，大约是十八英寸长、十英寸宽；上面是一块绿色区域，大约是十英寸长、三英寸宽。在被红色占据的整个空间中，粘贴着用银箔剪成的一个人形图案，这人一边拿着一个长叉，另一边则握着一个橘子，头上戴着皇冠，脚踝位置装着马刺，腿部不成比例，膝盖并在一起，而这种苍白的人物形象想要表现的就是坐在我们面前的这个傲慢的人，表现出他贯穿其王国的力量和权威的巨大无比。在绿色的小块区域中，有一个墨色人像，其头部由小点构成，身体则由大点构成，四条线则代表了四肢，这个人像所指代的是当时卑鄙无耻的缅甸国王礁拉瓦底（Tharawaddy，孟坑王）。众多姿态各异的小孩子正在他的王国里载歌载舞，而这些象形符号被用来向不知情的人表示缅甸帝国是

> 个充满纷扰与麻烦的地方，缅甸国王在自己的领土内是多么渺小。在绿色和红色之间，有一条黑色的粗条纹，这是一条毋庸置疑的边界线；在黑色条纹的红色那边，有一条用墨水画出的小曲线，表明了缅甸人声称拥有，但跟暹罗人存在争议的领土。地图的其他部分都是蓝色的，这蓝色部分是一片海洋，红色的暹罗领土周围杂乱地画着一些船只的图案，其中的一些船桅指向陆地，其他一些则明显颠倒了过来，至少它们的桅杆所指的方向是错误的。那些缅甸穷光蛋甚至连一艘这样的船都没有。当然，我们对国王殿下所言 35
> 默许，并像一些芭蕾舞演员一样，用默不出声的方式表达了这种惊异。老国王看上去十分高兴，他在满足地暗笑了几秒钟之后，命令将这幅地图搬走。[38]

对该事的这一描述可能有所修饰，而尼尔的图片表明了他对暹罗绘画的无知。但是，从既有的信息来看，我们可以想象这幅地图看起来像什么。如果我们在代表暹罗的大方框中用一个thewada（泰国传统艺术中头戴名为chada或mongkut的尖顶皇冠的天神）的图片来替代那个暹罗人形，并分别用一把称为tri的短三叉戟和一个称为sang的海螺壳来替代长叉和橘子，那么暹罗方框内的形象就是一位天神。因此，暹罗是天国之域。与此相反，缅甸是恶魔之域，其典型的再现物跟尼尔所描述的相类似。皇室不应被误解为对三界空间以外的地理学一无所知。不同的空间观在不同的情况下，或者为了不同的目的而发挥着作用。在这种情况下，两个王国的存在以宇宙学的形式再现了出来。然而，让人深感惊奇的是，边界问题可以用这种非地理学的地图来加以展现。

在对19世纪晚期暹罗世界观转变所做的研究中，通常有两种结论。首先，这种转变当然是一种顺利的西方化过程，这要归功于受启蒙的暹罗精英以及(在次要程度上)勤勉的传教士的贡献。与本土知识的对抗很少被提及,而且从未被认真加以对待。其次,由于大部分研究倾向于过分强调三界宇宙学的重要性,而忽视了其他空间观念,因此这种转变是从三界观念向现代地理学的一种转变。此外,还没有人对地理学知识的转变本身进行过研究。世界观的转变常常被归入整体上的西方科学的引入背景当中。

现代地理学和天文学的到来所对抗的不仅仅是三界宇宙,尽管这是最混乱激烈的舞台之一。它还发现本土观念对于地方地理学、边界、地域、国家感等等概念存在着对应物。在每一个相对应的观念与实践的舞台上,或许都发生着对抗;例如,在标明边界的过程中,以及在作为本土国际关系基础的王国观念当中。

如果人类没有意识到空间的存在,并用特定的概念和方式来调整
36 对空间的理解的话,空间本身是没有意义的。因此,神圣实体、宗教理念和三界世界观就提供了观念上的工具与符号,并产生了特定的实践活动。现代地理学不仅仅为既有的观念增添了新的资料。它是另一种空间知识,这种知识具有自己的分类体系、观念和中介符号。问题在于:当人们停止用神圣实体的秩序关系,而开始用一套全新的符号和规则来构想空间的时候,究竟发生了怎样惊人的影响?

在谈论诸如国家这样的政治—地理单位时,本土观念就牵扯到关于地球上的王国、地方地理学、主权和边界的话语,而不是三界宇宙结构学。正是在这些领域内,现代地理学(及其规则以及关于空间观的基本技术,即现代地图)遭遇到了它的本土对手。这种对抗的结果是思考和理解空间的一种全新方式以及暹罗的一种新型领土性的出现。

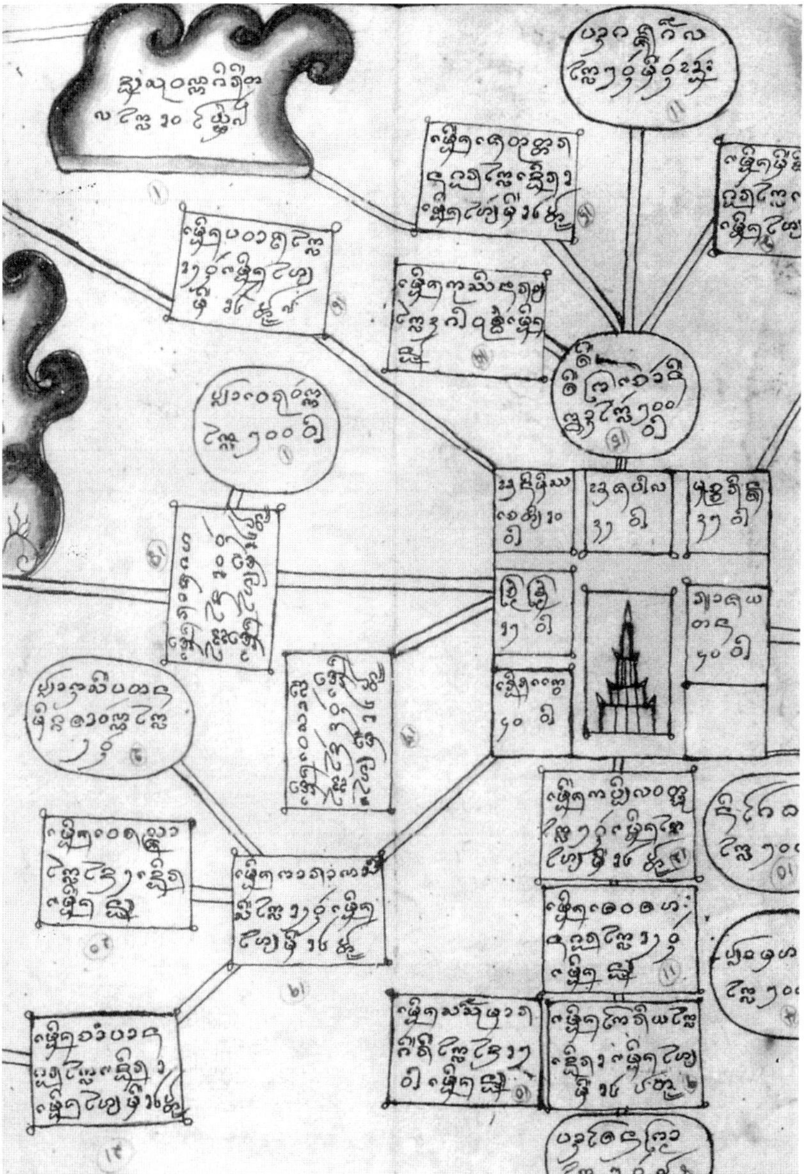

图像1. 兰那稿本中的一份朝圣旅行图（见约翰·M.埃科尔斯藏品的《泰国北部稿本：佛教指南》，经康奈尔大学允准）

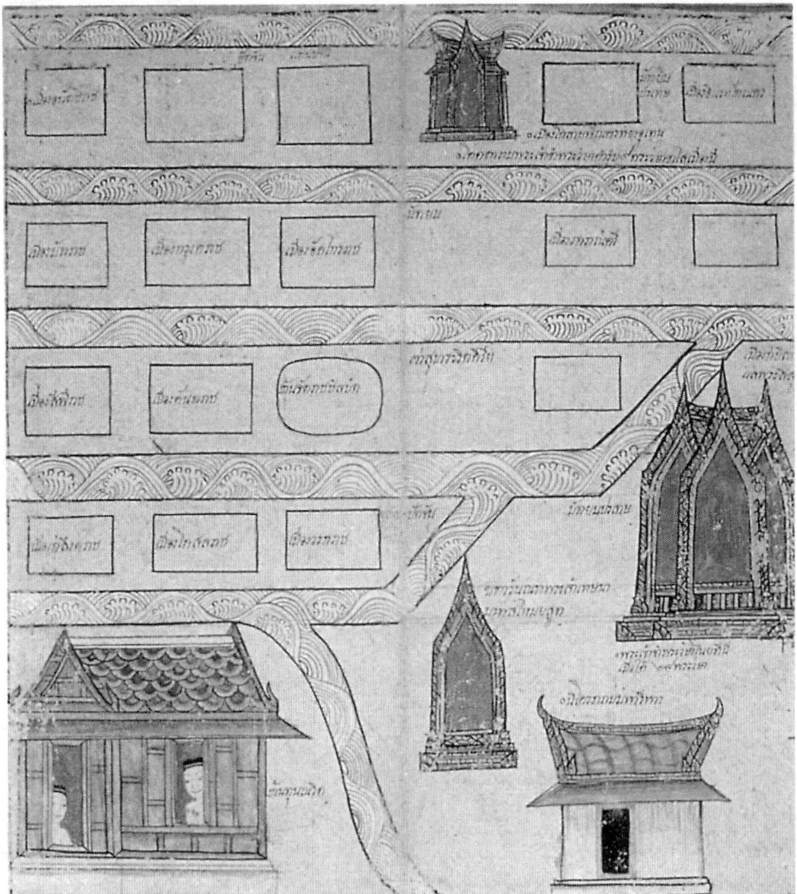

图像2(图页1). 三界画稿中的丹南地图(《艺术与文化》杂志授权)

（图像2，图页2）

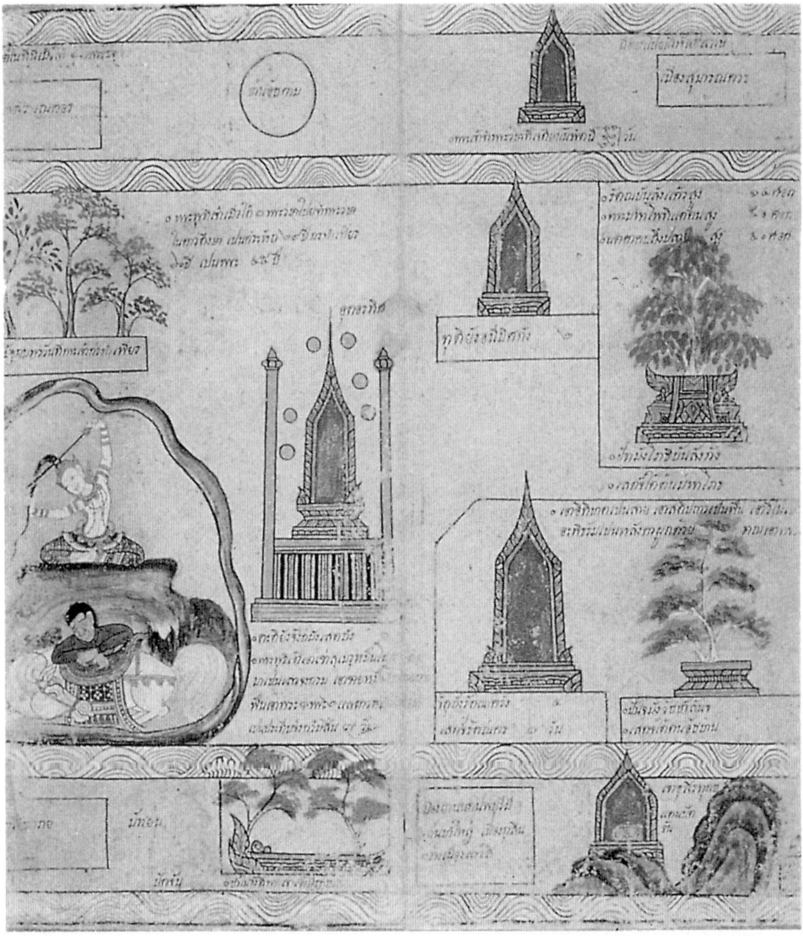

（图像2,图页3）

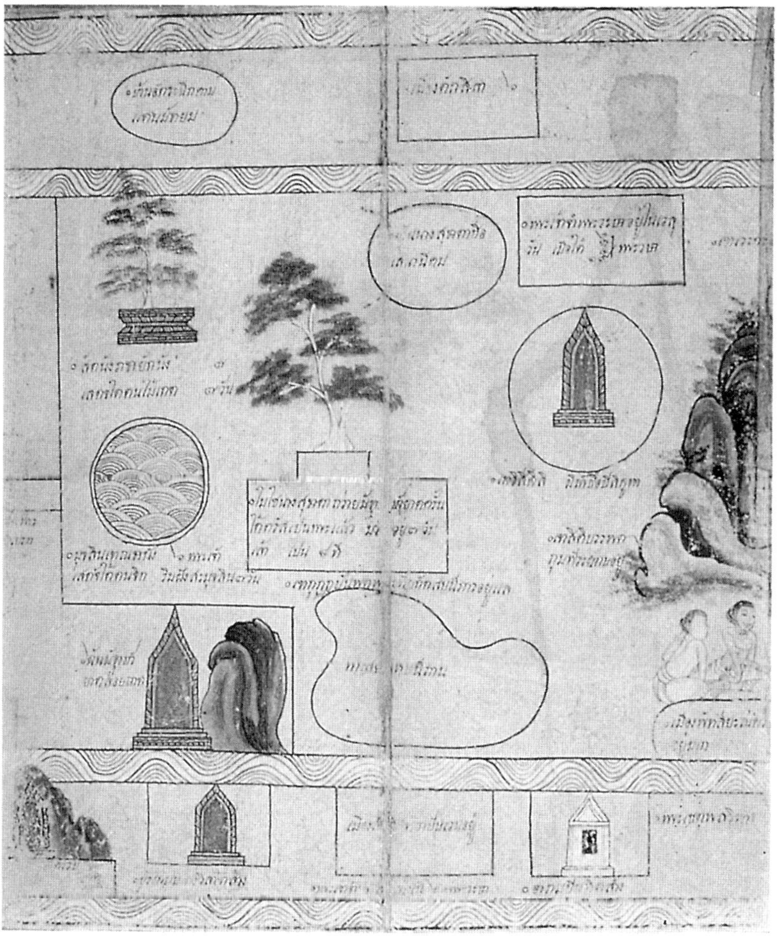

(图像2,图页4)

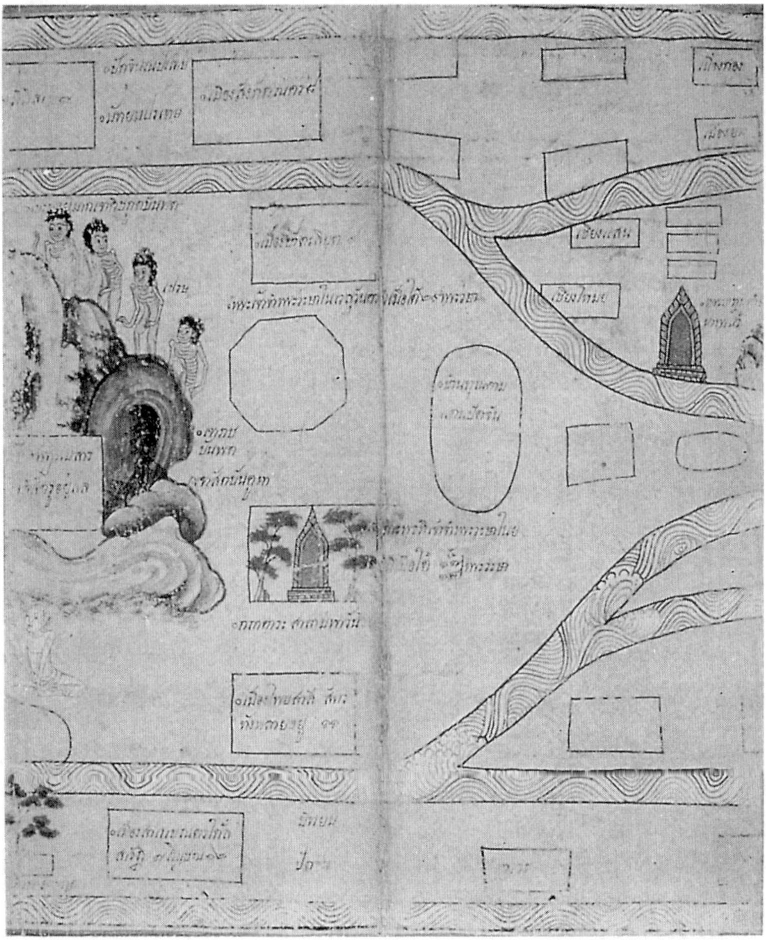

（图像2，图页5）

（图像2,图页6）

(图像2,图页7)

（图像2，图页8）

（图像2，图页9）

（图像2，图页10）

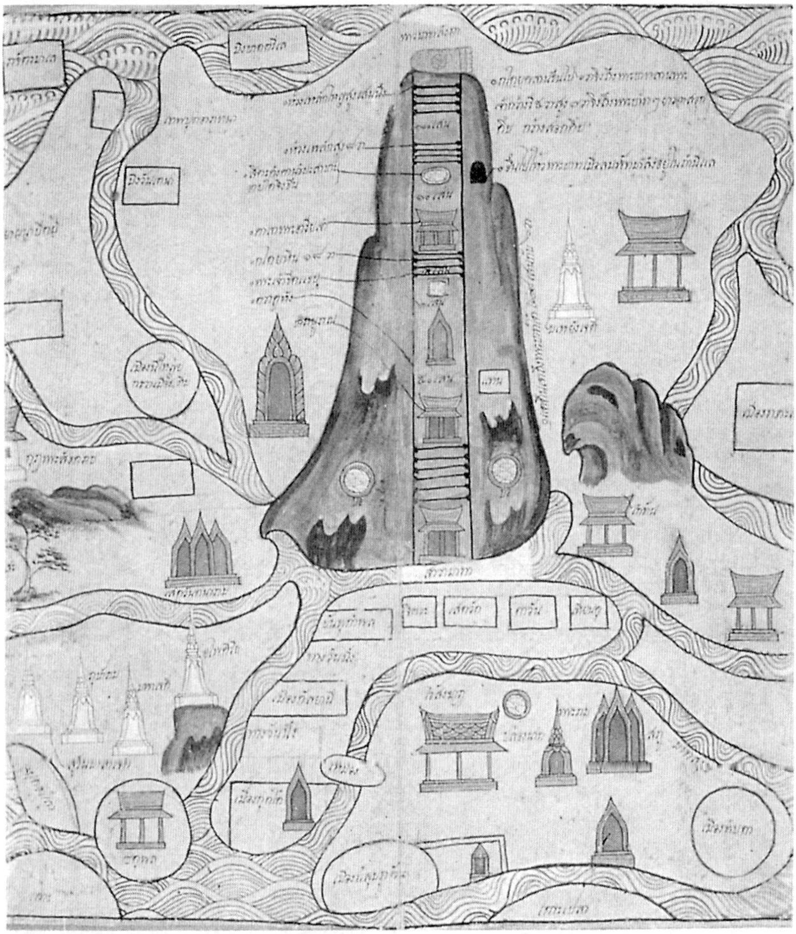

（图像2,图页11）

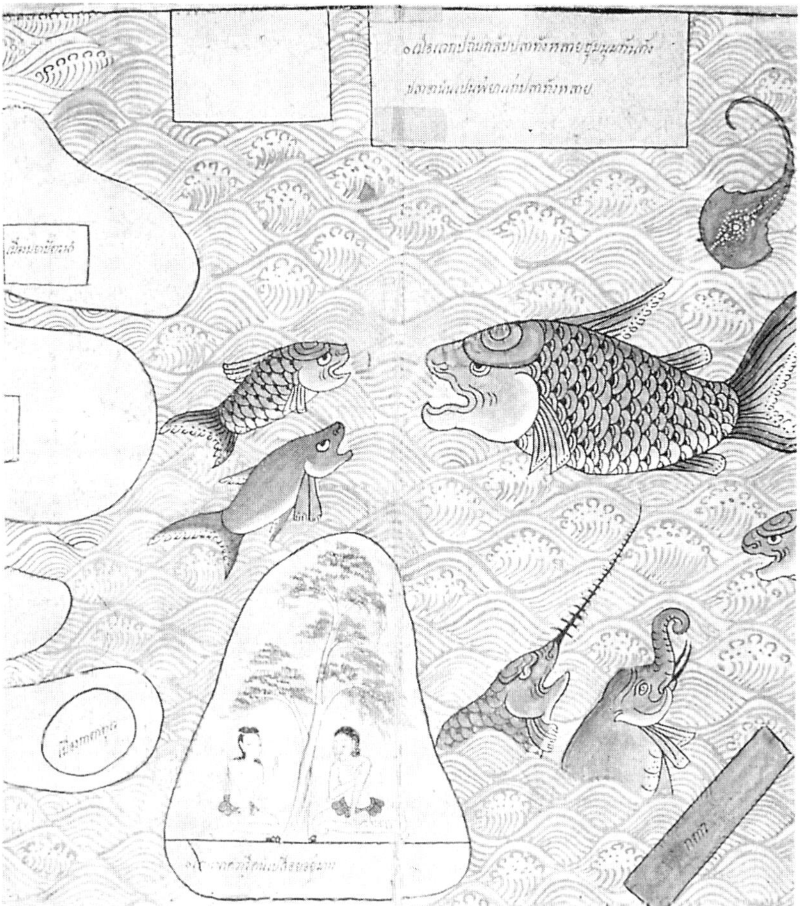

(图像2,图页12)

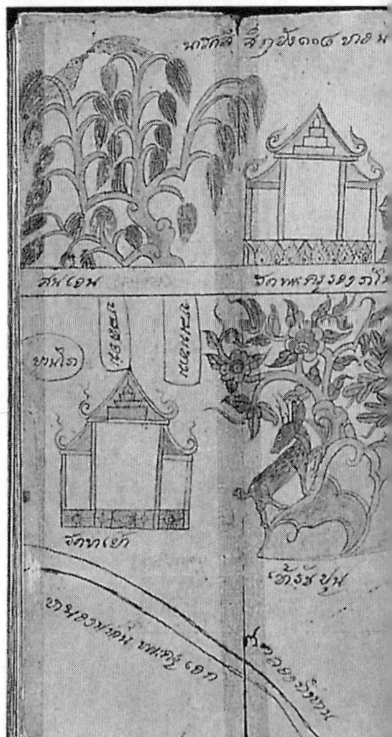

图像3. 关于暹罗南部宋卡湖东岸的一幅17世纪当地地图（经曼谷国家图书馆允准）

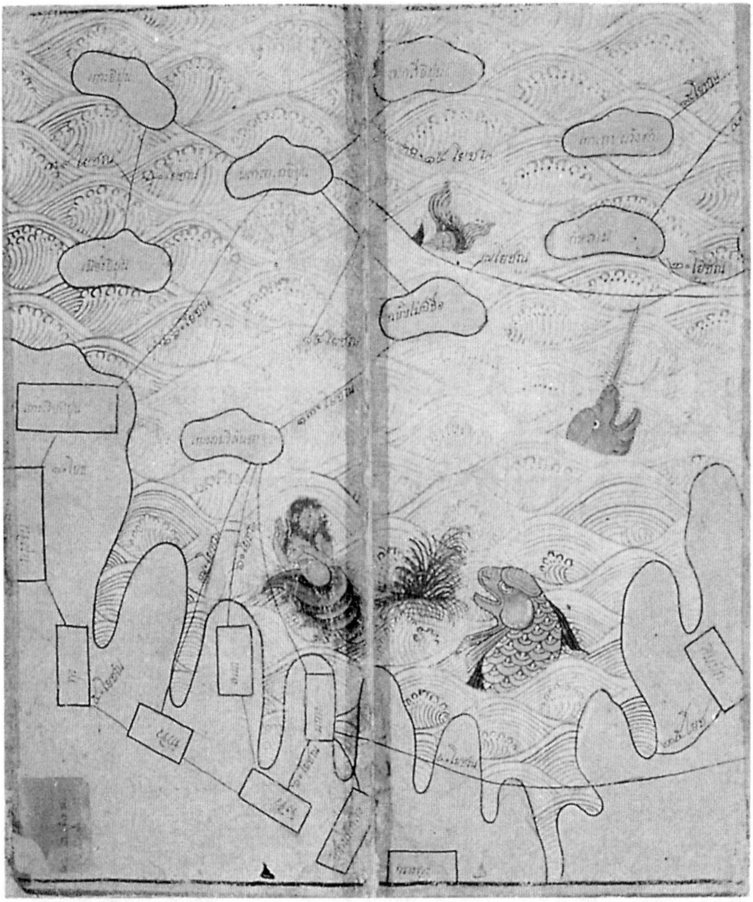

图像4(图页1). 三界画稿中的沿海地图(《艺术与文化》杂志授权)

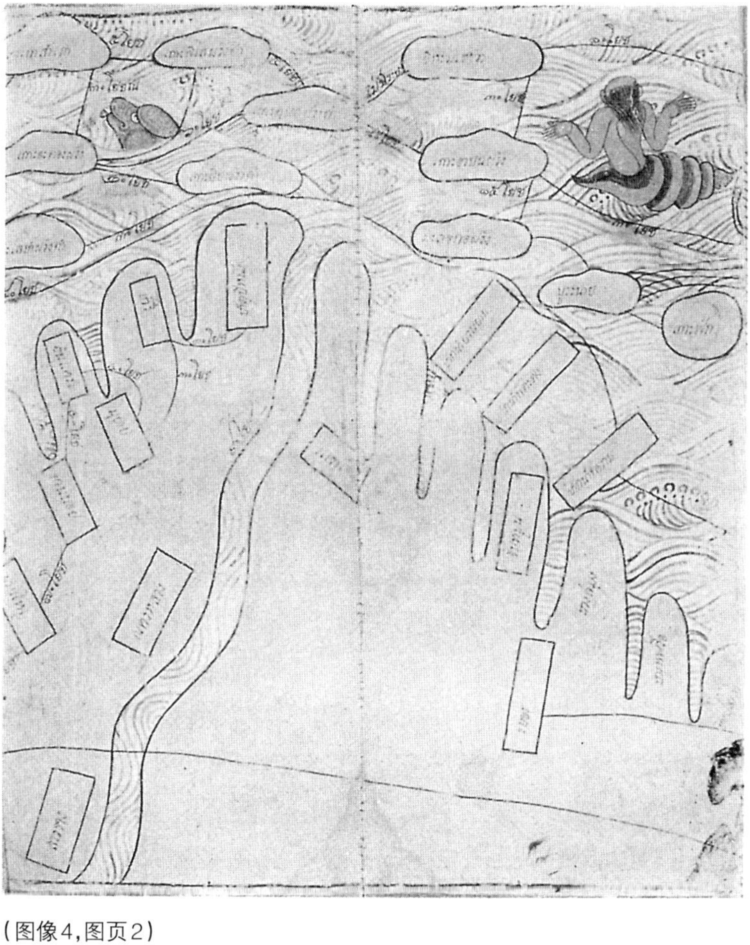

（图像4，图页2）

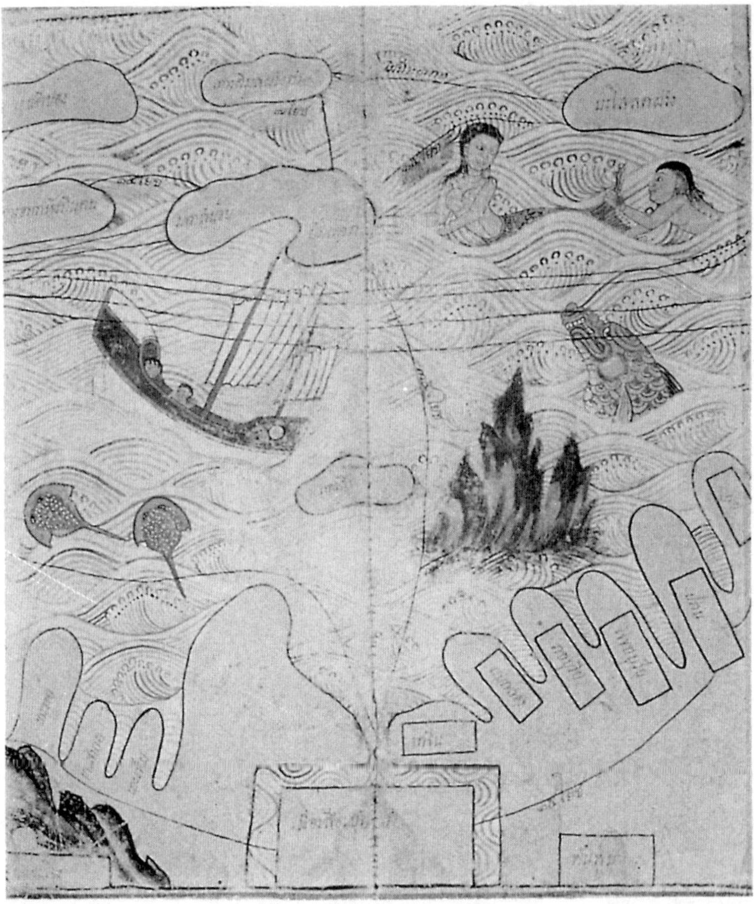

（图像4,图页3）

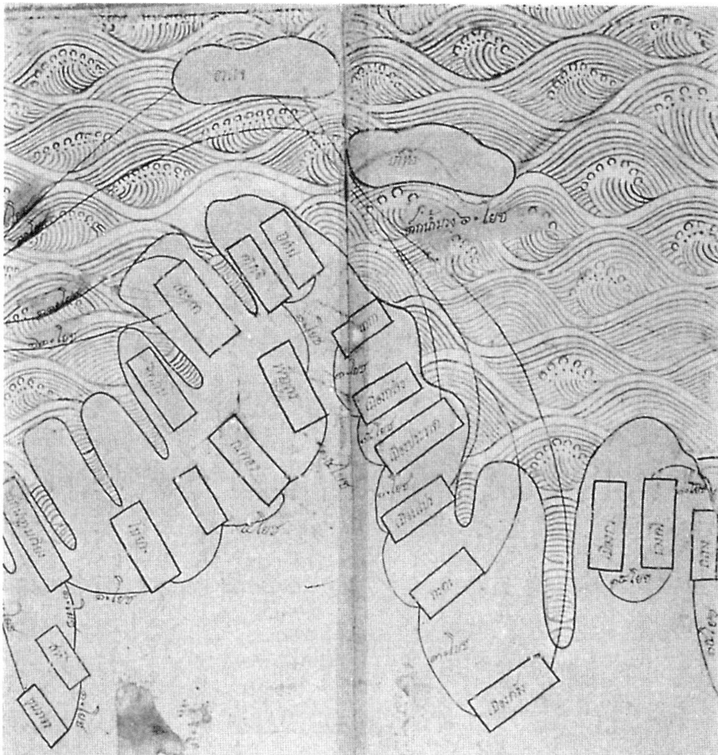

（图像4，图页4）

（图像4，图页5）

(图像4,图页6)

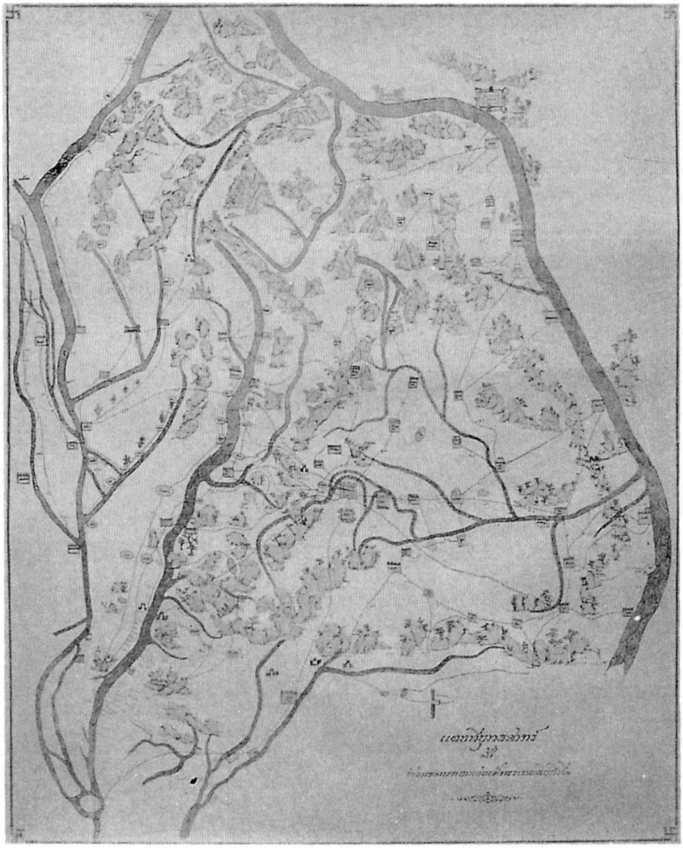

图像5.《拉玛一世国王的战略地图》(泰国皇家测量局)

图像6.《暹罗地图》(选自 F. A. Neale, *Narrative of a Residence at the Capital of the Kingdom of Siam*, 55)

第二章 37

一种新地理学的到来

暹罗朝廷将作为天国的暹罗图片展示给外国参观者看的同时，暹罗作为地球上诸多国家之一的信息也流传开来。与欧洲和其他邻居的接触经由贸易而得以迅速发展。[1]到19世纪初，在一份官方文告和一本著名的文学作品中都提到了欧洲和亚洲国家的名称。[2]

两个世界，同一空间：现代世界的来临

我们对19世纪30年代以后暹罗人及其对于西方天文学及地理学的兴趣知道得更多。在大多数传教士的回忆录中，这是一个著名的主题（尽管他们对于暹罗现代化所做的贡献或许被夸大了）。约翰·泰勒·琼斯（John Taylor Jones），暹罗最早的传教士之一，曾在1833年带着世界地图到达暹罗，他在回忆录中提到了一位正千方百计寻找一份英文地图的僧人。[3]琼斯和当时在暹罗的其他两位著名传教士布拉德利（Bradley）、豪斯（House）一起也告诉我们，在他们为暹罗精英分子所组

织的科学实验中，他们向这些观众展示了一个地球仪、一个太阳系以及天体运动的模型。[4]在暹罗精英当中，后来成为拉玛四世（1851—1868在位）的蒙固据说在1836年前就已经不再相信三界宇宙观。他在屋子里收藏着一个地球仪、一幅计算将要到来的日食的图表以及各类地图，他也曾向这些传教士咨询过众多关于地球的问题。[5]布拉德利告诉我们，蒙固深受《历法与天文学》（*Almanac and Astronomy*）一书的影响，该书由传教士杰西·卡斯维尔于1843年写成，意在反对暹罗的三界观。这本书在蒙固的追随者当中广为流传。[6]

38 在蒙固和他的追随者于19世纪40年代的一次夜谈中，一位高级贵族告诉蒙固，他在看了卡斯维尔的书之后，实际上接受了地球是球形的观念。但蒙固则声称自己早在十五年前，即美国传教士在暹罗出现之前，就已经秉持了这样的观念。但另一位贵族不接受这一观念，说他从不相信这个。[7]这些转变至少向我们表明了两件事情。首先，关于地球形状的问题已经在知识阶层那里受到高度重视：这个问题至今仍然时刻受到关注，却又没有定论。其次，蒙固坚信地球是球形的这一观念，因此才会说自己早已不再相信在过去很久以来一直就有的地平观。他的声明，尽管有点夸张，却表明了传统信仰是多么过时，而他自己又是多么现代。那些在此场合下固执地坚信地球是平的人，表明了看待地球的传统观念所具有的顽固性。这些故事表明，暹罗精英人物中的某些人对于西方地理学知识已经非常熟悉。他们欢迎新的知识，并急切地想获取这些知识。当然，传教士无疑也会遭遇到那些三界宇宙观的坚定信仰者。

蒙固对于天文学和现代地理学的兴趣从他早年的僧侣生涯就萌生了，尤其是因为他对行星运动的计算十分着迷。他对地球的了解，跟他同时代的人相比，似乎较为先进。在他就布拉德利对创世者和《圣经》

在文明中的作用的解释所写的一封回信中，可以看出在他的观念中，科学化的地球是多么重要。他指出，《圣经》对于地球和自然的描述充满了错误，尤其是六天创世的信念。他咄咄逼人地指出，如果《圣经》是文明起源的话，那为什么丝毫没有提到如何度量经纬度的问题？[8]有时候他对地表坐标计算的喜好可能是浮夸的。甚至在他成为国王之前，他给一位美国朋友写了一封信；这封信是在“公元1849年11月18日从位于暹罗湾的北纬13°26′、东经101°3′的海面某处地方”写成的。[9]

在登基之后，他力劝皇亲国戚们接受欧式教育。在传教士所教授的科目中，就有现代地理学和天文学。[10]在他的心目中，地理学的地位或许能够用他给当时著名的英国外交家鲍林爵士的一封信中自己所下的结论来加以归纳。在这封信中，他谈到了17世纪晚期到达法国的一个阿瑜陀耶使团的情况。他指出，这种叙述是不可信的，因为它“跟表示地球真实情况的地理学知识完全背道而驰”。[11]当他谈论西方舶来科 39
学的真实或者神奇时，最先提到的就是地理学和天文学。[12]

当然，蒙固的事例之所以重要，是因为他是一个领袖人物，而他对新科学和地理学的态度为他人所认可。但是，对现代地理学的怀疑并不能轻易消失。1857年被派往维多利亚女王宫廷去的暹罗译员，尽管英语十分流利，也非常熟知西方观念，却在对他这一经历的诗化叙述中这么问道：

> 缘何太阳自海中落下？
> 而在黎明破晓时，却也从海中而起。
> 在英人看来，或许这是真的，
> 地球之状如红橘？
> 太阳悬于空中，不曾移动？

趣也趣也，地球自旋，
三界亦如此巨大。
我真呆蠢，竟不知其中奥妙。[13]

三界世界的观念是如此根深蒂固，以致无法消除。正如一位历史学家所观察到的，这种转变的速度非常缓慢。确实，三界观念在特定的社会生活环境中，在诸如佛教秩序、仪式、宗教节日这样的以传统为根基的文化生活中，以及后来被认定为大众文化的事物中幸存下来，甚至延续至今。[14]在对这些环境的仔细观察中，我们会发现其中发生了一种转变，这种转变把我们引导到影响现代地理学确立的那些力量上来。正如它所表明的，这完全不是一种逐步进行的、顺利的知识扩散过程。

与此同时，在19世纪中期的佛教改革中，也出现了对现代地理学以及其他西方科学的需求，结果就形成了暹罗小乘佛教的一个新的分支。不管是改革运动，还是对现代科学的追寻，都是由同一批人领导的，他们就是蒙固和他的追随者，而且早在蒙固还是僧人的19世纪20年代早期就开始了。事实上，我们可以说，这是同一个政治和知识运动的两种趋势，这个运动质疑了在当时暹罗实践着的佛教秩序“僧伽”的纯洁性和有效性。

跟其他佛教改革运动一样，真正的佛教和“僧伽”只能在正统“巴利三藏”（the Pali Tripitaka）而不是义注或者解释中找到，“僧伽”的严格律法据信自佛陀时代就已创制。然而，在蒙固运动的精神中，真正的佛教被认为是克制世间的欲念，并将自己沉浸到精神与道德事务当中。
40 他们相信那些关注宇宙观的所谓佛教教义实际上都被诸如婆罗门教这样的其他错误信仰所玷污。因此，他们将世间俗务与精神事务彼此区分开来，尽管它们之间是彼此相关联的。他们认为佛教是后者的真理，而西方科学则是前者的真理。因此，与暹罗的任何其他群体相比，他们对西方科学持更开放宽容的态度，以至于在事实上，那些传教士将这种佛教正统运动看成是暹罗的改革派。[15]

这种所谓的改革派最终在1851年掌权，从那时起，暹罗开始向现代化急速转变。事实上，当时暹罗那些获得了政治权力的西方科学的宣传者已经被看成是向现代化顺利转型以及西方知识迅速传播的主要动因。此外，人们通常认为，帝国主义对缅甸和中国的入侵使暹罗意识到了获取更具影响和更先进的西方知识的紧迫性。蒙固的因素以及帝国主义的胜利意味着，从那时候起，西方知识不仅因其自身价值得以传播，而且被一种特殊的认识论力量所支撑，正因如此，它成为社会的中心，并获得更大的影响。

但是蒙固宗教运动、他的皇室权威以及与西方力量的决战并没有自然而然地导致西方宇宙观与本土宇宙观之间对抗局面的出现。这两种信仰在这一统治时期一直以多种形式彼此争斗纠缠。例如，在1866年，布拉德利发表了关于地球的一系列文章。对他的读者而言，这仍然是一个生动而有趣的主题，而他的文章是当时唯一的对地球的细节性阐释。从对地球球面可观察到的确证开始，他还为他的读者提供了一个总体上的地形学描述：地球的大小、地表构成、海洋与陆地的名称与方位、气候带等等。[16]（不幸的是，随着爱斯基摩人成为主题，布拉德利的报纸在那一年停刊了。）布拉德利试图将新知识当成一种刺穿传统信仰，尤其是佛教信仰的矛头。蒙固的一封信支持了布拉德利撼动传统的宇宙观的想法。但基于同样的理由，蒙固在同一封信中也对《圣经》发起挑战。[17]

仅仅在一年之后的1867年，暹罗最高级贵族之一的昭帕耶提帕格
拉翁出版了名为《万物论》的书，这是一本既反对基督教又反对传统宇 41

宙观的论集。[18]效仿蒙固运动的认识论趋向，该书在区分世俗和宗教领域（二者的真实可以分别在西方科学和佛教中发现）的概念方面是典型的。[19]他再次确认了佛教的真实性，并再次反对任何与之相对立的教义，尤其是来自传教士的批评。[20]但是在进行阐述的过程中，他不得不将佛教从与自然世界本真的任何关联那里剥离出来：他必须只将佛教作为道德和伦理上的胜利者。

在《万物论》开始的五分之二篇幅中，他将现代地理学与天文学看成是关于自然世界真实知识的看法。关于地球形状的问题是书中一个对抗的焦点，本土知识，尤其是佛教宇宙观的真实性，在西方体系的视野下是可以加以验证的。[21]他将地球描述成是太阳系中的一个星球，而且对其球状特征十分确信，一方面他能解释地球的起源，而在另一方面他对那些认为地球是平的观点加以质疑。为了解释地球不是平的，他列举了可观察的现象以及哥伦布发现新大陆的故事，这些都可以在布拉德利的报纸上找到。[22]在做这些论述的时候，他意识到三界宇宙观已经成为他要抨击的目标，而佛陀的权威也由于据称不会犯错、能知万物而受到质疑。提帕格拉翁不仅设法避免成为一个异教徒，而且据他所说，他还呼吁道："那些认为地球是平的人是信仰上帝创世的追随者。那些认为地球是球形的人，所尊崇的则是佛陀关于何谓自然的话语。"[23]

他的这种从困境中逃离出来的方法，在信仰佛教的现代泰国佛教徒中十分典型，这些人对于佛教的信仰无可动摇，而同时，对西方科学的客观知识则同样支持。通过将人生的两大领域分隔开来，提帕格拉翁坚信，佛陀知晓世界的本质，但佛陀也意识到他所知道的跟人们的信仰有所冲突。提帕格拉翁认为，如果佛陀已经提出了这个问题，那么，人们可能已经痴迷于这个主题，并忽视了通向救赎的道路。也就是说，这是一种没有用的主题，不值得加以宣扬，也不值得加以挑战。他对后面几代的老上师将这种主题纳入佛教文库当中甚为抱怨，上师们能做的不过是仰赖那些婆罗门教教义和一些巴利文义注，而忽略了真正的东西。[24]很明显，提帕格拉翁毫不犹豫地指控传统的教义已经被婆罗门教所玷污了，同时他发扬新型地理学，认为它符合真正的佛教。

现代地理学表现为一种处理关于空间的问题的新知识。这并不是 42
一蹴而就的。例如，有一个故事所讲述的是佛陀游历四方时在忉利天向他母亲布教，这个地方按照三界宇宙来说属于天国的一重，对此作者必须做出解释。提帕格拉翁承认说，它可能是真实的。但是，它与真正的地理学知识并不矛盾，因为在他看来，忉利天可能是在远处的另一个球状星体上。[25]在佛陀故事的真实与现代科学之间出现的冲突被他巧妙而和谐地化解。

《万物论》是暹罗人对西方宇宙观念的影响所做回应的汇集。在某种意义上，这种认识策略是一种调和知识冲突的手段，而不考虑所混杂着的任何逻辑不一致。与此同时，这也是对占统治地位的本土宇宙学的一种有力对抗。正如提帕格拉翁在他一书序言中所指出的，他希望这本书能够被年青一代阅读，以替代那些正在流通的“无用”之书。[26]

然而，随着大权在握，这场试图调和本土与西方知识的观念运动不得不一方面与本土信仰进行更激烈的斗争，在另一方面则与基督教做斗争。蒙固自己终其一生都在为他观念上的混杂而斗争，他既喜好西方科学，而与此同时又支持佛教。事实上，一场意外最终让他付出了生命的代价，那就是对1868年瓦果*日全食的观测，这是一个痛苦的、具有破坏性的知识对抗的时刻。关于空间的两种知识看似和平的共存局面实际上是，用一种葛兰西式的术语来说，最终争取要获得霸权的战争。

---

* 瓦果，泰国地名，位于巴蜀府。

突破：脱胎于星相学的天文学

除了痴迷于对地表坐标的计算外，蒙固还喜欢计算行星运动。他最初从他在僧侣生涯时期就已经学过多年的本土星相学那里发展出自己的专长。蒙固（这位改革集团、新佛教运动以及暹罗西方化的领袖）事实上是一位传统星相学的热心学生。然而，与此同时，他也从英文文本中形成他对于西方天文学以及数学的兴趣。[27]

正如当代泰国的一位著名占星家所指出的，蒙固对于星相学的贡献是巨大的。他替换了曼谷的星相图，这些星相被描绘在一个金盘上，
43 并被埋在作为城市支柱的圣殿底下，因为他发现它与蒙固自己的星相冲突，会造成他统治下的灾难。[28]在皇家公告中，他常常表现他在星相学方面的专长。他对泰国星相学的贡献之一就是他对泰国新历的计算。他甚至认为，宫廷占星家从来没有对他们计算的准确性加以重新检验，并且事实上从未对他们的星相论述有过质疑甚至理解。因此，官方的历法是很混乱的：历法中的佛教节日十分不精确，而黄道吉日也不准确。他在这些方面的论述无疑是他精通星相学的最好明证。[29]

除此之外，在4月中旬的每个泰历新年（称为“宋干节”），朝廷会发表官方声明正式公布那一年的黄道吉日。这项公告还通过公布每一个黄道十二宫的确切时间与时长、将要到来的日食的细节、重要的天象、黄道吉日、需要避免的不吉时辰等等而宣告新一年的到来。[30]在他在位期间，蒙固都会亲自书写这种年度公告，并亲自计算这些时辰。有时候，他会就星相学知识发表看法，比如他对如何预测来年的雨量等问题做出的讨论。过去，这些都由宫廷占星家通过“那伽”（naga）数量来预测，这种祥瑞将会提供雨水并在诸如天上森林、七重山海、人居大陆等

等三界宇宙的众多地区预测雨量。蒙固认为这些行为是不可靠的。[31]

在蒙固的星相学中，他的兴趣点落在对行星运动的计算上面，而不是传统星相学的占卜方面。他之所以对官方历法表示质疑，是因为他发现对日月运动轨迹的计算并不准确。每个新年宋干节的公告全都是相对于各星座的星星位置而言的地球方位的细节，地球进入或远离各星座的时间，月亮的圆缺情况以及对日食的预报。他还喜欢观测诸如彗星、太阳黑子以及其他星球运行轨迹等天象。

不管怎样，他从没有谴责过占卜。他只不过是从天文计算科学那里避开了占卜。在他的观念里，天象对于人类事务没有影响。这种观点跟他同时代的占星家的观念很不相同。在1858和1861年彗星两次出现的时候，他警告要反击那些关于瘟疫、灾难、战争或者不祥之兆的
传言。他指出，同一颗彗星之前就在欧洲被观测到了，因此对曼谷来说 44
这并不是一个恶兆；此外，人类能够提前计算出哪颗彗星将会到来。[32]他解释道，当月球和土星于1868年成一条直线，以及太阳与水星于1861年成一条直线时（这一现象在星相学看来是一种不祥之兆），这些天体的运动轨迹有时候会到同一个点上，因此在我们的眼里就被挡住了。它们实际上是自然现象：[33]“天象可以被提前加以观察和计算。因此，不管天空中的景象看起来有多奇怪，都没有理由为此担惊受怕。[这种奇怪现象]的原因已经被探明了。”[34]进一步来说，在他的观念中，地球只不过是一个跟其他星球一样的行星而已。地球的表面分布着各个国家，而暹罗只不过是其中之一。在他对日食的预报中，他有时会宣称这些日食可以在人类世界看到，但在暹罗看不到；有时候他会给出地球上的准确坐标位置，提供观察日食的最佳视角。很明显，他所说的地球是太阳系中的一个球状行星。

这种新宇宙观是对本土星相学的一种背离。他的皇室权威可能阻

止任何受攻击的危险，并为他的知识攻势提供强有力的支持，但没有办法推翻已经确立起来的东西。在很多情况下，当他跟布拉德利就科学与宗教在后者的报纸中争辩的时候，他驳斥了其他精英（高僧、族长甚至他的表兄即前任国王）对地球和天空的无知。甚至那些缅甸高僧也没有逃过蒙固对其宇宙世界观的抨击。[35]然而，尚不清楚当时的占星家是如何回应来自内部的新世界观的挑战。不管怎么样，蒙固继续充满信心地对那些宫廷占星家表示质疑，并跟他们针锋相对——颇具讽刺性的是，在这些人中，绝大多数都跟他一样，是曾经在寺庙中获得星相学技能的前僧侣。这种斗争直到他生命结束都非常激烈。

有一次，在对月食的预报中，他强调这是由国王而不是由占星家计算出来的。[36]在另一个事件中，他给出了做出这种强调的理由。当在1866年的宋干节公告中没有关于日食的细节时，他写道："我还有很多工作要做，也没有时间用来计算，但是如果我们让占星家去做这件事的话，就会变得粗疏、不可靠。"[37]有时，他将他的对手称为hon sumsam，也就是粗心的占星家。[38]那些进行历法计算的僧侣和曾当过僧人的人则被蔑称为then，也即假僧人。他进一步将then分为三类：ngomthen，即那些除了吃吃睡睡啥也不关心的人；rayamthen，即那些忙着玩女人和干坏事的人；laithen，即那些了无所知但热衷于溜须拍马的愚昧僧人。最后这类就成为了宫廷中历法官员的称呼。[39]在抨击占星家和僧侣的行为，包括他们在时间度量上的粗浅知识时，蒙固就会用这些术语。[40]

对1868年在瓦果的日全食的观测是他斗争的顶点。对这一事件的预告在当年的宋干节公告中就做出了，但没有任何细节，这是因为蒙固自己没有足够的时间来加以计算。在8月，蒙固公布了一封官方公告。他计算出了泰国时间度量（mong，baht）体系下的日食精确时间以及日全食的精确时长，即一baht，或者如他所说的"机械时钟的六分钟"。[41]

但日全食只能在地球某一特定带状地区看到，恰好穿越克拉地峡，“自格林尼治算起，位于经度99度（ongsa）40分（lipda）20秒（philipda），也就是说，只是在曼谷以西的49分40秒，[以及]北纬（khipthuwi）11度41分40秒，也就是曼谷以南的2度3分29秒”。[42]这些度量单位是泰国人对于度（degree）、分（minute）和秒（second）的相应说法。但用坐标来测量地表的方法无疑是西方式的。有一个关于这一问题的研究认为，在蒙固的计算中，他既参考了一种非正统的教条Saram（暹罗星相计算中的两种孟人方法之一），又参考了西方文本。[43]

丹隆告诉我们，根据暹罗所盛行的星相学知识，也许有过月全食，但从未出现过日全食，而且日全食似乎是不可能的。因此，由于蒙固在方法上并不正统，当时绝大多数占星家并不相信他的预测。[44]丹隆的回顾式解释是夸大其词的。日全食并不跟泰国星相学相矛盾；这在传统星相学记载中至少提到过一次。[45]然而，丹隆的回忆最重要的意义在于，它暗指在蒙固和他的宫廷占星家之间，存在着一种微妙的争论。他们对日食的预报有很大的出入，这也许是因为蒙固倾向于采用Saram和西式方法，而大多数宫廷占星家则采用其他的文本。[46]后者计算出的结果认为这是一次日食，但肯定不是日全食——而且，除此之外，地球上也没有什么带状地区。不难想象，当蒙固冒险将他的皇室声誉放到这场对抗中时，他所处的孤立局面和所受到的巨大压力。这远不只是一次知识实践，他的对手也不仅仅是占星者，而是一种既有的结构。由于他已经预告了日食，他就不得不通过计算以求在每一处细节上来证明他的知识以及国王的信誉。

由于他对自己的智慧深有自信，蒙固组织了一场对日全食的观测 46
活动，并决定亲自领导；尽管他年事已高（64岁），而且在密林深处穿行和驻跸也十分艰辛。而且，为了达到精确并证明他的能力，他选择了瓦果这个位于疫病横行的热带雨林中部的荒地作为观测点，这是因为这个地方刚好就是计算出的地点所在。[47]此外，他还邀请了当地欧洲殖民力量的高级官员参与在瓦果的观测活动。英国人和法国人接受了邀请，并带来了一大批随从以及用于观测和科学实验的众多设备。暹罗的团队也同样庞大，而且还有一些用于密林求生以及供国王和皇室贵客娱乐的奢侈用品。比方说，他们从曼谷带来了冰块，却没有准备任何设备仪器。这次瓦果见面会成了一次国际性的天象观测活动，或许也是这个地区唯一一次这般宏大的场面。象征性地来看，在其核心是本土星相学和西方天文学的会合，以及处于两者间的所有其他理念的交汇。

具有决定性的日子——1868年8月18日，是瓦果的一个阴天。每个人都在等待着日全食的出现，尤其是那些已经架设起设备的欧洲人。不幸的是，太阳既无法被肉眼所见，也没法经由仪器看到。天气几乎彻底扰乱了这场国际大事。突然间，就在日食开始的时候，天空变得明朗起来，日全食出现在每个人的眼前。日全食的过程跟蒙固之前的预报在每个环节上几乎一模一样。跟他的欧洲客人不同的是，蒙固并没有准备任何科学实验：日全食本身就是一次成功的实验。这是对他最重要胜利的一次出色认可。

然而，他的胜利并没有在整体上击溃本土知识。他的成就既要归功于西方地理学和天文学知识，也要归功于他自己在本土星相学方面的才能。只有那些关于天体以及如何对其加以计算的新观念被证明是更优越的。甚至对蒙固自己来说，刹那间的晴空万里也是一个奇迹——是神灵的一个礼物，某种程度上正是因为这些神灵才会有这次成功。随着日全食开始退去，欧洲人仍在那里忙于他们的科学实验，蒙固则开始为那些神灵进行宗教祭礼以表感谢。[48]

当他回到曼谷后，蒙固发现，那些留在曼谷的宫廷占星家，其中包括首领帕霍拉提波迪以及一些高级贵族，都无法对他提出的关于在曼谷观察到的日食的问题做出恰当的回答。他严厉惩处了他们，将他们送到皇居里的实验室关了一天禁闭，并判入狱八天。[49]之后，他发布了一封关于日全食的信件，抨击了那些不相信他的人。他谴责那些所赚的钱要比花在神灵祭礼上的钱更多，但同时对他的日食计算没有兴趣 47
的人。他谴责他们粗俗、平庸的心智以及愚蠢的举动，因为他们对他的细节性预测一无所知，对用现代仪器所做的测量与计算漠不关心。他们以省时为理由将这些事情都抛给了仆人来办；他们对于细节粗心大意，并接受了宫廷占星家的粗陋预报。此外，他们观察日食的方式是很粗俗的（用手去遮挡他们的肉眼），而且他们所用的时钟也相当不可靠："只有寺院民众或老朽僧人还在用［那种钟表］。"他随后对那些数年僧侣生涯只知夸夸其谈而忽视知识的占星家大加责骂："从今以后，占星家必须停止他们那种像寺民或前僧人一样的粗俗、平庸、卑贱的行为。"这一事件中的每个人都被命令将他的这封信亲自抄写一遍。[50]

不幸的是，为了成就这番事业，蒙固辛劳过度，他的健康大为恶化。尽管选取瓦果作为观测点的冒险行动获得了成功，但蒙固和他的儿子朱拉隆功在远征途中感染了疟疾。朱拉隆功在一段时间里情况非常糟糕，但他活了下来。蒙固却没能幸免。蒙固赢得了跟正统的宫廷占星家以及本土宇宙学的斗争。但这是一场悲剧性的胜利。他为自己的事业献出了生命。

新模式下的空间：现代地理学

既然我们借由一种特定观念为媒介来构想世界，那么，不同的观念就会影响到我们关于地球以及相关地理活动的知识。如果19世纪后期泰国人用现代地理学来构想世界的话，那世界会有怎样的不同呢？这种空间话语又是如何将人类牵扯到空间里的呢？要回答这些问题，我们必须在历史语境中对现代地理学加以检视。

提帕格拉翁试图让《万物论》在学童中传阅，但是没有成功。然而，现代地理学在暹罗非常迅速地建立起来。在提帕格拉翁的书出版仅仅八年后，蒙固的决定性胜利六年后，泰国第一本地理学书籍在1874年出版。以一部英文书为基础，《地理说明》一书由J. W. 范戴克这位于1869至1886年生活在暹罗的美国传教士撰写，奉献给朱拉隆功国王，并
48 对暹罗的未来做出良好祝愿。[51]这是用泰文写成的一本“世界地图集”（phaenthilok）。在扉页的中间站立着一头白象，下面是以泰历计算的出版年份。

《地理说明》只在有限的几所学校使用，主要是那些美国传教士开设的学校当中。这本书从未被官方认定为教科书。在19世纪80年代暹罗新教育体制最初几年里，除了在特定学校开设的英文高等中学阶段之外，地理学并不是所有学生都要学的课程；传统的宇宙观教条仍然在大多数泰国学校教授。1887年，在朱拉隆功批评当时使用的一些书充斥着国王和战斗（chakchakwongwong）而没什么价值之后，新教育部长丹隆亲王开始对泰国学校的课程和所有教科书进行改革。1892年，学校开办了新的课程；现代地理学成为中学各年级的科目之一。[52]这就迫切需要新一代的地理学文本。

1892年的新课程指出，地理学是对地球、太阳系、行星以及自然现象的研究。它也关注房子、村庄或城镇的规划以及地图的使用。[53]课程在1895和1898年得到了进一步的完善，要求在几乎每一级都开设地理课，并在高年级进行更为细致和复杂的讲解，比如说对其他国家

的研究以及基本的地图绘制技术。在这些被推荐的教科书中，广为人知的是W. G. 约翰逊的《暹罗地理学》，这本书后来成为其他一些文本的范本。[54]

这些教科书将会告诉我们现代地理学在当时是如何传播并被理解的。它们作为精确的观念工具，用来武装那些拥有新的空间观、地理观的学生们。这些早期的文本是非常简单的。它们表达的是现代地理学的非常基础的知识。随着更多、更为复杂的书籍问世，早期的书籍不是被完全终止使用，就是被用来供小学儿童使用。跟一种语言的基础语法一样，这种文本通常是简单明了的，而且也有必要这样。

这些教科书表明，到20世纪早期，关于天圆地方的传统观念已经被边缘化了。这些书中没有哪本会专门去争论这个问题，甚至提都不会提。唯一的例外是1902年帕耶贴帕萨沙迪写的教科书，他在书中提到地球是被神物安暖鱼托起来的观念。但是在这里，贴帕萨沙迪编造了一个很愚钝的儿童跟当地一位没有学识的人交谈的故事。[55]相比之下，在同一本书中，当老师问他的学生们关于地球形状的问题时，所有的孩子都举起了手，其中一个孩子回答道，“像一个橘子”。[56]对于这本教科 49
书的作者而言，球形地球的知识是如此习以为常，所有的孩子应该都能回答这个简单的问题，尽管其中的一个孩子可能会因为那位没有受过教育的老人的意见而有点犹豫。

当然，三界宇宙学的世界在这些地理学书籍里面是没有位置的。现代地理学中的地球是太阳系中围绕太阳旋转的一颗行星。地球的表面由若干大陆与海洋构成。首先，按照这些书籍的叙述，这个地球上全都是prathet，即国家（country，nation）。这个词在旧有用法中只是指一个地方或者一个区域（地区、城镇甚至森林中的一块地方）。它所指称的是没有任何特定范围、人口或者力量的地球表面的一块区域。这种旧有意义出现在19世纪末或20世纪初编纂的大多数泰语词典当中。[57]但那时候，prathet作为一个国家的意思也在其中的一些词典中出现了。[58]对prathet的新的专门定义来自对于地球的新的地理学观念，在范戴克的《地理说明》以及约翰逊的《暹罗地理学》中有所解释。

按照范戴克的说法，地球表面被大陆和海洋所分割。一个大陆由被边界所划分的，被称为王国、帝国或者共和国的“统治（或占领）领土”所组成。这些领土中的每一块都是一个prathet。在一个prathet中，一定会有一个首都，一个被称为国王、皇帝或者总统的最高统治者，以及在中央权力控制下由chaomuang（总督或省长）所掌管的其他地方。[59]除了头两章，范戴克的书中各用一章的篇幅来叙述一个大陆的情况。[60]范戴克在每个大陆选取一些prathet来描述，一开始就是“泰国”（Prathetthai）。每个大陆的地图以及暹罗地图都放在相关章节的开头；关于地图比例尺和所用标记的说明放在书的末页。

书中到处可见的Prathetthai这一术语的使用值得关注。这是因为暹罗人称他们的国家是“Muang Thai”，即泰人的国家，而外部世界则称其为“暹罗”，直到新的名称，英语中的“泰国”（Thailand）和泰语中的“泰国”（Prathetthai）在1939年被采纳。同样，这本书中其他国家的名字是通过在prathet之后加上其国名而实现的。这表明prathet这个术语被用来替代muang这个术语。Muang所指代范围很广，可以是一个共同体、一个乡镇、一座城市甚至一个国家，也就是说，这是在一个统治力量控制下的区域，但在具体范围、权力渗透的程度或方式、行政结构方面没有加以明确。Muang的意思是多变的，但是新的知识选择了一个更为广义的、尚未明确的术语prathet，赋予它现代地理学语法中一个非常特殊的意思：一个国家。

50 Prathet这一单词的新的特殊意义也被约翰逊所暗示。在他的书的早期版本中，他用来称呼暹罗的名称多种多样：在书的前部分是Prathetsayam或Sayamprathet，在书的后部分则是Krungsayam。[61]称呼英国的词汇则是Krung-angkrit。Krung这个术语最初是指一座大城市，曾被蒙固和他同时代的人用来指称一个王国，这种惯用法延续了一段时间。但从1914年的版本开始，在早期版本中关于krung的大多数例子都被用prathet所替代了，只有在最后几页中有少数例外。

约翰逊在《地理学导论》中将一个prathet定义为不同民族生活着的地球表面的各部分。例如，在亚洲，泰国人所生活的地方就叫Sayamprathet。[62]作为关于暹罗地理学的书籍，他的书在这里通过两种表述来确定方位。首先，暹罗是在亚洲东南部的半岛上；其次，他罗列了暹罗周边国家的名称。[63]

这表明，正如暹罗儿童所了解到的，现代地理学最明显的特征就是，地球是球状的，上面分布着各个国家。暹罗就是其中之一；它位于世界上的某个地方。一个prathet就是在经验上能够感知的地球表面的一块领土。它能够以至少两种方式加以定义：首先，通过它在地球上的特定位置及其与将之囊括在内的更大空间的关系加以定义；其次，通过它与其周边各国的“边界关系”来加以定义。在第一种方式中，有时候用作参照的空间不仅仅是一块大陆，而是蒙固常用的具体坐标标注的整个地球。同样，在《地理说明》中，范戴克告诉他的读者，只有通过对某个国家所在大陆的位置及其周边国家加以相应说明，才能表示出各个国家的存在。像暹罗这样的地球上国家的事实是如此真实可信，以至于人们可以说这个国家的形状就像是皇家侍卫的一把旧斧头或者一个椰壳勺子。现代地理学已经使那些人坚信，暹罗和其他国家的存在都是自然而然的。

但是，如果没人曾亲眼看见过一个充满着国家的地球，而周边国家的整个区域也无法同时观察得到，那么，人们又如何理解这两种方式呢？除了球形地球的一般知识，是什么使这些表述变得充满意义？这两种方式有一个共通点。它们需要关于地球或者大陆，或者至少是地球的某一特定区域的地图知识。事实上，范戴克在他的《地理说明》中已经向他的读者提供了关于地球以及各章中每块大陆的地图。对地图是什么以及基本的读图技术的粗略解释在该书的前半部分也已经有所涉及。他明确建议他的读者在阅读这本书时能配合使用一部地图集，
51 以便对各国特征有更好的了解。在约翰逊这本书的第一版中附有两幅地图：亚洲地图（具有粗略细节）以及对周边国家都有所提及的“暹罗边界地图”。[64]

我们可能想要知道，在没有看到这些地图，同时也没有阅读这些地图的基本知识的时候，一个人是怎样理解暹罗位于何处以及它看起来像什么的问题的。如果没有关于一幅地图的基本知识，所有这些情况都是无法理解的。值得进一步加以质疑的是，如果没有关于一幅地图的任何知识，在这种空间观念之下的其他类型的交流是否可能。但是，一幅地图是如何在这种地理学中阐明了上述表述？更简单地说，地图是如何发挥功用的？地图是什么？

被编码的空间：现代地图

当时第一代地理学文本中的另一本可能会帮助我们解答上面提出的那些问题。贴帕萨沙迪的两卷本《地理学》分别于1902和1904年首次出版。[65]这两卷书可能是暹罗课程设置的历史上，学生最长期使用、再版次数最多的教科书。[66]在第二卷中，最初的十章是关于地图绘制的基本知识的课程，其内容从如何确定一个方位基点，一直到解

读与绘制地图的方法。在此过程中，学生会逐一学习平面图、比例尺、地图，平面图与地图之间的关系，以及这些图表及其再现的真实之间的关系。

按照这些课程，用非常严格定义的词汇来说，一幅平面图是关于一个事物的“缩略图”，是从一个事物的上方看到的它的样子（第2至3章）。一幅平面图跟一张图片是不同的，因为后者会告诉看的人这样东西是什么，就像它已经被看到一样；而一幅平面图则只是展示了这件事物的形状、大小或者跟同一平面图中其他事物的距离（第4章）。比例尺是平面图按照等比放大或缩小事物的尺寸。这些全都是在第8至10章中关于地图绘制以及暹罗地图的课程的预备知识。文本最初是以叔叔和两个孩子之间对话的形式写成的，我接下来提供的是缩略版：

> 叔叔问道：“地图是什么呢？”
>
> “它是一幅画。”一个孩子马上答道。
>
> “不，”叔叔大声回答，“地图不是一幅画。假如它是一幅画的话，我们一定能够在上面看到很多房子、树木和人。但这里我们看不到。”
>
> “地图是平面图，它们是一样的。”他继续解释道，“一幅地图是关于地球表面，不管是陆地还是水面的一幅平面图。表现整个地球表面的地图就是关于这些地球表面情况的平面图。” 52
>
> 随后，叔叔指着暹罗地图，说道：“这是我们所居住的地球的一部分。”他还解释道，地图上的颜色并不是地球的颜色；他们如果飞到天上去的话，就会发现暹罗是绿色的。他们随后在地图上找出了湄南河以及曼谷的另一条河，他们很喜欢在地图上指出那些重要地点的方位。

> 这些孩子非常乐意学习关于地图的知识。他们还学到，绘制地图总要用到比例尺以及一些符号，他们需要熟记这些符号。[67]

这种简单课程之所以令人印象深刻，是因为它用理解性的方式，而不是在细节上，说明了地图是如何成为人类思想与空间之间的媒介的。

人类体验世界以及相互交流（除了直觉或感觉）是通过日常生活中数不清的符号体系下的符号的复杂运动，地图只不过是另一种形式的符号而已。按照图像交流理论，地图是空间真实与人们（不管是制图者，还是使用者）之间的媒介，它让人们无需直接接触即可感知这种空间。空间、地图以及人类感知（图像交流的基本三元素）之间的关系是非常复杂的。下面的图表就是按照理论所做的一种非常基本和简略的解释。[68]

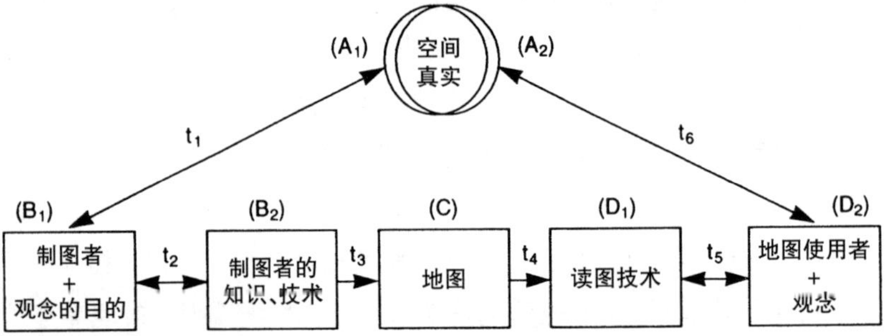

(A_1)制图者关于真实的观念

(A_2)地图使用者关于真实的观念

(B_1)制图者的主观性，尤其是他/她的认知体系，以及对待特定客体的目的

(B_2)制图者的知识，尤其是将数据转化为地图的技术

(D_1)使用者关于如何阅读地图的知识

(D_2)使用者的主观性，尤其是他们的认知体系

资料来源：以A. Kolaeny对于“制图信息”的论述（第47至49页）为基础绘制的图表。

制图者因每种地图的特殊目的观测或勘测地理地形(A)。之后， 53
借助制图法，他或她将其观念化(B)，将所获得的数据转化为一种绘图形式(C)，地图于是就被制作出来。由地图所实现的信息转化被感知到(D)，并被使用者的绘图知识所转译。然而，复杂性贯穿在图表的每一步当中。一幅地图的生产过程可能会受到一些因素的影响，比如制图者的观念、感知、对于每幅地图的特殊目的或者对于符号的不同使用方法等等，并出现不同的结果。从对象向符号，以及从符号向读者观念的所有转变，都有一个阐释的过程。[69]贴帕萨沙迪的课程展现了这些理论过程中的一些步骤，但不是一本理论书籍。从所有这些理论和前提中，我们能进一步就一幅地图的特殊本质及其再现机制加以论述。

第一，就像一张图片一样，一幅地图据称是用二维图像的形式对空间真实的一种再现。作为平面图的一种，它在再现方式上跟图片不同。按照叔叔的说法，一张图片记录的是如同观察者亲眼所见的空间对象的内容。由于事物只是从一个视点来观察的，因此，在图片中所看到的它的形状、结构无法同真实的形状等同起来，但观察者能够从这一内容中来认识这一事物。与之相反，平面图记录了一个空间对象的形状、结构形式。对于叔叔来说，地图就是一种平面图，从上面俯视对象，并只保留内容的形式与结构关系。也就是说，地图是空间对象的结构性形态。

第二，不管一幅地图能在多大程度上类似于它所要再现的空间，它也只能通过将复杂的三维物质空间转化为图绘形式才能做到这些。这种转化过程需要至少三个步骤。首先，概括性方法，即将空间各个细节加以简化、选取、归并、变形、近似或者放大，以使其成为适用于每一幅特定地图的数据。其次，缩放比例的方法，即通过特定的比例对真实的尺寸进行放大或缩小。最后，符号化，即用符号或其他图案对特定的事物加以再现。[70]借助于几何学，那些数据经由几何学的计算加以转化，并几乎都用几何学符号加以再现。结果就形成了对物质空间的一种阐释性抽象。

第三，尽管地图是一种阐释性抽象，但它还是声称跟真实性存在一
54 种模仿关系。只要地图是在空间真实与人类观念之间不加干涉的媒介（真实是这种关系的来源和参照），地图就能发挥其功能。图像交流最重要的主题之一是地图中使用图案的任意与模仿的程度，也就是说，研究这些图案中特殊标记、符号、大小、颜色甚至位置是如何在任意与模仿的不同程度上对真实加以再现的。[71]有些人甚至认为，地图跟所感知的真实的外部世界具有本质上的关联，而图表只不过是一种任意的图案，并不存在这种关联。[72]要是没有地图跟外部世界的这种本质关联的假定，叔叔和两个男孩就无法饶有兴致地在曼谷地图上寻找那些公共建筑和城市景点。然而，正如我们将要看到的，这种假定是有问题的。

第四，地图在制作者和使用者之间是可以交流的，而且它跟对象的关系是可以理解的，这是因为不管是在制图者的转化过程中，还是在使用者的阅读过程中，地图的整个机制（结构、符号、尺寸等等）是建立在一种通行的图像语言基础上的。地图是依赖惯例而存在的。那位叔叔必须将惯例教给孩子们。现代地理学是一种全球文明，每个社会的在校儿童都必须学习惯例。他们必须通过这种社会化过程来维持规则和惯例的传统性。一幅地图，就是一个二维图形形式的符号的集合，它只有通过现代地理学研究和绘图基本技术提供的规则和惯例才被赋予了生命。只有通过这种全球化实践，一幅地图所再现的空间（假如加以适当阅读的话）才可以说是明白无误的，但也可能会有一些误差。

最终，地图不仅仅是对空间对象的再现或抽象。这种技术最令人着迷的新奇之处或许就是其预言性的能力。事实上，地图制作最基本

的方法之一就是数学推算。地球是如此之大，人类是如此渺小，然而人类对整个地球充满着好奇心。随着地球表面的情况在16世纪被现代地理学最终呈现出来，整个星球的经纬网格逐渐发展出来，并建立起测量的一种基本模型。从那时起，世界吸引了一代又一代的人类，他们去那些未知的地方探险，以填补那些由数学推算出来的未知区域的知识空白。一幅现代地图能够预测某些东西就在“那里”，在某个特定的坐标；事实与知识会在随后被现代地图的真正信仰者所“发现”。那么，如果一幅19世纪的地图要预测一个国家的存在，这个国家是如何抗拒被发现的呢？

简而言之，地图是对现代地理学中一种推测的空间对象的编码。
作为一种符号，地图通过它自己的方式把空间对象抽象化，纳入新的符 55
号体系。地图将一个空间加以编码，反过来，人们又通过解码将所设想的真实空间的知识加以解读。这是一种科学方法的产物，也是我们现代社会机制的产物。

这里所考虑的地图的类型跟前现代地理学的地图有所差别。其不同之处不仅在于技术，而且在于不同的知识类型及其背后的观念。例如，在本土观念中，空间通常是跟神灵或宗教的特定观念相等同的。这是空间的一种本质。或者换句话说：宗教使空间的物质性屈从于它，使物质性仰赖于宗教价值或者成为宗教价值的一种表现。与之相反，现代地理学是一个将自身限定为对地球上物质空间进行研究的学科。现代地图上的空间，至少是人类生活的空间，是具体而世俗的。因此，前现代的地图对测量的精确度不感兴趣，也不需要科学的、经验性的手段。这种地图只不过体现了早已知晓的事实或真实，不管是宇宙学、道德教养还是旅行路线。而相反，现代地图则摒弃了将世俗世界理解为想象和神灵的方法。它建立起了感知空间的新方式，并提供了想象空间的新方法，这种方法阻止了那些“虚假”的想象，并只让那些具有合法性的空间在解码过程之后继续存在。

在一幅前现代的地图中，并不存在哪一幅地图所描绘的一个空间单位是一个空间整体的一部分。地图上没有对地球上那个单位所在位置的标注。但是，要绘制一幅国家地图，就总是意味着一种地球的整体性，而地图上的那个空间单位只不过是它的一小部分而已。物质性的全球坐标的重要性强化了另一个区别，或许也是最重要的区别。一幅前现代的地图只不过是另一种叙述的展现，它是一个宗教故事或者一条旅行线路的描述。一些地图可能完全不涉及任何的空间真实性。这种类型的地图并不是必不可少的。相反，由于现代国家地图想要再现的空间真实性无法总体地直接展现出来（确实，它也不可能做到），现代地图是从总体性上感知宏观空间并将其观念化的一种必不可少的媒介，这种功能是任何前现代的地图所无法扮演的。

此外，作为地球的一部分，一个国家的地图必须被看成是在地球表面上的，并且展现这种状态的方法也是必不可少的。所有的方法都意味着地球上的每个部分、国家及其地图能够被联系到一起，并通过边界线的拼缀形成整个地球。确实，边界线对于一个国家的地图而言是如
56 此之重要，以至于要是离开了前者，后者都无以自存。一个国家能够不用地图上的词汇、其他符号或者颜色来加以想象，但假如没有了边界线的话，是不可能的。边界线作为一种符号，构成了一个国家的地图的存在。边界线对于一个国家地图的存在是必不可少的；或者换句话说，一个国家的地图以边界线的存在为先决条件。从逻辑上看，这不可避免地意味着边界线必须在地图出现**之前**存在，因为媒介只是对一种既存的真实性加以记录和指涉。但是在这种情况下，真实性与逻辑相反。正是在现代地理学观念中的国家观念要求必须将边界线加以明确划

分。地图可能不仅发挥着作为媒介的功能；它还可能成为假想真实性的创造者。

通过这种编码所再现的国家被纳入一种新的地球空间当中，这种地球空间具有另一套规则和惯例、另一种关系模式。如果地图不仅仅是一种记录或反映媒介的话，那么这种转变可能会比任何人所预期的更为复杂。将这个问题放到一个历史性的框架当中来看的话，地图带来的一个国家的可想象性就会出现一些变化——不管是在观念上，还是在涉及一个国家统治范围及其有限性的人类实践当中。最重要的前提是边界线的观念与实践将一个主权空间单位与另一个区分开来。一个国家的边界同时在两个方面发挥着作用。一方面，它为一个主权单位设定了一个明确的界限；另一方面，它为至少两个空间单位做出了明确的划分。换句话说，边界线既是一个单位的边缘，又是两个单位之间的东西。因此，关于国家之间关系的一些观念和具体实践必须加以转变，以跟一个国家的新地理学相契合。本土观念必须被替代。

模式：模糊与替代

暹罗地缘机体的历史并不是对边界划分以及导致暹罗地图形成的相关事件的编年式叙述。毋宁说，瓦果事件集中体现的蒙固的事例以及星相学与天文学之间的关系，就是这种地理学的替代是何等之复杂的生动例证。在这个事例中，不同类型的地理学知识共存、冲突并最终被替代。

瓦果远征之旅凸显出了两套知识之间的碰撞。其意义甚至在我们的时代也是深远的。蒙固被赞誉为泰国科学之父，而8月18日如今也被官方定为国家科学日。“泰国科学”这个词汇意味着泰国的现代科 57

学知识，而不是本土的泰国科学，因为蒙固获得赞誉的原因是他在天文学上的专长，他坚定地反对迷信和占星家的态度，以及他对于现代医学和诸如蒸汽船和印刷机这样的科学革新的兴趣。[73]这些说法不甚明了且在解释方面很主观，而且赞誉蒙固的理由跟所发生的情况不大契合。尽管人们可以说，瓦果事件和8月18日奠定了（西方）科学的荣耀，但蒙固对于星相学的喜爱以及他对于神灵相助的信念都不应被忽略。因此，具有讽刺意味的是，蒙固也被泰国占星家尊奉为“泰国星相学之父”，这里指的是本土星相学。[74]同样，我们也无法忽视这样的事实，即他所计算出的宇宙学信息来自西方天文学，而蒙固跟传统占星家是针锋相对的。

还存在着对蒙固和瓦果事件的另一种评价，这种评价避免在西方天文学与本土星相学之间倾向于一方或者另一方。人们可以说，瓦果事件的目的实际上是政治—心理层面上的。它证明了暹罗与西方在知识上是平起平坐的，因此帝国主义者关于暹罗是未开化的并且需要被殖民的看法是毫无根据的。[75]这种观点认为宫廷统一爱国，抵抗着帝国主义者的入侵。这毫无疑问是一种民族主义式的反思。蒙固所针锋相对的敌手实际上是传统的泰国占星家，而欧洲人则站在蒙固一边，是暗中支持蒙固的一个国际力量集团。

尽管如此，这一事件真正的意义可能是模糊不清的，而不是只有一种阐释。将蒙固的努力看成是本土抵抗西方世界观的策略（或者相反）的看法可能是一个错误。它是一种认识论上的混杂，无论我们赋予它怎样的矛盾或者逻辑上的不适。对这一事件的每一种阐释都试图为其赋予一种特定的意义（及价值），以便将蒙固和他的理念看成是这种意义的先驱者。当然，整个事件的模糊性以及蒙固认识论上的混杂本身就是知识转变的一个关键阶段。

一位蒙固同时代的传记作者在他关于蒙固的著名论述的总结性段落中写道：

> ［蒙固］对星相学非常了解，不管是泰国的还是欧洲的。他能够非常精细地计算出太阳和所有行星的运动，非常准确地预测日食和月食，所有这些，没人能比得上他。他还精通地理学（yiokrapfi），精确地测量太阳和星星……他始终尊崇佛教三宝。[76]

关于这位暹罗国王的这一论述首次指出，他在诸如星相学的传统“科学”上的才能以及他的真正信仰，在与太阳、行星以及地球（尽管没有直接提到）相关的一种雄心勃勃的新学科的方方面面都可以找到，这一学科在泰语中被相应地称为地理学。这个段落当中，yiokrapfi 一词的出现并不是偶然的。 58

星相学是一门相信人类事务受天体的影响或决定的科学，它在社会中享有特权。在星相学中，对天体位置和运动的计算以及对其影响的解释之术是两大基本任务。占星家在这一社会从宫廷到村庄的每个层面都是强有力的“科学家”，这是因为他们掌握了计算天象和预测影响的专长。在我们看来，预言的艺术可能并不客观，或者甚至是迷信，然而它是建立在之前的阐释以及那些据信受到处于特定位置的天体影响而产生的现象的多年记录之上的。此外，星相学的计算遵循几代人发展起来的宇宙学框架中的数学规则。跟天文学相比，星相学星体运动的知识在数学客观性方面差不了多少。

正因如此，星相学依靠的是计算的精确性，就像一些现代科学依靠数学一样。计算得越精确，星相解释就越可靠。为了计算的精确性，西方关于天体运动和地球的知识，以及经验观察的科学精神，对于像蒙固及其追随者这样一些人来说，跟关于世俗事物的其他一些科学同样具有吸引力。这些人用新的yiokrapfi替代了本土知识。但这样做的同时，他们并没有将本土星相学斩草除根。毋宁说，他们渴望获得最先进的知识来对计算加以改进。事实上囊括了天文学的yiokrapfi以更精确因此也更为可信的方式担负了本土星相学的任务。这两种基本互不相同的知识被合到了一起，并可以相安无事地发挥作用。在蒙固“人生文本”，即传记的同一段里面，它们彼此间可以相互替换。

这里应该注意到的是，在后来的泰国星相学中，太阳系以及天文学宇宙被看成了天体运动与计算的框架，而不会影响到预测的系统方法。诸如太阳系中三颗最远行星的最新天文学发现如今被认为是星相学知
59 识的一部分，甚至有助于占星家改进或拓展他们的占星术。一位著名的占星家声称，蒙固在这种非正统方法上是他的先驱。[77]

由于观念与功能兼容，人们成功地理解了现代地理学，但是是通过现存观念——首先通过既存的术语——加以同化，就像人们通常通过翻译为母语来学习一种新的语言。以自然地理学为例，在范戴克书中第一章、约翰逊《暹罗地理学》一书以及贴帕萨沙迪所著的第一卷中，对于自然地理学的分类跟三界宇宙学中的分类法非常相似。这种本土分类法提供了现代地理学能够被理解的方法。尽管是不同的观念体系，但本土分类法也成为现代地理学的词汇。

Phum一词，通常是指土地或世界，它成为泰语中表示“地理学”的词语phumisat的关键部分。此外，范戴克一书的题目*Phumanithet*，实际上也是经典宇宙学教义《宇宙创生说》中一章的标题，该章是关于神灵与地狱的。后来，这一词汇也作为地理学的等义词出现在文献当中。[78]泰语中关于大陆、海洋以及其他地理单位的术语，其中包括prathet，也是从类似的新命名法的知识储备中得来的。正因如此，泰语中关于现

代地理学的术语中的大部分，尤其是关于宇宙与宏观空间的部分，来自三界分类法，就一点都不奇怪了。

因此，两种知识不仅具有类似的题材，而且它们还在类似的分类中共享相同的术语。因此，它们不仅共存共处，而且还通过共享相同的术语而产生重叠。换句话说，术语，即词汇成为两种知识的接触面。相反，这些术语在共同使用的过程中，由于不同的观念体系，产生了双重意义和不同的外延。术语，或者说整个分类体系，成为一个双重能指的体系。因此，空间知识及其术语就变得模糊不清了。结果就使新地理学面临一个双重任务：一种是防御性的，要拆解这种混杂局面，并从另一方那里将自身区分出来；一种是进攻性的，要利用地理学话语的兼容性和模糊性。

先考虑第一个任务。由于在相同术语和类似分类背后的观念体系并不相同，因此，一个词汇基于实践中的不同代码，会传递出不同的信息。防御性或者拆解性的工作意味着必须要有某个特定的信号，来向观众提供新观念的参照。一幅现代地图的使用就是这种信号化代码的 60
例证。提帕格拉翁的《万物论》就极好地展现了两种空间语言是如何在不同规则统治下的相同领域内发挥作用的。作者明显意识到地理学知识整体上日渐增长的模糊性，但他理解不同语言之间的差别。正如我们已经看到的，在彼此竞争的地理语言之间的最严重对抗之一是关于地球这个概念的基本问题。这个问题区分出两方的观点。不管是范戴克还是约翰逊的书，都在一开始描绘了地球看起来像什么，但是这不仅仅是向他们的读者传播正确观念。他们还在通往他们书籍的入口设立了一个信号。关于球状地球的叙述成为一种信号化的代码——这个“密码”指示书中的内容属于那种特殊语言。之后，在那代人的书中，这成为一个传统，在每本地理书的开始都会有关于地球的介绍性叙述，不管它们所叙述的是哪种地理学——自然的或政治的，关于暹罗的还是世界其他地方的。甚至后来的地图集一开始也会有关于球状地球的地图，跟约翰逊在导言中的叙述类似。它成为一种惯例，而其最初的功能已经不再凸显；换句话说，这是一种传统，不是一个有效的代码。

第二个任务更为重要。地理话语变得模糊不清，这意味着本土空间话语不再是在感知空间方面提供语法或者垄断代码的唯一语言。除了从王权以及知识精英那里获得强有力支持之外，现代地理学如今以一个竞争者的姿态出现——一种可以与之前的语言共享某些特权的竞争性语言——它还宣称对意义领域拥有权威。

在这种模糊性的条件下，既存的空间知识受到动摇，而另一种新知识成为转变的威胁。现代地理学从来不是被动地共存；它也不只依赖政治支持这种非认识论的力量来试图使自己成为替代者。尽管人类基于理解的目的将其转译为本土术语，但是一旦兼容性被确立起来之后，它就超出了人类的目的。现代地理学有能力夺取本土知识的那些特权，并成为一种新的知识传播渠道。它只等人类介入以某种方式解决
61 模糊性。简而言之，现代地理学利用重叠领域来使得本土语言不稳定或者模糊不清，并在随后将自身打造成一种表述那些术语的新方式。

知识的替代是一个过程，这种过程绝不意味着一种逐步的、顺利的、持续性的调适。它是这样的一个过程：突然出现了关键性的时刻，以某种特殊的方式解决了模糊性。它或多或少是激烈的。瓦果事件就是这种关键时刻。对瓦果事件回顾式评价的模糊要归因于蒙固及其观念趋向的模糊本质，在他身上，现代地理学与本土观念共存。蒙固对占星家的攻击以及提帕格拉翁的书籍也属于这些时刻，它们将富有竞争力的地理学观念带入具有破坏性的对抗当中。

将暹罗科学观念的确立看成是像丝绸般平顺的过程，其目的是表

明在相互竞争的知识观念与实践之间，没有明显的摩擦，更不用说分裂了。然而，情况并非如此。如果不是在一场认识论战争中险胜的话，蒙固的命运又会如何呢？这里所做的进一步阐释可以被看成是一种模型，来解释地理学知识替代的其他方面。它们同样是在不同时间、地点和节奏下众多对抗、模糊以及分裂时刻的产物。在这里，我们所关注的是边界和领土主权方面的观念与实践问题。正如我们所要看到的，在地理学知识的替代中最具破坏性的时刻之一是泰国历史上的一个著名事件。但它在传统上被以另一种方式加以理解：它是泰国各阶层的一次惨痛事件，因为它最终以19世纪后半叶泰国向欧洲列强所谓割让领土结尾。

62

第三章
边　界

暹罗与缅甸从16世纪开始就已经互为劲敌。随着双方彼此不时相互攻击，两个王国之间的城镇，尤其是那些分布于缅甸南部海岸，即当时还被视为孟人领地的城镇，对双方而言都变得至关重要。事实上，这两个王国之间的整个地区由巨大的热带雨林和从南到北沿整个边疆的大片山脉构成。然而，双方都将孟人城镇看成能够为战斗提供食物和人力的丰富资源，而这是前现代战争最重要的两大因素。一直以来，一方控制之下的民众和城镇为军队种粮供物，而同时，他们也成为另一方摧毁的目标，目的是为了阻止他们为敌人提供物资。

西部边疆中的西方边界

我们的故事开始于19世纪上半叶。那时，英国人与当时缅甸的阿瓦王国在1824至1826年发生了第一次战争。1825年，派往暹罗朝廷的英国公使亨利·伯尼上校受东印度公司委派与暹罗就一些事宜，尤其

是马来诸邦以及它们之间经贸协议等事宜进行谈判。虽然一些历史学
家曾指出，英国与阿瓦王国之间的战争震慑了暹罗朝廷，但是暹罗朝廷
对于英国人的态度据伯尼所称还是很热情的。暹罗朝廷似乎很谨慎地
欢迎任何对抗缅甸人的力量。在他的报告中，伯尼告诉我们，暹罗朝廷
对战事进展十分关注，并渴望获得关于战事的任何信息或传言。由于
有了一个共同的敌人，暹罗人和英国人几乎达成协议，要派遣两个团的 63
暹罗军队支持英国人。然而，这个协议最终未能达成，这是因为拥有不
同战争体制的双方间存在着误解，而且这场战争几个月后就结束了。

在伯尼于1825年末至1826年初逗留曼谷的日子里，英国人已经征服了缅甸南部，将之变成了英属丹那沙林省。在这之后，暹罗的西部边疆就成了一个问题。[1]伯尼请求暹罗朝廷指派一名高级官员就他们新获得的领土与暹罗之间的边界问题进行商谈。当时负责外交和贸易活动的帕康回避了这个请求，声称土瓦（Tavoy）和墨吉（Mergui）这两个缅甸南部的主要港口，实际上就是暹罗的边界，而暹罗也正准备从缅甸人那里收复这两个港口，如今它们已经落到了英国人的手里，但是，为了两国之间的友谊，以及依然在北方的共同敌人（阿瓦），暹罗将不再声索这两个港口。伯尼写道，帕康"体现出比预想更多的坦率与真诚"，还为英国的占领表示祝福，并"希望英国人通过那条通道将繁荣贸易迅速带到曼谷"。

如其所示，这种回复并没有真正直面问题。因此伯尼再次发出请求，并建议帕康应该亲自去边疆看看。对此，"部长转过肥硕的身躯，注视着我，就像我让他去趟欧洲那样震惊"。[2]伯尼在解释这种反应的时候说道，暹罗国王（当时是拉玛三世）并不相信朝廷中的任何人去跟英国人达成协议；也就是说，那些被委派出去的人可能并没有权力，也没法做出任何决定。霍尔认为，伯尼的建议可能把帕康吓坏了，因为在曼

谷之外的任何与英国人的谈判，都会危害暹罗的独立。[3]但这可能并不是问题的关键。帕康是受到了惊吓，但不是因为独立问题。更大的可能是，在当时暹罗王国的领土权力划分中，王国的西南部处于另一位高级贵族——格拉洪*的控制之下。因此，帕康对这一地区所进行的任何谈判都是对格拉洪权力的一种威胁。帕康并不想把自己置于这种风险当中。去一趟欧洲对他来说可能都没有那么吓人。不管怎么样，这种表态表明，边界划分还没有成为暹罗朝廷所关注的事情。

第二天，帕康将格拉洪的一条信息转达给了伯尼：目前还无法确认
64 英国人是否一定能够击败缅甸人并守住这些城镇，因此边界问题还不是紧迫的。[4]对于暹罗朝廷来说，边界问题因战争结果而定。要是缅甸反戈一击的话，更可能使这些城镇再次被洗劫一空，而无法解决边界划分的问题。对于帕康来说，友谊是个很好的借口，可以以此将声索港口这种不太重要的问题搁在一边；对于格拉洪而言，则并不需要一条边界。不管是帕康还是格拉洪，都没有像伯尼那样严肃认真地对待这个问题。

尽管朝廷对此缺乏兴趣，但伯尼还是再次敦促暹罗议定边界。他的努力最终有了结果。令人惊异的是，他得到的答复是简单而直接的：

> 关于边界事务，在墨吉、土瓦以及丹那沙林地区，暹罗人与缅甸人之间从来就不存在边界。但英国人希望将这些边界确定下来。就让他们征询居住在墨吉、土瓦和丹那沙林边疆地区的土著居民的意见，根据他们所知道的相邻领土的情况，并依据他们所指认的标识作为英国和暹罗领土之间的边界。[5]

* 格拉洪原意为国防部，暹罗古代经常用所任官职代指其人，格拉洪实际上就是国防部长或军务部长。

这一答复被霍尔这样后来的历史学家认为天真，伯尼也深感荒谬，因为他知道这种说法将会让英国当局感到震惊。[6]但是，对于参与谈判团的一名暹罗官员来说，这种答复一点都不奇怪，这是因为：

> 暹罗人和缅甸人之间的边界都是深山茂林，这些山林有数英里宽，这些地方不能说属于哪个国家。双方都派遣了巡视小队，一旦对方人员在这片地区走失，就将他捉住。[7]

很明显，英国方面所理解的“边界”与暹罗所理解的类似但并不相同。对于暹罗朝廷而言，很难想象为何边界问题会这么重要；它对于当地民众来说可能是个问题，但对于曼谷人来说根本算不上什么。因此，在暹罗所准备的条约草案中根本没有划定边界的内容，尽管其中有关于哪些地方属于暹罗、哪些地方属于英国当局的声明；这表明，对于暹罗来说，就算没有英国式的边界，划分也足够清楚了。[8]然而，伯尼最终说服朝廷就边界划分达成了广泛协议，他还将之写进了后来的条约草案和1826年的最终条约当中。这篇用暹罗方式书写的、冗长不堪的文 65
件要表明的仅仅是，如果一方对任何边界表示质疑，就应当委派一些官员和边疆地区的民众，用一种友好的方式来探求并确定双方的边界。[9]这意味着现存的边界没有问题，不需要再做划分。在曼谷的半年多时间足以让伯尼知道，他在这个问题上所能做的最好妥协就是将关于这一问题的一些看法写到条约里面，尽管这对英国人来说可能用处不大。在做这些工作的时候，他承认他对这一问题所发表的言论跟暹罗朝廷用的是同一种语言。

除了1829年一些本地暹罗官员向英属领地发动的偶然突袭事件之外，[10]直到1840年，彼此间都相安无事。1840年，布兰德尔就任丹那沙林省的行政长官，由于未定边界事端不断，他再次旧事重提。这个纠纷就是锡矿的开采。北栈河在丹那沙林省最南部的边疆穿流而过，[11]河流两侧富含锡矿和其他矿藏。当暹罗地方首领试图扩大权力范围，向两边的锡矿矿主征收他们的部分收入的时候，矿主们拒绝英国当局的双重征税，而一些华人矿主则请求英国人的保护。[12]那些土著居民声称北栈河是暹罗军队曾到过并临时驻扎的最远地方，因此布兰德尔就将这条河看成是边界。他随后向曼谷当局写了一封信，认为暹罗地方首领侵犯了英属领地。暹罗朝廷在当年年末回复指出，边界尚未确定，布兰德尔的说法是不可接受的。[13]

英属印度当局警告布兰德尔要谨慎行事，他们从伯尼的经验中意识到，基于某些无法知晓的原因，暹罗朝廷对于他在这个问题上的要求甚为不悦。甚至到1842年，孟加拉当局仍不认为确定边界有任何紧迫必要。[14]然而，布兰德尔坚持要求暹罗委派官员到这条河那里去，因为当地的暹罗官员无法合作。随后，在1842年年中，暹罗出人意料地同意勘定边界，尽管它并不同意将北栈河视为边界线。[15]但是，雨季使双方穿越丛林解决这一问题的愿望不得不停顿下来。

1844年，暹罗被再次要求解决这一问题，因为边境地带沿线发生了一些小事故。这次是新的行政长官布罗德富特少校要求确定从清迈到北栈河的边界。[16]暹罗朝廷似乎不胜其烦，但明白回应道：

66 > 英国和暹罗一度需要就边界问题展开会谈……[是因为]……暹罗和英国当局有着深厚的友谊，而由于布罗德富特少校……期望维持现在的友谊，因此写了一封信，认为需要友好地确定边界，而……金色皇城[曼谷]当局也急切希望边界能够确定下来……要求布罗德富特少校能够……公正、平等地确定边界。金

> 色皇城的……首领也将会同意。[17]

换句话说,为了友谊,英国人想怎样,暹罗人就怎样,只要公平合理。

上面所引述的信件落款是1844年11月13日,其中,暹罗朝廷对于英国声称对北栈河右岸的主权表示出不同看法。暹罗认为边境地带零星冲突之所以发生,是因为英国国民和那些生活在北栈河附近小镇的克拉人彼此住得太近了。这可能会"在两个伟大的友好国家之间造成一些不良影响",信中说道。由于北栈河距离克拉只有几百米远,因此暹罗人反对英国人的建议。

暹罗朝廷想要的是怎样的边界呢?这里是一个建议:

> 假如边界线沿北栈河而定的话,就离克拉太近了。另一方面,要是边界线定在暹罗人之前已经习惯管辖的范围之内的话,那么还是会远离墨吉。我们必须做出公平的决定,以使两个国家的居民能够彼此相隔一定距离地生活。[18]

或许英国人并没有理解这种边界的意义,他们继续向暹罗重申他们的要求。关于这件事情的交流进一步涉及丹那沙林北部的毛淡棉边界问题。如今,朝廷1845年8月和1846年8月的信件的口气已经变得厌烦。颇具讽刺意味的是,暹罗朝廷越是厌烦,它对处理这一事情的意愿就越是强烈。在前一封信中,朝廷用一长段相反的建议来定义从清迈到克拉的边界。这封信中说:

> 不管哪个地方,当地行政长官和该省官员满意的话,就把那里当作暹罗边界的范围。就让他们直接提出来,这问题就能解决

了……决定之后，最终要有一个书面协定来规定各部分的边界线。这样双方彼此间在将来将不会再有侵扰。[19]

67 在1846年8月的信中，边界问题似乎变得非常令人讨厌。它提到一次事件：一位当地的暹罗官员被指控再次侵入了英属领地，在那个地方竖立了一面旗帜并宣称对当地民众拥有主权。英国人怀疑暹罗朝廷在这次行动上是同谋者，并对朝廷的真诚态度深表质疑。暹罗朝廷调查了这一事件，得出结论认为，边界必须尽快确定，以便阻止任何进一步冲突的发生。[20]英国人无疑对这一表态甚为高兴。尽管双方对于诸如北栈河的特定边界问题仍然存在分歧，但暹罗还是准备承认边界的重要性，并承诺尊重所划分的边界。也就是说，暹罗以英国人所期望的方式对事情处理做出了退让。

暹罗态度转变的原因（从早先忽视和无故的不合作态度，转变为某种程度上的不悦但主动合作的态度）仍然不大清楚。英国人试图对这种有利于他们的转变加以分析。他们将这种转变归因于当时发生在清迈与阿瓦边境山区的一个克耶［或者红克伦（Red Karen）］城镇的战斗。英国人将它看成是缅甸与暹罗之间的一次战争，也就是一次国际争端。他们将两个事件——暹罗的政策转变以及这场战斗——归结为一种外交—军事逻辑：暹罗所关注的是北部属地的安全，因此自然会希望满足英国人的想法，以确保国家南部和西部的安全。英国人自己受到缅甸战事的警告，但是他们保持中立。在1844年末到1846年初，英国当局内部的交流全都是关于阿瓦与曼谷之间紧张关系的战事影响的讨论、报告以及推测，英国人认为缅甸人准备试探一下暹罗边疆地区。他们还急切地告知暹罗朝廷，他们对此事保持中立。[21]

然而，英国人根据他们自己的看法，夸大了这一事件。直到1845

年战事结束为止，曼谷方面对缅甸人进攻克耶城镇的举动都还一无所知。清迈仅仅报道了缅甸人曾攻击一座红克伦城镇，但没有成功。清迈甚至也不认为战斗跟它有关，因为克耶城镇据报道称“不属于任何一方”。[22]仅此而已。因此，曼谷方面答复英国人保持中立时，朝廷没有提及任何关于战斗的事情，这就毫不奇怪了。[23]

对于边界问题的态度转变事实上是国王拉玛三世（1824—1851在位）统治泰国最后十年里所发生的转变之一。暹罗和西方之间的关系直到那时候都非常好，而从伯尼自己的叙述中看，这种友善局面并不像 68
一些历史学家所认为的那样，从19世纪20年代开始，因英国—阿瓦战争而恶化。[24]拉玛三世统治下的暹罗与西方的外交关系引人注目，而国王也被一位当时的英国外交官描述成“喜欢英国人”。[25]然而，在他统治的最后十年时间里，朝廷转而反对西方。尽管这种转变还没有得到充分论述，但有一些解释：贸易关系上的冲突、英国在缅甸行动的影响、1840年中国的鸦片战争，以及当时与暹罗朝廷发生冲突并要求英国海军加以支持的美国商人的威胁。[26]这些事件，再加上暹罗朝廷对西方国家一些外交使团的冷遇，都表明蜜月时期已经过去了。

由此可见，在拉玛三世统治早期，为了友谊，暹罗对于英国人屡次催促的确定边界的要求并不热心。而随着关系转冷，以及暹罗对英国殖民当局在19世纪40年代的日益侵入深感厌烦，他们对这一问题变得更有决心。此外，这还暗示出双方在对边界及其功能的看法上各不相同。

边界观的冲突

在1834至1836年，一个英国使团被派往位于如今泰国北部的兰那王国的中心清迈。其任务之一就是准备就丹那沙林省与兰那之间的边界划定举行谈判。英国人看中了这个地区木材产业的潜力，但在研究了当地文献记载之后，他们发现了缅甸对于萨尔温江东岸所有权的证据。因此，他们准备提议将萨尔温江作为边界。在印度的英国当局支持这一行动，但警告不要把跟暹罗的关系弄得太僵，因为这一使团的行为完全避开了曼谷方面。令人惊异的是，不仅清迈方面准备不经过曼谷的批准而达成协议，而且出于友谊，清迈国王还很乐意放弃这一领土的一部分，以作为送给英国人的意外的礼物。[27]

然而，边界协议仅仅是写在书面上，而没有当场标定；就像曼谷一样，清迈对那种工作不感兴趣。1847年，英国人进而催促清迈将1834年协定的边界标出。清迈回复道，这应该很简单，于是就让英国人亲自进行这一工作。

不管是协议还是送出礼物的决定，都是在曼谷毫不知情的情况下
69 做出的。英国人对此有点担心，但没有什么能阻止他们抓住这次机会。在两年之内，他们对萨尔温江的每一条支流都进行了勘测，以便确定将会被视为边界的干流所在。而在沿江居住的五位最年长克伦人的协助下，他们在1849年完成了现代形式的边界的标记工作。[28]

另一个将部分领土作为礼物送出的例子出现在最南边的省份。槟榔屿的詹姆斯·劳上校在1829年建议，在当时英国租借的威斯利省和当时暹罗的那空是贪玛叻*属下的马来吉打州之间应该划出一条边界。但洛坤的统治者对这一请求深感愤怒，声称威斯利问题在吉打和槟榔屿之间的协议中就已经解决了。然而，这个1802年的协议暹罗没有参与，而且它只是指明了威斯利省的长度和宽度。这对洛坤的统治者来

* “那空”（Nakhon）是“那空是贪玛叻”（Nakhonsithammarat）的缩写，但是中文约定俗成译作“洛坤”，和泰语及英文转写的音差得较多。虽然按照原书此后简称“那空”，但为了行文方便，以及照顾中文习惯译法，之后的“那空”都译作“洛坤”。

说可能足够清楚了，但对于富有经验的英国人来说不是如此。[29]

由于在威斯利和吉打边疆地区的效忠派发动了一场运动，准备支持吉打的一位被驱逐的苏丹（首领）复位，因此这一边界问题就变得非同小可。当时在位的苏丹则常常派人穿过还没有明确划定的边境地带，去刺探这一复辟运动的情况。[30]因此，在第二年，即1830年，由于注意到条约只提及了威斯利的宽度从海岸算起是六十orlongs，英国人就建议确定边界。[31]但是，他们建议由他们来进行定界工作："议长支持这一主张，认为与其向暹罗人发出警告或者激起他们的嫉妒之心，不如由我们自己的官员来测量出六十orlongs，并建立起边界线，让暹罗人在发现这个问题的时候再来证明我们的错误吧。"[32]

这一行动可能令人担忧。吉打反叛于1831年在英国协助之下被镇压，由英国官员勘定边界更容易。他们在威斯利东边三个不同的地方建立起三根砖砌的柱子，并计划用一条路将其连接起来，而这条路就被认为是边界。由于边界可以帮助英国人阻挡前首领效忠派的运动，洛坤的统治者感激英国人的帮助，他们的让步超出了英国人的预期。这位统治者给英属印度总督写了一封信，在信中，他为自己和所有英国人祝福：

> 我深受我的朋友的恩惠，这里回馈我最真挚的谢意。此外，新加坡首领（伊本特孙先生）让我解决属于槟榔屿的领土与暹罗领土之间的边界。我对这一请求十分高兴，并迅速遵照执行。在与（东 70
> 印度）公司所订立的一份旧协议中，从海洋到陆地中的距离应该是六十orlongs。我如今会送出比以前更多的土地，以感谢新加坡首领和詹姆斯·劳上校。[33]

当然，这是未曾预料到的。威斯利省的领土如今扩大了一倍，也更加富足！[34]就像1834年清迈国王的礼物一样，这一协议以及奖励也是在曼谷不知情的情况下做出的。或许，就像暹罗国王一样，洛坤的统治者是如此喜欢英国人，以至于一年之后，他也要求与孟加拉进行定期接触。仅仅是为了看一下蒸汽船这一请求，大礼也随即奉上。[35]

当英国人想要暹罗解决从清迈到克拉地峡之间的边界问题时，他们在1845年4月发出了一封信。这封信是用一种威胁和说教的口气写成的：

> 双方十分有必要在从北到南的边界线上确立起统一的规则，只要坚持这些规则，所有误解的导因都将会一劳永逸地消除。
>
> 曼谷朝廷十分有必要为他们的边疆制定严格的规定，以使所有属下当局都清楚地知道边界线……边界是清楚的，而犯错在未来是不可原谅的。
>
> 在这条边界之内，暹罗当局没有任何管辖权，无权征税；而在这条边界之外，英国当局也是如此。[36]

这种声明对于我们来说可能并不稀奇，但对于暹罗人来说，这种边界是不熟悉的，而且要规定这样的一些条件可能在他们看来是一种冒犯。朝廷在同年8月回复的口气并不是说教式的，它所表达出的意思是，朝廷自信充分了解这些地区。然而，在朝廷看来，每个地区都处在当地政府的行政管辖之下。此外，从北到南的边界标记的方法也不是整齐划一的。很明显，边界不仅由河流、山脉和溪流所确定，而且还由柚木林、崇山峻岭、湖泊沼泽所确定，那里有三座宝塔、香甜紫芒果树、三个石堆以及白象（？）与侬河（Nong River）之间的空间等等。[37]显然，它们都不是一条线。信中还抱怨，在那片边境地区的珍贵森林里，缅甸和暹罗民众凭借采集蜂蜜、苏木和柚木，以及猎象维生，这些在英国人占领这块地区之后，已经禁止了二十年了。这是否就表明，对于暹罗而言，一条边界不应阻止人们从事他们习惯的生计？

1846年发生的另一个事件也告诉了我们他们在边界观念上的差 71
异。在上面所引述的通讯中，不管是暹罗还是丹那沙林省，都同意委派官员全权决定丹那沙林东北边缘地区的边界。他们计划在1846年1月约见。然而，英国官员在一个月后才抵达会议地点，而他们的暹罗谈判对手在苦等了一整个月之后，已经在三天前回去了。英国人受命以最友好的态度参与会谈，却发现暹罗官员已经大幅进入英国方面占领的一座边疆城镇之内，并在那里筑起了一个石堆作为界标来声称这是暹罗的地盘。英国人将这一标记推倒了。

在丹那沙林省的英国人接着就发出了一份措辞严厉而挖苦的信件。例如，他们问暹罗为什么没有在毛淡棉中心位置标示出边界。[38]英国人的内部通讯火药味更重。他们警告称，暹罗可能已经改变了对待英国人的态度。当他们试图找出暹罗干扰行动的原因时，外交—军事原则又开始发挥作用。他们推断认为，缅甸和暹罗关于红克伦的争夺战刚刚结束，因此与之前的情况不同，暹罗没有迫切的理由跟英国人达成协议。

暹罗朝廷调查了这一事件，并在1846年冷静地做出回复。朝廷对于这个事件的看法是完全不同的。暹罗官员回到曼谷之后，报告说他们没有在约定的会合地点见到英国官员。他们没有报告任何关于入侵英属领地或者标记边界的事情。他们全都证实，没有人下达命令来树立任何界桩或任何标记。事实上，由于没有遇见英国团队，他们完全是无功而返。但是，朝廷另外指出：

> 那些石堆以及在石堆顶上用于宗教目的的一座小木屋……是塔利人（Talien people）建起来的，他们在乌泰塔尼（Utaitani）的警戒所那儿停下来，做出一个记号以表明……他们曾戍守此地。英国官员命令将这些标记推倒，而根据［曼谷的］惯例，不应这样做。[39]

很有可能，暹罗的地方护卫队事实上侵入了英属领地。但是他们竖立起来的标记并不是一个界标，官员也没有将他们的行动看成是对其他国家领土的入侵。因此就不会有道歉，也不会有惩罚。不管这个故事是不是真的，这一回复显然是对英国方面控告的一个绝妙回应。因此，他们在告诉英国人这一故事的时候就很理直气壮了。事实上，朝
72 廷确实问过一个护卫，是否想要进入英属领地并声称对那块地区拥有权力；这表明了朝廷并不是共谋者，而毋宁说，这个行动被看成是一项个人罪行。这个护卫回答说，从他家出发到那里要三天路程，对他来说，走到那儿太远了。

英国人可能会对这个回答目瞪口呆，他们认为事态严重，但这个回答消解了事件的严肃性。尽管他们可能并没有彻底理解，但这足以让他们意识到他们对于这一事件的解释是荒谬的——而对于护卫行为的任何进一步抗议都可能同样是荒谬的。不管如何，英国人对这一事情没有再发表意见。然而，这一事件正是令朝廷下定决心解决边界划分问题的诸多纠纷之一。

然而，暹罗单方面划定边界的意愿并没有确保划界工作将会在几年内解决。出于诸多技术、后勤以及其他方面的原因，这项工作由蒙固朝廷来执行，因为它更能够合作。在获得了处理边界划分的相关技术，并意识到混乱局面可能导致政治问题之后，蒙固亲自确定了诸多需要加以标记地区的细节，其中包括北栈河问题，并向他的首席谈判代表，

即他的格拉洪，发出了关于特定边境的各种指令。他命令他的官员不要不加分辨地接受英国人的地图，因为那些地图上的东西可能会包含错误的细节，这会导致争端。然而，他也不相信当地官员绘制的地图，因为这些地图"用泰国式方法描绘，所以不可靠，即便在有些方面可以理解"。[40]这就表明他所说的边界跟英国人心目中的边界是同一种类型。但泰国地方当局所理解的边界则并不是这样的。

暹罗与英属缅甸之间的边界在19世纪70和80年代朱拉隆功（拉玛五世，1868—1910在位）统治时期再次浮出水面。事情之所以悬而未决，有两大主要原因：对于萨尔温江沿岸以及兰那地区的木材业的复杂争论，以及1884至1885年第三次也是最后一次英缅战争爆发。暹罗亲王皮琪布里查功从1884年起受委派前往监督清迈行政事务，他发现在一些急迫的任务当中，他不得不去检查边境地区的安全并加强对这些地区的控制。他发现，当英国人占领缅甸时，他们通常会监视边境地区，在这些边境地区，兰那头人常常会住在他们的城镇里，等待时机去攻击边境沿线的缅甸城镇，将他们抢掠一番并驱使那些人回到兰那。皮琪布里查功因此就命令地方当局在边境沿线建立起新的村庄，并在各个地方设置了诸多的哨所、防御工事以及住户。他随后要求这些警 73
戒村庄和当地头人定期巡查边境——这对那些人来说是一项不熟悉的工作——并命令他们尽快将各个地区的边界用各种标记确定下来。此外，他还召集了边疆沿线地方头人的一次会议。在这次会议上，他们签订了一份效忠于泰王的宣言并宣誓效忠。作为回报，头人们获得了高档衣服以及皇家配饰（"首领服饰"，那是一种只在曼谷朝廷使用的半西式官服）并在回到岗位前获得了一大笔钱。[41]在这里，关于边界和边境控制的不同观念与实践活动在曼谷当局和地方当局之间发生了碰撞。前者可能意识到差异，因此所有的测量都是实用性的，而其目的是通过传统的实践活动建立起一种新型的边界。

包括木材业在内的众多争论导致了1874年1月在加尔各答签订的第一份正式的缅—英条约，这一条约只是划分了兰那和丹那沙林省之间的边界。[42]但是，英国在1885年最终战胜阿瓦之后，兰那北部地区和英属印度治下的上缅甸之间的边界就成了一个新的问题。英国和缅甸官员共同组成了一支团队，受命对地方当局就那个地区的边界进行问讯。为了指明边界，曼谷和当地代表试图使用跟英国人一样的地理学方法。他们在大多数情况下使用得非常好，尽管他们对此并不很熟悉，但有时也会弄巧成拙。

英国人不断要求地方头人提供能够证明边界的任何条约或文件。一个当地头人回答道，因为他们是友好的邻居，彼此之间相互理解、相互信任，因此边界并没有禁止人们擅自进入另一方，也没有阻止人们在这一地区营生，因而他们就没有订立过什么文件。在他们看来，边境是“贸易者可以自由通行的金银之路”。此外，似乎在有些情况下，地方头人被要求提供他们的地图，而一位地方头人坦率承认，这一地图还在绘制当中，不久以后将会完成。[43]最让英国人迷惑不解的是：一个地方当局的属民同时也可以是另一个地方当局的属民。这就形成了如何判定什么属于哪方的问题，因为通常会有不止一个力量管理生活在某一特定区域的民众。在另一方面，在深山野林游移徘徊的部落民则不是任何力量的属民。此外，最让英国人深感震惊的是：在诸如芒新或
74 清康（一个处在如今缅甸、老挝和中国交界处的小城镇）等地，其头人和民众会在同时从属于三方领主。前面的两方是清迈和难，它们是暹罗的附属国，而最后一个则是景栋，它向缅甸朝贡。英国调查队的首领精到地总结道：“这是一个共有的城镇……因为它还没有被确定属于哪一方。”[44]我们在下一章将会就这种情况展开讨论。

没有边界的王国

正如我们所看到的，不管是暹罗还是英国人，都会谈到边界，然而他们所指的是不同的东西。对于现代人以及故事中的那些英国人来说，一个国家的边界是一种众所周知的东西。这里是一位当代政治地理学家所做的一种技术性定义：

> 国际边界位于毗邻国家领土之间的交界面，在决定主权范围的界限、定义特定政治区域的空间类型上具有特别的作用。
>
> ……边界可以被粗略地描述为**线状的；事实上它们出现在地球表面国家主权之间的垂直交界面上**。与之相反，边疆则是区域状的，进而包含了众多地理特征，也常常包括人口。作为垂直交界面，边界没有水平面上的大小……[45]

或者，一位政治地理学权威人士这样加以概括："边界指的是一条线，而边疆指的是一块区域。"[46]对于政治地理学家来说，"边疆"和"边境"的概念是一样的，它们都指一块地域。[47]我们故事中的英国人可能也持有这种观念，尽管他们头脑当中的这一概念可能并没有像上面所引证的定义那样专业。

然而，暹罗还没有进入这种国际秩序当中，也无须服从这些欧洲发明，无须遵守一条确定的国家边界以及相配套的法律法规。但这并不意味着暹罗没有关于其主权领土界线的知识。事实上，在曼谷的泰语中，就有一些跟"边界"意义相类似的词汇，例如khopkhet、khetdaen、anakhet、khopkhanthasima等等。"khop"和"khet"这两个词意思是边缘或界限。“daen”这个词的意思是地区、领土。

在坤巴色阿顺尼（Khun Prasert-aksonnit）1891年的《词典》（*Photchananukrom*）中，有一些词指代区域、国家、地区或者乡镇，但没有指代边界或界线的词汇。“anakhet”这个词意思是受控制的区域。[48]在帕里果瓦
75（Pallegoix）1854年版的《英泰词典》中，“anachak”、“khetanachak”以及“anakhet”这些词语的意思分别是“国王权力所辖的王国的界限”、“王国的界限”以及“整个王国周围的边境地带，对于整个王国的统治”。[49]在1896年版中，这些翻译一如其旧。但在这一版中出现了“khet”、“khopkhet”和“khetkhanthasima”这些词语，意思分别是“界限”、“周围的界限”以及“王国的边界”。[50]布拉德利1873年的词典是一部泰泰词典，出版于两版帕里果瓦词典之间，其中没有“anakhet”这个术语。“khopkhet”这个词的意思是在省区（huamuang）*中的区域，是王国的最偏远地区。[51]

很明显，暹罗在应对英国人关于边界的建议时，并不缺乏术语和观念。但是，仔细考虑这些定义的话，我们可以发现，它们当中没有哪个词跟英国人心目中的边界完全等同。这里我只指出一种基本矛盾，那就是，所有这些术语都是指称区域、地区或者边疆，而不是边界线。它们意味着一种界限——一种没有清晰边缘、没有两个权力之间划分意识的极限。暹罗正是用这些术语来理解英国人要求确定边界这件事情。因此，很可能出现的情况是，暹罗朝廷对英国人的要求并不感到奇怪，但实际上它有它自己的参照。

暹罗观念中的前现代边界的特征是什么呢？第一，它不是由中央

* 此处译作“省区”。这个词较难翻译，严格来说，provincial area的说法并不准确，古代泰国没有行省制，它指的是王都以外的大城镇，往往是分封的属地，距离中央政权较远。

政权所决定或认可的。对帕康来说，要指定一条边界可能是一项想都没想过的任务。清迈国王也不觉得这项工作有意义。相反，英国人如果愿意可以自己完成这些事情，或者通过当地民众（护卫、猎人以及靠采集蜂蜜和猎取大象维生的当地居民）的协助，因为他们的职责所在就是保护边境。

第二，每个城镇的khetdaen主要是由它所保护的周边地区的范围所决定的。一个城镇不一定与另一个城镇共有一块边境地带，更不用说是划分两个城镇或国家范围的一条线了。作为城镇的聚集体，一个王国是由政治—领土的小块土地及其之间的大量空白空间所构成的。

第三，一个王国的khetdaen延伸到这些外围城镇以及它的权力能够达到的区域的极限。在这些界限之外，可能有崇山峻岭和大片森林，形成了两个王国之间的一道走廊。这是一块没有边界线的边境地带。或者可以说，这是一条具有水平面上的大小的“宽线”（thick line）。

第四，并不是整个边境都被看成在一个主权国家控制之下的区域。正如暹罗朝廷在1845年8月28日的一封信中所写的，只有“当那里有行人可以行走的道路或关隘时，才须在所提到的道路或地方设置观察
哨加以保护”。[52]这些进入以及穿越茂密森林和边境山区的道路正是 76
暹罗所谈及的边界。也就是说，这些地方——甚至都不是整个边疆地区，更不是一条“线”——值得加以标示或者保卫，特定地方当局有责任把它们标示出来，将它们作为加以管理的最偏远的地方。只有这些地方才会用树或者石堆标记出来。

这种标记工作在一些历史文献中有所记载。[53]暹罗和缅甸之间有两条著名通道：三塔关和信孔关，在关于两国之间战争的大多数文献记载中都有所提及，它们也都是这类khetdaen。三塔并不是真的宝塔，而是有意建立起来的巨大石堆。[54]它们是对界限的标记。在一些历史记

载中，khetdaen这个词指涉的是一条道路或者一个通道——比如之前所引述的兰那当地头人关于khetdaen是一条金银之路的话。假如这种标记是一条线的话，那么，它可能只是一条通道周围的短线。同样，清迈和克耶邦之间的一条边界照例被标记为山顶的一条牛道。[55]

结果就是，只有有人居住的地区或者通道才被认为是受当地护卫保护的界限。因此，一个哨卡也是某个主权力量对一个特定范围统治极限的标记。值得注意的是，由于曼谷方面没有认可边界，一个哨卡的位置以及护卫巡逻的距离就决定了曼谷当局主权领土的范围；而在现代，边界线所确定的主权领土的范围划分了边境巡逻队权力空间。边界的每一部分都由地方当局独立确定。它既可能跟边界的另一部分相连，也可能不相连。因此，一个王国的“边界”（复数）是不连续的，进而，这个王国就是没有边界的。

第五，在一些地区，哨所没什么意义，因为双方民众都可以穿越两个边疆城镇之间的地区或者随便居住下来。在对兰那和上缅甸地区之间边界的联合调查中，英国官员深感困惑，景栋的一些掸人居住在清迈所辖的一个边疆城镇——清盛附近。暹罗官员回答道，他们并没有被禁止这样做，而他们是否在那里居住，都没什么关系。在这个例子中，由于当时的清迈和景栋并不相互敌对，因此并不需要对对方的民众加以监视或逮捕。结果就是，景栋的一些掸人是否生活在靠近清盛的森林中，

77 我们并不知道，因为我们认为城镇的城墙才是最重要的。附近的区域是anakhet的分支。不管那些掸人怎样过活，我们都不会到处查看……那座大山上的分水岭就是一条近似的边界。但城镇要比居民更重要。[56]

第六，假如在两个敌对国家之间存在着一条走廊式边境，那么，一方的民众可以在走廊地带生活，但不允许进入另一个主权国家控制下的地区。在这种情况下，巡逻队的巡视区域就意义深远，而且必须加以确定。在我们现代的定义中，边疆或边境是与邻国的边界或分界面一侧的一块区域，也就是说，一条边界是处在双方边境**之间**的。但是，从暹罗对于边界的概念的论述来看，在双方权力边界之间有一片巨大的边境地区。简而言之，甚至对暹罗自己来说，也存在着不止一种地理政治学的极限。其中之一就是主权的边界，从地理学上来说，是处在边境**之中**的。另一个则是**超越**了主权的界限且**没有**边界的边境。主权与边境并不是一脉相连的。

第七，主权的边界可以在没有另一个国家同意或者承认的情况下加以确定。一个王国的边界就是这种情况，因此它并不需要与另一方相接——那些边界之外的走廊式边境地区不属于任何一方。事实上，当暹罗朝廷在拉玛三世在位后期开始讨论丹那沙林和暹罗之间的边界时，据说在英缅战争结束后，“[丹那沙林的]边界**得到扩展**以便跟暹罗的边界**相接**”。[57]这些话精准地反映了这一观念。简而言之，两个王国的主权范围通常会在没有分界面的情况下得以划分。

第八，在现代，边境地区的开放还是封闭显示着两国间关系的健康程度，前现代的边境关系也是如此，但是是以一种不同的方式进行。在一方面，存在着不阻止民众穿行、营生甚至未经允许定居在对方边疆城镇附近的“金银之路”。在另一方面，也存在着禁止敌人穿越的边境地区。通常来说，敌对双方之间更愿意留下未确定的空间，因为这种空间能成为一个使他们之间保持一定距离的缓冲区。

在一片不友好的边境地区，当地官员有责任通过在对方领土中的秘密间谍行动来监控敌人的一举一动。与此同时，他们也必须守卫边

界，防止敌人的刺探。或许英国人指控暹罗守卫进入他们的领土并不
78 完全是空穴来风。然而，他们的监控点标记，或者标记出他们的职权范围的宗教圣地，都不是界标。而在一个友好的边境上，就像在拉玛三世统治早期那样，行为恰恰相反：“如今，泰国人和英国人是朋友。[我们]并不需要像之前面对缅甸人那样看管好我们的khetdaen。”[58]因此，对于友好国家来说，像英国人那样关于越境的禁令就被看成是不友好的。这可能被看成是一种不友好举动，因为这在传统上离占领对方领土只是一步之遥。这也就是为什么暹罗朝廷对英国人的禁令表示愤怒。禁令也导致当地民众的困惑，因为他们在这片友好的边境上曾经可以不经允许自由穿行边界。当地民众习惯于越境去拜访他们的亲戚；有些人甚至还会时不时地从一个地方向另一个地方移居。这种情况对于从北栈河到兰那最北部的所有边境地区来说都是司空见惯的。

此外，不仅是关于越境行为的禁令，就连查明边界的请求都可能被暹罗看成是一种不友好的标志，尽管两个国家仍然和睦相处。在1829年，英属槟榔屿总督曾要求标示出吉打和威斯利省之间的边界，而当时两个国家之间的关系非常好，尤其是在洛坤统治者本人和英国当局之间，因此洛坤统治者明显对这一要求深感震惊：

> 我们总是对英国人很友好，而且在我们的所有信件中也从来没有表达任何敌意，为什么我们的朋友会发来信件询问关于领土边界的事情，我们对此非常震惊。
>
> 因此我们委派坤阿功（Khun Akorn）携信件到我们的朋友那里，以便他可以用一种友好的方式来询问，我们的朋友这样做的意图是什么？[59]

而在另一个事件中，英国人指责一位暹罗地方官员在英属领土上竖起一面旗帜以作为边界的标记，暹罗朝廷回复道："暹罗人从来没有派任何人竖起一面旗帜……竖起旗帜并标明边界跟暹罗的所有规则和惯例是背道而驰的。"[60]

这可以解释为何早先英国人的要求会不被理睬，有时候甚至会引
起不快。然而，随着暹罗对英国人态度的转变，英国人的迫切要求得到
了迅速回应——这在英国人眼里是积极主动的，而暹罗一方则非常愤
怒。这里值得注意的是，朝廷所做出的表示合作的回复当中也附带着 79
大量否认英国人关于暹罗侵入他们领地指控的单独信件。在这些信件
当中，暹罗朝廷做出了相反的控诉。此外，也正是在这时候，朝廷建议划
分一条能够使两国保持一定距离的边界。英国人以现代的边境管理方
式要求明确边界线的行为可能在暹罗看来是不友好邻国的行为。[61]

从所有这些观察中，我们可能会发现大量边界并不是相连的而是很灵活的。一些可能很宽，一些则可能模糊不清。一些可能消失了，甚至从未存在过。19世纪90年代之前的暹罗并不像"一把旧斧"，而是一些权力单元的一种不连续的、拼凑式组合，在这些权力单元中，不同封建领主属下的民众在同一个地区混杂在一起，只有密探在彼此间的边疆城镇四处活动。而那些远离王国中心的地区可能会出于友谊的需要而被一股脑儿让出去。在这种情况下，边境就会缩回去一些。这没什么关系。事实上，在整个东南亚传统中，正如一位学者曾指出的："边缘的领土转让并不被看成是对王国的致命打击。只要[核心]主权的本质没有受到削弱，这种领土转让就是政策的一种合法工具。"[62]

王国的空间范围或者界限只能被那些效忠于王国中央的乡镇所确定。政治范围只有通过权力关系才能被图绘出来，而不是领土的完整性。因此，要探讨一个主权单位的边疆（anakhet，khopkhanthasima）与其

说是指它本身的边疆空间，不如说是指偏远乡镇的那些地方当局或者在权力范围边缘的那些头人的领地。

英国人划分边界的尝试导致了不同政治空间观念之间的冲撞。然而，由于双方使用了似乎表示相同事物的词汇，因此这种冲撞并没有被双方所认清。“边界”和khetdaen或anakhet之类的词汇，看似可以彼此转译，但实际上，它们在指代过程中交流的每件事情上都彼此冲撞。英国人所推出的“边界”观念跟khetdaen观念有着质的不同。正因如此，暹罗所秉持的khetdaen观念受到了干扰，而“边界”观念则将自己塑造成一种指代的替代品。换句话说，通过一种兼容性的术语，“边界”试图将其观点打造成一种兼容性的信息。能指变得模糊不清，在同时指代不同的观念。这种情况导致了变动不居的实践——两种观念的实践活
80 动相互混杂，直到形成一个结果。当然，统治这种实践活动的规则也同样受到了干扰，并发生了变化。通过同意被卷入与“边界”观念相关的实践活动中，暹罗人已经让新的规则与实践行为确立起来。他们越是同意英国人的要求，他们与khetdaen相关的习惯性行为就越是被撼动、改变，并向英国人的规则靠拢。

正是蒙固那代的精英有意地接受了这种替代性的观念及其规则与实践，其中就包括在现代意义上划定边界线的方法以及地图的使用。尽管观念上的差异在共同体的其他层面，尤其是那些边疆沿线民众之间依然盛行，但曼谷政权很快就开始加强对边境的管控，并用聪明的策略（例如，采用一种传统的效忠仪式来利用地方民众的无知）来加以确保，而这些策略在一个世纪之前是闻所未闻的。

第四章 81

主 权

由于边境不再是一条走廊，而是不止一个国家共有的边疆城镇，暹罗的领土范围就越加复杂了。在厘清哪里属于谁的范围之前，一条现代意义上的边界是不可能存在的。但是，前现代的政体对这种现代的举动并不看重。那些我们如今所谓的泰国在掸邦、兰那、柬埔寨、马来诸邦以及湄公河左岸"主权"问题上的碰撞与争议，对于现代泰国的形成及其被误解的历史来说是至关重要的。

等级化的国家间关系

在前现代政体中，政治权威之间的关系是等级化的。一位统治者，尽管他的权威超过了小乡镇的一些地方统治者或头人（其中绝大部分是在附近地区），但这种权威还得服从于另一位领主。这种关系形成了一种金字塔结构，最顶端是这一范围内最有权势的统治者，即国王。利伯曼指出，即使是在缅甸历史上被认为最统一的时期——莽应龙

(Bayinnaung)在位期间(1551—1581),中央与地方统治者之间的关系基本上也是在“至高无上的国王”(High King)下面的个人臣属。主要城镇的国王(bayin)仍然拥有有限的权力以及象征王权的徽记。只要他们跟最高国王的个人臣属关系得以维持,王国就能维系统一。[1]在泰国,在这种等级制度下的身份单位都一概被称为muang,意思是所统治的地方——也就是,在最高统治者公正保护之下的地区。

这种类型也适用于一些王国之间的关系,其中包括像暹罗或缅甸那样的地区性主要王国和诸如兰那、澜沧、马来诸国这样的朝贡国之间的关系。一般说来,这些朝贡国被看成是独立的王国,也就是说,是
82 等级制度统治下的独立网络。不仅这些朝贡国的国王认为自己是他这块地方的统治者,而且这一区域的最高统治者也会容忍这个朝贡国的国王,不怎么加以干预。每个国王都有他自己的宫廷、行政和财政体系、税务、军事和司法制度。我们可以说,这些次级王国通常被认为有它们自己的主权。然而,这一区域中的国家间关系是由等级世界秩序的共识来掌控的,在这当中,最高统治者(一旦必要的话,他将以武力展现自己的合法性)对下级王权施加他的影响。一个朝贡国不可避免地会使自身屈从于最高统治者,承认自己的下级地位。结果就是,基于这种世界秩序,最高统治者在他认为有必要的时候,能够合法地对下级王国的事务发号施令或加以干涉。然而统治者的合法性也会突然终结——于是他的权威和正统也一去不复返了。在那种情况下,最高领主的地位可能就会被其朝贡者所否定,甚至受到另一位竞争性的领主的挑战——因此国家间的等级制度就会混乱或失序。等级关系的不确定性不可避免地由一种具体的方式所决定:战争。一个朝贡国可能会在一个时期内不跟任何最高统治者发生关系,或者可能跟另一位最高统治者合作,直到秩序通过这样或那样的方式最终被确立起来为止;

之后，它可能再次被迫加入朝贡关系当中。在泰国，一个朝贡国被称为prathetsarat。东南亚政体中的这种权力关系体制被学者称为曼荼罗。正如提出这一术语的沃尔特斯所指出的：

> 曼荼罗所展现的是在没有确定边界的、大致可以界定的地区内部的一种特殊而通常又不稳定的政治态势，在这一地区，那些小权力中心向各方求助以获得安全。曼荼罗可以以类似六角形手风琴的方式收放。其中每一个都包括一些朝贡国统治者。当有机会时，其中的一些将会摒弃他们的臣属状态，并试图建立起他们自己的臣属网络。[2]

朝贡关系有它自身的义务、认可和效忠方式。最重要的义务是臣属的礼仪。一个朝贡国通常会每年或每两年定期派出一支携带贡品的使团前往最高统治者那里，作为巩固这种效忠的标志。尽管钱财和奢侈品通常都会包括在贡品内，但最重要的贡品是金银树——马来语中称为Bunga mas，这是用金银叶子装饰成的小树。而作为回复，最高统治者方面会向朝贡首领馈赠更具价值的礼物。

另一个重要的认可方式是对那些已经被最高统治者所认可和封授 83
的朝贡国统治者的任命。这种习俗通常包括一个新的朝贡国统治者的臣属礼仪，作为回报，他能够获得徽记、礼物以及他所封头衔的金册。通常来说，最高领主对于一个朝贡国的王位继承不会加以干涉，不管这种继承是世袭的还是篡夺的。只有在特定的情况下，最高统治者才会对结果加以介入或做出指示。因此，这种任命一方面是最高统治者对他下级王权的一种认可，而在另一方面，则是确保朝贡国效忠的一种方式。除此之外，当最高统治者需要的时候，朝贡国有义务提供人力、军队、物资、金钱或者其他东西。尤其是在战争年代,这种义务既是一种重要的物质协助,也是一种忠诚的表现。

任何试图摆脱这些职责,尤其是臣属礼仪的意图,都意味着无视最高统治者——因此就是心怀不轨。事实上,在这一地区,历史上的大量战争都不是敌对王国之间的争端,而是最高统治者对那些朝贡国叛盟行为的惩罚性战争。战争摧毁的程度也各不相同。一些只是迫使朝贡国更换统治者;另一些则是比敌对王国之间的战斗更为惨烈的灾难。

这种关系可以理解为一个弱国从一个更强大的力量那里寻求保护,以反抗另一个权威贪欲的需要;而作为回馈,这个弱国必须回报保护者的仁慈之心。因此它是一种互惠关系。然而,那些对想要放弃这种关系的朝贡国进行的严厉惩罚表明,这种关系远远不是弱者所追求的一种相互的协定或关系。在泰国,一个朝贡国参与这种关系的行为被称为khopen kha-khopkhanthasima,意思是请求被纳入最高权威的圣域内,或者称为thawai sawamiphak,意思是完全效忠。这就意味着,例如,曼谷方面必须保护它的朝贡国免受诸如缅甸或越南这类其他最高领主的入侵,而如果收到请求,曼谷方面也将镇压任何反抗朝贡国统治者的反叛。因此,这种臣属是自愿的,而保护也需要加以请求。尽管这种理解并不错,但只对了一半。在这种关系中,保护的概念具有另一种含义。

在这一地区的小乘佛教政体中,正义的王权、宇宙的君主,即转轮圣王(cakravatin)有义务将宗教从衰亡中拯救出来。保护宗教和追求至高权力实际上是同一件事情。[3]一位强大的曼谷国王必须努力拓展他对价值和正义,即佛法(dharma)的保护,并尽可能将次级王国纳入他的
84 至高统治。而将那些弱势的国王置于不受保护的状态可能是错误的,因为这会使他们落入邪恶力量的控制之下。获得朝贡国本身就成为了

至高权力的一个标志。成功地阻止朝贡国叛离、背盟，或者被另一至高权力所控，就反映出这个至高权力的地位。换句话说，这是一个自我假定的保护者，它寻找需要保护的对象，从而实现自己成为一个帝王的愿望。由此来看，保护就是被强加的，而不是被请求的。

传统观念表明，危险来自第三方，要么是另一个王国，要么是一场内部反叛。但是，按照关于保护的第二种观念，威胁并不来自其他地方，而恰恰来自最高统治者本身，是他强迫一个弱国成为朝贡国，并维持其被保护的朝贡国地位。在这种情况之下，臣服与其说是自愿的，不如说是无法避免的义务。这两种观念共存，而且体现为相同的实践。换句话说，朝贡关系的具体实践是模糊不清的。

马来国家和柬埔寨的事例将会表明它们所进入的朝贡关系有着不同情况。在某些情况下，压制性的保护是被强加的，朝贡国很难有别的选择。然而，在另一些情况下，一个朝贡国宫廷内部的派别争端导致朝贡国向一个或更多霸主请求保护。此外，在有些情况下，一个朝贡国需要一个霸主来对抗来自另一个霸主的压力。

共享主权：一种生存策略

柬埔寨是湄公河南部的一个强大王国。然而，它位于两个更强大的王国——暹罗和越南之间。在柬埔寨于14世纪衰落之后，它成为暹罗阿瑜陀耶王朝的朝贡国。随着17世纪越南开始崛起，越南要求柬埔寨臣服，情况变得更加糟糕。夹在两个大国之间，柬埔寨没有选择，只能同时接受两大邻国的霸主地位。[4]

暹罗和越南之间对柬埔寨的争夺，随着18世纪后期至19世纪上半叶柬埔寨宫廷内部的派系斗争，而进一步强化和复杂化。当其中一派从一个霸主那里寻求支援的时候，另一派就寻求另一方的支持。随着派系间关于王位的纷争愈演愈烈，两大霸主都通过自己支持的那一派
85 介入柬埔寨宫廷事务。[5]双方不仅都要求柬埔寨支付贡品，而且柬埔寨国王也要得到曼谷和顺化双方的认可，另外两大强权都在柬埔寨境内驻军。[6]

在这种孤立无援的处境当中，柬埔寨国王总是试图模糊结盟的界线，以实现霸主间力量的平衡，使国家实现某种程度上的独立。[7]柬埔寨在这种关系中的角色，在越南国王嘉隆1811年写给暹罗国王拉玛二世的信中可能得到了最好的体现，他代表流亡到西贡（那时叫嘉定）的安赞二世（Uthairacha），请求泰王的赦免（安赞二世与其子嗣发生了冲突，其子嗣流亡到了曼谷）：

> ［柬埔寨国王］长期以来既仰赖［暹罗］，也依靠越南。泰王就像他的父亲，越南国王就像他的母亲。如今安赞二世冒犯了他的父亲，之后又请求他的母亲来乞求父亲的原谅；我无法不管不问、一抛了之。因此我向您写信请求谅解。[8]

父亲和母亲之间的不和激起了他们所保护的儿子们之间的纷争，并最终在1834年爆发了一场持续十四年之久的战争。当父国母国之间的不和最终消解，柬埔寨也成为了一片废墟，没有哪一方能说取得了胜利。这种和解的结局又回到了战争之前的状态。柬埔寨国王对这种结局有一个明确的观点："请让我臣服于两大王国的价值与权力吧，只有这样，我的人民才能生活在和平与幸福之中。"[9]

在暹罗方面，国王拉玛二世将这一结局看成是某种程度上的胜利："［越南］在三十六年前拿走了**我们的**柬埔寨。现在，我们将其**拿回来**

了。”[10]钱德勒将这种结局看成是柬埔寨“独立”的恢复。[11]然而，柬埔寨在1847年的独立跟1811年的情况没有什么差别，嘉隆国王对此有过最好的概述：用钱德勒的译文来说，柬埔寨是“一个以一身事二主的独立国家”。[12]

对于北部马来国家来说，它们周边的状况稍有不同。由于它们只是些小而分散的君主国，其地理位置也远离那些最高权威，因此就不会卷入那些霸主之间的冲突当中。故而，它们就有更多的空间腾挪，而且它们抵制来自暹罗方面压力的战略也更为大胆。尽管如此，结局也没什么两样。

从历史上看，为了维护自身统治，吉打的首领曾被卷入与这一地区的其他马来国家以及强大对手（如马六甲和亚齐）的不间断斗争中。17世纪50年代，与荷兰当时在这一地区海上力量的冲突使吉打走投无路，86
只好通过向阿瑜陀耶王朝奉送金银树的方式向暹罗求援。吉打从此以后被暹罗看成是一个朝贡国。在17世纪剩下的岁月里，吉打交替寻求荷兰人或者暹罗的帮助来抵抗另一方。在某种程度上，吉打首领已经成功地维护了他们的独立统治权。[13]

18世纪末，阿瓦王国这一缅甸力量的崛起以及阿瑜陀耶王朝的衰亡意味着吉打可能将从暹罗分离出去。阿瓦要求吉打归顺。吉打向阿瓦派出了一个进贡金银树的使团。糟糕的是，暹罗迅速恢复元气，并要求重新获得对阿瑜陀耶王朝先前朝贡国的支配权。正如邦尼告诉我们的，吉打首领明智地“跟双方都保持和平，有时候向其中一方表示效忠，有时候向另一方效忠，或常常是同时向双方效忠”。[14]

暹罗的支配权增大由两方面因素造成。首先是关于吉打王位的派系斗争，尤其是在1803年，当时的一派请求暹罗军队介入。[15]其次，作为曼谷维护暹罗在马来国家的利益的主要代理者，洛坤为其自身利益考虑，积极将其力量拓展到吉打，而这越过了曼谷的监督或规定。[16]洛坤的行动导致对暹罗时不时的背离与反叛，[17]结果就使得吉打的一位首领在1821年被洛坤军队驱逐。

在吉兰丹、丁加奴和霹雳也存在类似的情况。这些小国的首领独立自主地统治他们的王国，但必须满足暹罗的要求。这种保护并不受欢迎，除非他们在争夺王位时需要支持，但是争取独立目前也还难以做到。要避免来自霸主的惩罚，就需要向多方臣属。首领并不是要摆脱外部的宗主国，而是要吸引另一个力量对其王国的兴趣，以便抑制暹罗的霸权。因此，英国公司这一地区海上贸易中的新力量在寻找当地的新据点时，就被吉打邀请在当地落户。

吉打1772年租出吉隆坡港，1785年租出槟榔屿，1800年将威斯利割让给英国人，这与其说是为了钱，不如说是真正的不动产交易。这些交易都是在18世纪晚期本土国际政治的背景下进行的。它们被吉打看成是契约责任，即英国人应该保护吉打免受来自暹罗或缅甸，尤其是洛坤野心的威胁。此外，霹雳、吉兰丹和丁加奴也采取了类似的策略。[18]霹雳甚至将其领地让给英国人，以确保英国在暹罗干预事件中会
87 鼎力相助。[19]不幸的是，英国人对这些朝贡政治视而不见；他们所了解的政治有着不同的规则；这些首领所提供的多半都被接受了，但他们的愿望落空了。

柬埔寨和马来国家的事例清楚地表明了这些朝贡国所面临的困境，以及它们在面对最高霸主的压力时所采取策略的圆滑之处。保护行动是不受欢迎的压迫手段，但同时也是压迫的一种替代品。它在派系斗争中是一种第三方力量，而且总是一种武力威胁。例如，1874年暹罗朝廷内部的争斗，英国也被临时要求加以干涉。由于爱国主义尚未萌发，因此在统治层那里，外来干涉就被当成是一种保护而受到欢迎。

这明显是一种生存策略。[20]

引人注目的是，这些王国间关系中的大多数互动都是以礼物为媒介进行的，尤其是贡品和金银树。事实上，朝贡关系的模糊不清也通过贡品的模糊意义而表现出来。用马塞尔·莫斯的经典作品《礼物》中的观点来看，在前现代社会中，礼物的交换是一种传递关于给予者与接受者之间关系类型、层次以及环境等特定信息的方式。[21]这可以解释为什么关于这些王国间关系以及它们与西方之间关系的文献常常会详细记录赠予与接受礼物的细节情况。然而，这里所要指明的是，在古代交换礼物的实践当中存在着一种悖论："礼物表面上是不受关注的，但常常是最受关注的；它表面上是自愿的，但实质上是非自愿的。"[22]

对暹罗来说，尽管暹罗使者常常实施臣属礼仪，但派往中国皇帝那里去的朝贡使团被大多数现代泰国学者视为一项盈利事业，而不是一种臣属的标志，因为中国皇帝常常用更具价值的物品回赠给暹罗人，而这些东西能够在市场上出售。[23]自相矛盾的是，属国送给暹罗的有些贡品，尤其是金银树，却常常被认为是臣属的证据。而诸如吉打这样的给予者可能同样会拒绝这种霸权式的解释，而声称贡品是联盟和友谊的一种象征，"只不过是一种礼仪的交换"，仅此而已。[24]

在朝贡关系中，贡品可能是两种保护的象征。它可能象征着不可避免的臣属，以便与一个霸主保持和平，也可能只不过是一种策略。基于不同的意图、环境以及给予方和接受方的观念（同样，历史学家也会
采取一方或另一方的观点），它既是问题也是解决的手段，既是压迫也 88
是压迫的替代品，既是义务也是自愿，既是被迫履行的责任也是一种生存策略。

朝贡国的统治者将保护以及朝贡开支的模糊当成一种生存策略。他们并不能阻止霸权所强加的黑社会性质的保护，但他们能够通过相

同的媒介(贡品与礼物)获得另一个力量的保护来加以抵抗。只要朝贡关系和行动中存在着各方力量和抵抗,这种朝贡关系就会保持其流动性。此外,跟主权国家的现代观念所不同的是,一个朝贡国的公开和正式臣服并不妨碍它维护其自治或者"独立",而寻求自治也并不会阻止一个国家在任何时候臣服于多个最高权威。而且,当这个国家要拯救它的"独立"的时候,多方臣服的行为常常是必不可少的。这种策略的悲剧方面在于,这个朝贡国可能会被各个领主当成是自己的财产。这表现在,不管是暹罗还是越南,都声称对柬埔寨具有宗主权,而柬埔寨国王则常常认为自己是独立的。类似的情况也在吉打出现。吉打让出了槟榔屿和威斯利,以求另一个平衡力量的保护,但它长期以来受害于暹罗强加的保护。朝贡国所拥有的主权并没有被霸主所篡夺,领土也没有像在现代殖民主义时代那样被侵占。在这种前现代政体中,一个国家的主权既不是单一的,也不是排他性的。它是多重的和共享的——既属于它自己的统治者,又属于其最高领主——这并不是一种分割性的主权,而是一种等级式的主权。而这种情况被英国调查者称为"共同" muang。

多重主权与欧洲人

尽管对另一个国家施加隐性"影响"是当今国际政治的一部分,但一个国家的主权在形式上必须是排他性的,而不是等级式的或者多重的,而且这种主权也必须是清楚明了的。就算是一块殖民地,也被看成是一个帝国主权整体的一部分。因此,在19世纪欧洲人的眼中,必须对一个特定的朝贡国究竟是独立的,还是另一个王国的一部分或者殖民地做出判断——而不能是在独立和不独立之间的某种状态,也不能是同时从属于不止一个王国的情况。朝贡关系的模糊性甚至对我们时代的历史学家造成了误导，因为prathetsarat的观念已经被在20世纪30和40年代所创造出的一个泰语新词ananikhom所替代了，这个新词所表 89
示的是现代政体中的一种殖民地。[25]泰国史的一位权威试图将这些朝贡国的地位按照独立/不独立的程度分为半独立国（semi-independent）、公国（principality）、近乎独立国（quasi-independent）以及边缘中心（peripheral center）。[26]另一位现代暹罗史的权威甚至将朝贡国看成是暹罗的省份。[27]

在19世纪马来国家的案例中，英国殖民官员自身内部以及他们与暹罗、马来统治者之间都出现了一些误解。这一问题早在1821年洛坤军队入侵吉打时就出现了。吉打统治者请求英国人提供保护，但遭到拒绝。这位统治者进而控告英国人违背了义务（即租借槟榔屿与威斯利所带来的义务）。最终，他被废黜，英国人也没有加以干预。

英国人对朝贡关系的模糊性深感困惑：吉打究竟是独立的，还是暹罗的一个依附国？假如是依附国的话，那么对吉打的攻击就是一个国内问题，他们不应加以干预，更不用说帮助吉打了。但在这一事例中，英国租借槟榔屿与威斯利所依据的分别是1786和1802年与吉打的协议，而这些协议要是没有暹罗批准的话是无效的。另一方面，假如吉打是独立的，那么这些租借就是有效的，但洛坤的行为就必须被当成是一种入侵，因此应该加以挫败。英国官员自身争论的中心就是，进贡金银树是一种义务还是自愿：它是否表明了给予方对接受方的臣服，或者正如吉打统治者曾指出的，仅仅是自愿建立或终止这种关系的弱国的一种敬意的象征？一位历史学家指出："真实情况处于这两种极端观点的中间位置。"[28]或者更精确地说，真实情况是将这两者结合起来，有时这样，有时那样。

此外，英国人想要弄清楚跟吉打签署的协议是否意味着有义务去保护吉打。这一问题再次集中到本土习惯中的礼物交换——在这一事例中是租借——上来。对于所有这些问题，朝贡关系以及礼物交换的具体实践将英国殖民官员分为两派；各派都支持一种解释，并提出相应的措施。在19世纪上半叶，对于当地政治的任何参与都被认为是不合适的。[29]当然，英国公司希望，租借是合法的，但并不需要履行跟吉打结盟的义务。他们指出，在任何协议中都没有提到这种义务，而且他们完全无视了关于礼物交换的本土观念。英国人不仅没有干涉1821年那件影响当地的事件，而且还意识到他们出现在那里可能会受到暹罗的质
90 疑。前往暹罗的约翰·克劳弗德使团的任务之一就是弄清楚暹罗对于英国与吉打所签协议的有效性以及英国人出现在那里的看法。

克劳弗德最终喜出望外，因为这件事情并没有受到质疑。他用他无可置疑的欧洲法理为他的报告做了总结，认为暹罗的三十七年沉默就是对英国权利加以认可的实质性证据。[30]颇具讽刺意义的是，正是英国人，而不是暹罗人，仍然对跟吉打所签协议的有效性表示质疑，因为吉打与暹罗的关系对他们而言仍然是不明确的。他最终认为，即便吉打是暹罗的一个附庸国，租借行为也是在对其独立性的理解（误解）之上进行的。用他的话来说，对槟榔屿与威斯利的占领是一个“错误”，但是后来得到了暹罗的承认。令人印象深刻的是，在他的论述中，由于洛坤的统治者是一个暹罗高级贵族，所以，在法律意识较强的英国人看来，1833年关于边界划分的协议就是英国人关于槟榔屿与威斯利相关权利的实质性法律证据。[31]

关于朝贡关系的另一种困惑则更为复杂，它因1826年洛坤军队对另一个马来国家霹雳的入侵事件而凸显出来。1825至1826年，伯尼使团的任务之一是要谈判并确保在任何情况下暹罗都不会派兵进入马来

国家。他达到了这一目的，并且没有对那些国家独立/不独立的模糊状态加以厘清。[32]暹罗同意的条件是，英国人不能阻止马来国家像以前那样进贡金银树。考虑到当时英国人当中的知识混乱状态，很难将做出这种自相矛盾的妥协的责任归咎于伯尼。尽管如此，一点都不奇怪的是，这一协议在英国人当中既受到猛烈抨击，也得到强烈支持。[33]他们只在一点上达成一致，即金银树不应该被解释为臣属于曼谷的象征。因此，在英国人看来，暹罗无权介入马来国家的事务。[34]对于其他马来国家，如吉兰丹和丁加奴，英国人跟暹罗也达成了类似的条约。[35]双方都没有意识到这种协议是建立在误解基础上的。

伯尼的协议达成后不久，洛坤就向霹雳派去一小支军队，要求获得金银树。在槟榔屿的统治层中，詹姆斯·劳上校属于亲马来派，他将金银树看作臣属的象征，因此他敦促霹雳拒绝洛坤的要求，以体现其独立性。此外，在没有获得授权的情况下，他以英国公司代表的名义签订了一份协议，承认霹雳是一个独立国家。根据劳上校所签订的协议，霹雳假定英国人是其保护者，因此将洛坤的军队驱逐了出去。在做这些事情的时候，霹雳通知暹罗方面，称英国人将会站在他们一方。但在了解
了事情的前因后果之后，槟榔屿的英国当局拒绝这种理解，声称不存在 91
这种义务。颇具讽刺意味的是，洛坤还是被挡住了。霹雳被告知，它不会再受军事骚扰，但仍然是暹罗的一个朝贡国。霹雳对此表示赞同，认为在霹雳与暹罗之间的关系方面没有什么需要改变。而且，霹雳对暹罗和英国的协议拍手称快。霹雳已经利用英国人达到了牵制暹罗的目的，尽管英国人拒绝施以援手。拜这种复杂而又混乱的误解所赐，这一事件总算了结了。[36]

初看上去，暹罗似乎将不向马来国家派兵的协议看作跟马来国家作为暹罗朝贡国的事实不相关的一个孤立事件。因此，暹罗朝廷不太

理解英国人在霹雳的姿态。在19世纪50年代末，他们还向前来的另一位英国使节詹姆斯·布鲁克爵士抱怨，霹雳曾经是向暹罗贡奉金银树的朝贡国，后来却被槟榔屿给掳走了。[37]这种说法可能在当时被英国人所否认，但这种抱怨反映出暹罗朝廷是如何理解英国—霹雳关系的。朝廷怎么可能不认为霹雳与英国人之间的关系是后者对前者的一种“保护”呢？

保护？吉打的一些统治者已经屡次得知，英国人并不会承担礼物所赋予他们的义务。英国人可能会为了地区和平（即地区贸易）而牺牲他们那些不幸的盟友。英国人不惜以吉打为代价与暹罗交好。他们非常担心，如果他们不能与暹罗主动合作的话，暹罗的不满可能会影响他们在槟榔屿和威斯利的存在。当吉打前任统治者的党羽在1831和1838年两次试图拥戴他复辟时，英国人派出炮艇封锁了吉打河河口，直接帮助暹罗镇压了这些反叛。[38]对于具有法律意识的英国人来说，吉打割让槟榔屿与威斯利并没有起到抵挡暹罗干预的作用。英国人已经获得了良港，而且并不希望出现任何妨碍贸易的事情。正如邦尼所指出的，当地王侯的意愿是“一种巨大的幻觉”。[39]

这些事件体现了本土朝贡关系与理性主义的欧洲人关于现代国际关系的观念之间的对抗所导致的误解。此外，这些马来国家要求保护的请求确实给英国人提供了一个声称这些地方属于他们的机会。在19世纪上半叶，为了从这一地区的贸易中获取最大利益，英国人采取了一种不干涉政策。在执行这一政策的过程中，他们维持了这些朝贡国主
92 权模糊性的原初状态。法国人在处理当地朝贡关系时也遇到了类似的模糊性。然而，法国人似乎没有放任这种模糊性，而是意识到了这种情况，并利用这种情况来实现他们在印度支那地区的目标。

跟英国人一样，法国人最初承认暹罗对柬埔寨的影响，并不愿介入

其内政。[40]他们甚至在柬埔寨1861年宫廷争斗之后其中的一派请求法国保护的时候，还拒绝施以援手。[41]但是后来，他们显然意识到了模糊性的另一方面，即一个朝贡国的自治权。当1863年法属印度支那与柬埔寨之间的第一份协议在暹罗未参与的情况下签订时，暹罗提出了抗议。法国海军司令搬出法条回应道，柬埔寨是一个主权独立的国家，因此它能够不经任何其他国家的许可而与交趾支那当局签订协议。[42]

1863年签订的十九条协议使法国成为柬埔寨的保护国，这被法国和后来的历史学家看成是这种殖民关系中的一个里程碑。然而，暹罗和柬埔寨在当时可能并没有在同样的意义上理解这一协议——这并不在于反帝观念，而是因为他们是在一种不同的观念框架下理解这些协议的。事实上，尽管有这一协议，但法国人并没有禁止柬埔寨维持它与暹罗的朝贡关系，包括纳贡的惯例。[43]在随后的1864年，他们甚至还邀请暹罗参加柬埔寨国王诺罗敦（Norodom）的加冕仪式。[44]蒙固在给诺罗敦的一封信中，描写了法国领事向暹罗朝廷就整个情况所做的解释：

> 法国领事奥巴雷阁下（Aubaret）……认为，［暹罗］与法国双方都应该参加柬埔寨国王的加冕礼。这遵循的是［柬埔寨前任国王］的例子，他从曼谷那里接受了［被任命为国王的］金册，后来又从越南那里获得了“公”的爵位（Hong，中国对于朝贡国国王的等级划分）……在跟［暹罗］的交往中，他们使用泰式头衔；而在与越南的交往中，他们则使用越南头衔。越南和暹罗彼此敌对，因此就分开任命。各方都声称柬埔寨是它们拥有的。在这件事上，暹罗和越南都认为自己拥有柬埔寨，法国人保持中立。然而，在法国控制越南南部之后，柬埔寨成为法国的邻国，而法国与其签订的一项协议使法国像之前越南那样保护柬埔寨。由于［法国］与暹罗关系良好，

> 暹罗与柬埔寨之间的所有友好关系仍然一如既往。[法国和暹罗
> 93 双方]对于柬埔寨都有平等权力……法国领事所说与你们在乌栋(Udong)所签的协议(1863年协议)相符……在领事做了简要说明之后,高级部长之间就这件事情展开讨论,并一致决定委派帕耶门迪素利亚翁(Phraya Montrisuriyawong)在你的加冕礼上授予你金册和徽记。[45]

蒙固是否正确地转述了奥巴雷的话并不重要;问题在于,蒙固和他的大臣是如何理解这种情况的。在关于柬埔寨问题的另一篇文章中,蒙固告诉我们,在一开始,暹罗并不十分理解法国与柬埔寨国王签订的协议。他随后用本土话语细节性地描述了这一情况:柬埔寨仍然同时臣服于暹罗和法国。跟越南不同的是,暹罗和法国是友好邻邦。因此,暹罗同意让法国管理柬埔寨统治者及两块离暹罗太远因而无法照顾到的领土,而暹罗则继续管制两块靠近暹罗的领土。因此,柬埔寨同时要认同暹罗和法国两国的权威。[46]法国在现有关系中替代了越南的地位,并允许柬埔寨的两种重要的臣属仪式——纳贡以及曼谷对朝贡国国王的任命,法国人的角色融入了本土政治。法国人似乎有意利用了这种本土朝贡关系。

但是,在这种新的伙伴关系当中,受害者不仅仅是柬埔寨,而胜利者也不仅仅是法国。在不知不觉之间爆发的另一个争论则是相关各国之间的关系模式。一方面,正如那位柬埔寨国王所说的,对柬埔寨的双重保护为柬埔寨的和平与日常生活提供了绝佳的保障。这成为地区稳定的一个先决条件。这种多重主权并不是罕见的,也不需要加以调整,除非爆发对于最高权威的新争夺。但是,另一方面,进入这种伙伴关系的法国人得到了机会来实现欧洲殖民关系模式。在这种模式中,一个

国家通常不会有多重的、重叠的主权。这种情况既无法保证和平，也无法维持稳定。调整是不可避免的。

不管是在观念上还是在实践上，国际关系的两种模式在同一区域展开，使这些国家之间的关系变得模糊不清。为了解决柬埔寨主权的模糊性问题，法国在随后的几年里向国际社会提出这个问题，并以国际法为依据。蒙固也同样向国际社会提出暹罗的主张，但他将他的主张建立在本土政治的基础之上。在他的话语中，他展现了一种泰国视野 94
下的柬埔寨历史，将柬埔寨（他说成是一个半文明、半野蛮的民族）看成是一个向更文明的暹罗民族朝贡的国家。[47]在几年时间里，法国屡次敦促暹罗朝廷就“柬埔寨政治问题”展开协商。最终，在1867年7月15日，派往巴黎的暹罗公使签订协议，承认法国拥有对柬埔寨的单一主权。柬埔寨为了生存而采取的多重臣属对法国人来说是一次机会，他们成了新地理学的代理人。前现代政体及其关于领土和主权的观念与实践成了失败者。现代政体被作为国际关系新的合法性模式建立起来，不仅对西方人来说如此，对于本土精英来说也是这样。

在暹罗南部边疆，在19世纪最后三十年里，暹罗和英国都通过在它们所控制的马来国家确立行政长官的方式，增强了对这些国家的影响和控制。双方都在不发生冲突的前提下维护着它们自身的影响力。就在那时，英国殖民主义者提议吞并马来国家和克拉地峡，不过法国人避免任何挑衅行为的反对声音仍然高涨。在19世纪60和70年代，马来统治者之间爆发了一系列冲突，随后英国人开始确立起对马来国家的全面统治。而在另一方面，暹罗逐步将一些它所辖的国家整合纳入一种新的中央行政格局当中。特别的是，吉打在1871年成为曼谷直辖下的一个省；1891年，它被升格为新行政体系下的一个地区中心。[48]然而，暹罗在统治（以及合并）马来诸省的过程中面临着一些困难。它们成为了暹罗的负担。最终，暹罗在1909年将马来四国让给了英国，其中就包括吉打，以此来交换一些利益，诸如英国在暹罗的治外法权方面的让步，以及在建设连接曼谷和英属马来亚铁路上的低息贷款。[49]关于边界划分的正式协商也在这个时候开启。

同样，随着现代意义上关于柬埔寨主权的政治协议的签订，暹罗与法属柬埔寨之间开始进行边界划分。[50]但是，当暹罗和法属交趾支那试图划定湄公河沿岸地区的领土边界时，由于两国之间的缓冲区到处都是多重主权的村镇，就出现了问题。这就要求，必须决定这些村镇所从属的是哪个国家。

第五章 95

边　缘

在19与20世纪之交的数十年间，暹罗与法国之间就佬人地区发生了争端，这一事件已经被东南亚学者深入研究。研究这一事件基本上只有三种方式。首先是国际关系的视角：暹罗、法国、英国以及诸如俄国和德国这些其他欧洲力量之间的外交关系。这种理路下的研究关注的是殖民政策、行动、谈判、协议、暹罗的外交政策以及这些协议的影响。第二条路径则是关注所涉及国家的国内政治：宫廷或政府内部的派系斗争，关键人物的生平事迹，暹罗在诸如内政、军队、行政方面跟帝国主义者打交道的能力，以及在反抗帝国主义威胁时出现的重大社会变革。第三条路径则是对事件的描述：冲突、争端、英雄事件，以及1893年法国海军封锁曼谷皇宫外的湄南河的事件。

尽管存在着这些不同视角，但关于法国—暹罗争端的大多数研究所处理的都是同样的主题：法国帝国主义的入侵。暹罗统治者因其外交天才、在把控局势方面的才能与远见卓识以及在内政问题方面无可比拟的政治家风度而深受赞誉。在这些研究看来，所有事故无疑都是法国帝国主义者的侵略造成的。尽管争端本身是关于领土的，但很少有研究对最关键的因素加以关注：空间自身的特征。

原因可能跟他们所用证据的特质有关，其中大部分是曼谷、巴黎以及伦敦之间的通讯。因此，历史学界希望发现的其实是这些领土是如
96 何被政治性地划分，而不是空间本身的转换。外交和战争是绝大多数学术的关注重心。然而，最基本的原因在于，学者已经假定在政治空间的知识与技术方面不存在差别。我们对现代主权观念、国家完整性以及国际关系的成见是如此之深，以至于我们忽视了，甚至可能预先排除了，我们自身之外其他观念与实践的存在。带着这种成见，学者通常试图通过权衡争端方的历史权利来解决围绕争议领土的单一合法性主权问题。现代思想将原本不为人所熟悉的本土政治与地理学转译为我们更熟悉的现代话语。这些学者未能意识到空间新技术日益重要的角色。结果就是，这些研究误导我们只去考虑成为现代民族国家的那些国家的观念。对那些朝贡小国在争端中的命运我们几乎仍然一无所知。它们的声音未曾被听到，就仿佛它们所占据的是一片没有生命、没有声音的死寂空间，因此也就没有它们自己的历史。

对于所有那些暹罗边疆地区（除了暹罗和缅甸边境之外，但包括湄公河及其对岸的整个老挝地区）的小王国和酋邦来说，多重主权的情况司空见惯。值得注意的是，这种情况下的muang在泰语和老挝语中分别被称为形容词性的songfaifa或者samfaifa，字面意思是“在两个领主下”或“在三个领主下”，而词根song（二）和sam（三）表明了这个muang所臣属的领主的数量。[1]有时候它也被称为suaisongfai(fa)或者suaisamfai(fa)。suai意思是朝贡，而最后的词尾有时会省略，因此这两个词就分别是指向两个和三个领主朝贡。[2]

诸如兰那、琅勃拉邦和万象这样相对较小的王国常常同时臣属于

几大领主。在兰那和缅人王国之间，在琅勃拉邦、云南、东京之间，以及在万象与东京或安南之间的所有小酋邦，也是有着许多领主的muang。它们是掸人、泐人、克伦人、佬人、普安人、普泰人、汉人以及其他一些族群的酋邦。它们很弱小，也很脆弱，但在跟强国之间的关系方面是自主的。结果就是，它们会臣属于任何能够为其提供保护或者对其造成伤害的上级。

这些朝贡小国同时也被看成是一些王国的边疆。换句话说，最高 97
领主——暹罗、缅甸和越南的统治区域是重叠的。当现代边界观念以及绝对性与排他性的领土主权观念被接受之后，这种情况造成了问题，原因在于这一地区主要国家的边缘是模糊不清的。

在19世纪最后数十年时间里，曼谷统治层清楚地意识到了这个问题。它开始主动争夺那些主权模糊的空间。然而，英国人和法国人也分别从西方和东方同时开始他们的行动。尽管旗号不同，但他们全都是替代本土的前现代政治空间的现代地理学的代言人。他们唯一的不同之处在于，如何确定那些重叠的边疆。这种对排他性领土主权的期望导致了1893年的法国—暹罗危机。

重叠的边缘

在暹罗北边，兰那和今天中国的西双版纳是两大地区性力量。兰那及其位于清迈的中心，从14世纪一直到16世纪早期一直是这一地区最强大的王国之一。从16世纪后期到18世纪，它成为缅甸东吁王朝（Toungoo kingdom）的一个朝贡国，有时也是暹罗的朝贡国。在18世纪末，在遭到18世纪60至80年代暹罗与缅甸之间持久战争的破坏之后，兰那重新成为暹罗的朝贡国。在兰那北边，西双版纳是一个更为破碎和弱小的国家集合体，景栋是其中最强大的。作为一个坐落于缅甸、兰那和云南之间的政权，景栋既是缅甸领主的朝贡国，也是中国领主的朝贡国，有时候还向暹罗朝贡；而与此同时，它在西双版纳范围内又具有自己的朝贡国。

在清迈和景栋之间，存在着诸多弱小的酋邦，诸如景洪、清康以及清盛，它们在向所有地方领主纳贡的同时，也直接向缅甸最高领主朝贡，有时候还向暹罗最高领主朝贡。然而它们在一定程度上是自治的，以至于它们常常挑衅领主，时怀二心。而且，它们朝廷内部或者其领主之间的任何争端总会让更多的领主介入其中。[3]

一个酋邦受多个领主控制的地位与状态是很常见的，也被领主所认可。清盛，这个在历史上一直在清迈、景栋和琅勃拉邦统治下的古代城镇，在18世纪后期缅甸与暹罗的战争中饱受蹂躏并被废弃，直到19世纪80年代还没有恢复元气。在那时候，这个地方被那些在被废弃城镇的要塞周边谋生的掸人所据。值得注意的是，在暹罗重申对清盛的
98 主权时，朱拉隆功国王（拉玛五世）并没有宣称它专属于暹罗。他建议，如果缅甸和景栋允许清盛臣服于双方（缅甸/景栋一方与暹罗/清迈一方）的话，清迈方面就应该允许掸人定居在那里。一点都不奇怪的是，缅甸对于此事的看法，就像朱拉隆功在同一封信中所指出的，并不是索取清盛，而是基于清盛现状的一种请求：使它成为一个"共同" muang，不管是景栋还是清迈的民众都能在此生活。[4]

兰那西部边疆萨尔温江沿岸是克耶人的领地，这些人也被称为红克伦人或者央人。正如罗纳德·雷纳所指出的，那些克耶小邦实际上形成了缅甸和兰那之间的一条动态的、波动的边疆，这是因为从17世纪末开始，它们常常同时向双方效忠，并时不时地挑战双方的权威。有时候，克耶甚至要求那些在清迈权力庇护下的小城镇向它朝贡。[5]

湄公河沿岸的老挝地区全都是类似情况的酋邦。跟柬埔寨和兰那一样，老挝国家澜沧曾经是强大的地区王国，但它从16世纪末开始就成为暹罗和缅甸的朝贡国。在17世纪80年代，澜沧分裂为两个王国：琅勃拉邦和万象。而到18世纪，另一个领主越南卷了进来。从18世纪末开始，老挝中心的所有国家都定期向暹罗和越南朝贡。1826年，万象的昭阿努亲王领导了一场朝贡国起义，反抗压迫的领主暹罗。这次起义的失败导致了越南的直接介入，因为这位亲王请求安南提供保护。整个湄公河地区从那时起就成为争议地带。

在琅勃拉邦、万象和越南的两个中心东京、安南之间，存在众多小酋邦，它们的情况跟兰那北部的那些酋邦的情况类似。这一区域的上部与中国南部相毗邻，被称为西双楚泰，是在莱人影响范围之内的一些小酋邦的集合。莱人是普泰人的古代移民。它向琅勃拉邦、东京以及中国（广东）朝贡。正如其历史告诉我们的，它臣属于这三个领主已经超过三百年。[6]它将其疆域分为三部分，每一部分的人力和税收分别交给三个领主。它的朝廷、行政方式、货币以及字母承袭中国和越南传统。它的统治者在越南称为关富（Kwan Fu），在中国称为洪，在琅勃拉
邦称为銮婆罗翁萨（Lung Phromwongsa）。[7]在19世纪后半叶，被当地民 99
众称为“贺人”的大批中国土匪在太平天国（1850—1864）失败后从华南前来，成为当地一患。东京政权的军队为莱国提供了保护，并协助将“贺人”驱逐了出去；但当莱国向琅勃拉邦请求保护时，琅勃拉邦没有回应。向琅勃拉邦的朝贡因此暂停了。所以，在法缅争端之前的那段时间里，莱国在文化和军事上主要处在越南的影响之下。[8]

勐天，或者我们如今所说的奠边府，是莱国、越南和琅勃拉邦的一个samfaifa。它们之间的关联是如此紧密，以至于勐天不仅成为这三个领主的长期朝贡国，而且在其起源神话上，勐天也被认为跟越南人和佬

人在这个世界上是同源的。他们的祖先是兄弟。[9]勐天和越南之间的关系尤其接近，而暹罗对勐天的介入基本上不存在。但是，在法缅争端之前，勐天被暹罗所征服，并成为暹罗在1885年发动对“贺人”的军事行动所设指挥部的最外围城镇。[10]正是在这个时候，暹罗拘捕了勐天的统治者（他是莱国统治者的儿子），因为他拒绝向暹罗军队臣服。暹罗用一个效忠于自己的新人取而代之。

西双楚泰的南边是另一群小城镇，被称为华潘堂哈堂侯（后来的华潘）。它们全都是琅勃拉邦、万象、东京、安南的朝贡方，有时候还是中国南部统治者的朝贡方。在1829年昭阿努那场不幸的反叛之后，华潘被暹罗让给了琅勃拉邦，以作为琅勃拉邦忠心的回报。但与此同时，华潘也被昭阿努作为礼物送给了越南，以回报越南为对抗暹罗所提供的保护。面对贺匪，华潘同时向越南和暹罗求援。结果，在1885年，暹罗军队声称这整块区域都是暹罗的。

普安的情况与之类似。在昭阿努反叛之后，普安被同时移交给琅勃拉邦和越南。昭阿努本人则在失败之后逃亡，并避居于普安，直到暹罗军队将其彻底消灭为止。暹罗将一位效忠者任命为统治者，但这位统治者在数年后被越南处死。结果就是，在1833年，暹罗发动了一次摧毁并灭绝华潘和普安的军事行动，因为它们被认为是越南的前沿城镇。[11]在十四年之久的越南—暹罗战争之后，越南重新任命了普安的统治者，并将其当成朝贡方，要求他每年向越南纳贡。然而，普安在1885年重新回到暹罗的怀抱，勐天、莱国以及华潘也是如此。[12]

湄公河沿岸地区全都是小朝贡国。尽管这些酋邦的统治者认为自
100 己具有独立主权，但它们是在一些领主的权力范围的边缘艰难维生的。换句话说，它们在领主的眼里只是边疆城镇，而这种边疆要么是他们自己的，要么是敌人的。作为边疆城镇，它们或多或少有些独立性；如果

在地区领主之间没有战争的话，它们常被忽视。但是在战争的情况下，在敌对方之间行进的任何一支朝贡团都可能会成为第一个牺牲品。在更为缓和的情况下，当地统治者可能会被迫向领主的军队臣服；否则的话，他可能被领主的效忠者所替代。在最坏的情况下，这些小国可能被迫提供食物和人力，或是被抢掠、毁坏甚至斩尽杀绝，以免资敌。正如一位暹罗指挥官在1833年普安事件中所指出的：

> 要当心，不要让任何普安人回到他们的城镇。在旱季，要努力将那些仍然留在城镇中的普安人赶走。假如他们合作的话，就说服他们离开；假如在劝说之后，还有普安人留下来的话，国王建议用军队将他们彻底赶走。不要为敌人留下任何潜在的食物供应者。[13]

通过所有这些方式，那些被看成是边疆muang的小朝贡国为了生存，就不得不时常改变效忠的对象。这些国家的主权因此是模糊不清的，并因为效忠对象的转变以及被征服后的变动而变得更加错综复杂。但是，占领常常是暂时的，占领者的目标事实上是要迫使朝贡国统治者表示臣服，而这并不一定意味着征服者的排他性占有。尽管征服者占领了它们，但这些“边疆”朝贡国仍然具有多重主权。

在本土政治中，一个最高领主的权力领域就像是一支蜡烛所发出的光，这些小酋邦常常位于权力领域的重叠区域内。[14]跟暹罗和缅甸之间将双方相隔开来的边境不同，暹罗所有的其他边境都是和别国共享的。它们的边疆是重叠的。在本土的国家间关系中，两个权力领域的重叠边缘并不必然被看成是一个问题，除非它是敌人入侵的桥梁。多重主权被参与各方当成是现状。就连朱拉隆功和他的缅甸对手都乐意将清盛置于双方领主的控制之下。[15]因此，这些边疆朝贡国的模糊主权就发挥了作用，这也正是各个领主所渴求的。在这种本土实践中，领主并不会建立起一个独立国家作为缓冲区，而是共享着对于缓冲区的主权，只要边疆朝贡国的统治者对所有相关的领主都保持忠心。暹罗不
101 仅从没有用现代类型的边界来定界，而且被“共有”的边疆、共享的边境所环绕。

然而，对于现代政体而言，重叠边疆是不允许的。国家之间领土主权的划分必须在双方权力领域的交界面上加以明确切割。它们必须是不重叠的，在双方边界之间不可以存在距离。将前现代的边缘转变为现代的领土交界面，或者说在前现代的共享空间中创造出一个国家的现代边界，可能会有不止一种边界；而所有这些边界都是合法的，这是因为根据朝贡国主权确定方式的不同，边界可以出现在重叠区域的任何地方。从数学的角度来说，有越多的朝贡国和领主卷入其间的话，可能的边界的数量就会越多。因此，出现领土争端的可能性就越大。

尽管如此，要实现确定边界以及排他性主权的要求，位于重叠边疆的朝贡国就必须决定自身归属。对此，暹罗和欧洲力量都做过尝试。暹罗以它自己的方式将部分共享领土抽取出来，划归为自己的领土。和通常的观点不同，暹罗并不是殖民主义的无助牺牲者。暹罗的统治层在19世纪末对于朝贡关系十分熟悉，其中的一些精英分子同时也对西方政治地理观念非常熟稔。正是在殖民主义的激发之下，借助新型边界和政体的力量，暹罗迫切需要确保对其朝贡国的宗主权。在一方面，暹罗统治者清楚地知道，这些朝贡国的主权不确定，并不真正属于暹罗。在另一方面，暹罗希望拓展并强化对其朝贡国的强有力支配。跟之前领主保护所不同的是，在这个时期，暹罗拥有一种由军队、行政体系、边界划分以及地图绘制构成的新的霸权。暹罗参与到跟欧洲力

量的竞争当中，以征服这些边缘国家，并将之并入自己的排他性主权领土。这种扩张主义的欲望明显而直接地表现了出来。

“我们”空间的塑造

在19世纪末，暹罗发现周边出现了更多强大的欧洲力量。但是，这并不意味着它向任何可能的朝贡国拓展其领主权的欲望已经终结。当缅甸在1885年陷入与英国人的困境当中时，一些掸人城镇请求暹罗人的保护。暹罗国王用一种野心勃勃的口气回复道：“泰人、佬人和掸人全都认为他们自己属于同一种族。他们全都将我尊奉为他们的最高统治者、他们幸福的保护者。”[16] 102

国王非常清楚，琅勃拉邦这个主要的佬人朝贡国，早已是越南和暹罗的一个songfaifa，而且它对于暹罗的忠诚也并不完全可靠。在“贺人”骚扰时期，曼谷的军队并没有提供足够的保护。琅勃拉邦在1887年被洗劫，该国国王在一支法国分遣队的帮助下方才逃过一劫。尽管曼谷军队在1888年夺回了对琅勃拉邦的控制，但是朱拉隆功还是担忧它的不忠。他害怕佬人朝廷可能已经被法国人所引诱。在他给曼谷新任的派驻琅勃拉邦行政长官的密信中，他的指令包括如何取悦佬人统治者，如何使他们怀疑法国人，以及如何反对法国人的各种细节。但是最有趣的一段话是他要将朝贡国的模糊性变得有利于暹罗的有意识的策略：

> ［我们］必须说泰人和佬人属于同一片土地，以取悦［琅勃拉邦］……法国只不过是将佬人看低成野蛮人的外国人。不管法国人采取什么方法取悦琅勃拉邦统治者，都不过是诱饵……佬人

只有在考虑佬泰两个民族的时候，才会习惯地将佬人认为是“我们”，而将泰人认为是“他们”；在比较泰人和法国人的时候，他们肯定会将泰人看作是“我们”，而将法国人看成是“他们”。[17]

这是暹罗历史学家所谓的抵御欧洲威胁的措施的一个基本目标。这种抵御措施有两方面努力，即省级行政体制的改革以及镇压佬人区域内“贺人”的远征行动。两者实际上都是为了解决重叠边缘的模糊性问题。

在19世纪80和90年代暹罗省级行政体制的改革，对那些关注暹罗现代化的人来说是一个相当中意的主题。改革最早于19世纪70年代在兰那试点，随后拓展到湄公河沿岸的佬人地区，其中包括琅勃拉邦和其他一些或大或小的朝贡国。最终，从1892年起，改革在包括暹罗内陆省份在内的其他地区全面展开。这是一场用现代的中央化机制逐步替代传统的地方自治的过程，尤其是在这些朝贡国。各个地方的推进速度、策略、问题以及解决办法都各不相同。但最后的效果都是一样的：曼谷通过派驻人员控制了税收、预算、教育、司法体系以及其他行政职能。那些派驻人员，大多数是国王的兄弟或近臣，被派去监督当地统治
103 者，甚至直接掌管各地区的控制权。必须指出的是，曼谷及其朝贡国之间的关系是分层的，并通过统治者运作，而这种新行政制度被称为省府体系，按字面意义来说就是对领土的保护。

新的行政管理方式跟在殖民国家建立的政体十分相似。蒙固自己一度希望前往新加坡学习西方政府体系。朱拉隆功从他在位的早期就遵照他父亲的期望，前往新加坡、爪哇以及印度考察，认为那里的政府跟欧洲相似，也是文明开化的。[18]朱拉隆功在当时告诉印度总督的话中就提到：“我和国会都确信，在东方没有国家［像印度那样］，充分了解政府管理科学，衷心参与改善民众的福祉。”[19]因此，自然而然地，新的

行政管理制度在很多方面看来跟统治土著居民的殖民政体很相似。丹隆亲王，这位新体制的设计者，在他所写的关于爪哇政体的文章中，将荷兰殖民者说成是“Retsiden（Samuhathcsaphiban）”。[20]在这里，他将殖民政体比作是泰国改革后的统治制度，将后者放到括号内，用来向他的读者解释前者的意思。人们很容易反过来解读——用括号之外的术语来定义Samuhathesaphiban——而且还会注意到这两种体制在丹隆的观念中是何等相似。

假如改革是用一种相对和平的方式消除空间的模糊件的话，对贺人的远征则更为暴力。“贺”是佬人用来统称云南人的词汇。在这个事件中，它指称的是那些在19世纪60年代中期太平天国运动中被击溃并向南流亡到湄公河和黑河河谷上游的中国人。他们成为独立的武装匪帮，在19世纪70和80年代劫掠、破坏或者攻占那些小酋邦，甚至威胁到湄公河沿岸的佬人王国。在1884至1885年以及1885至1887年，暹罗派出两支远征军与其交战。[21]但是，随着当地小酋邦自己之间的混战，情况变得越发复杂。

在很多情况下，贺人只不过是一支雇佣军，帮一个酋长攻击另一个酋长。贺人和那些当地酋邦的军队混融到了一起。一些贺人首领成了当地酋邦的统治者和官员，而一些当地酋长反而被暹罗当成是贺人的首领。那种认为骚乱是由外来匪帮所引发的观点在一定程度上是正确的。但是将所有骚乱的责任都归结到贺人头上则当然是误导。例如，琅勃拉邦在1887年遭受的洗劫，实际上是莱人首领对暹罗军队在1886年拘捕他 104
三个儿子的报复。[22]当然，莱人军队中也确实有一些贺人。因此莱人统治者在当时就被暹罗（同时也被历史学家）看成是贺人的一个首领。[23]

19世纪80年代暹罗军队对贺人骚乱的军事行动，其目的并不仅仅是镇压贺人；他们还试图通过军队重申暹罗对于这一地区的主权。而且，这已经不再是前现代的领主权了。用素拉萨门迪这位军事将领的话来说，他的军队既要镇压贺人，同时也要"解决边疆领土问题"（settle the anakhet）：

> 这是一次解决边疆领土问题的机会。因为法国人已经发动了［跟越南的］战争，并准备划分紧邻华潘和西双楚泰的边界，他们可能会进一步迈向我国领土，声称那曾是越南领土。有鉴于此，为了避免丧失机会，国王陛下命令我们动用军队在鸡年旱季镇压贺人。[24]

"解决边疆领土问题"这个短语表明有一个关于边疆、边界或者统治区界限的问题需要解决。当务之急是要抓住机会以清晰地表明这些地区为暹罗所独有。朱拉隆功本人对于边界问题，以及在可能发生的冲突中如何跟法国人打交道的问题，预先提出了长篇建议："无论边境属于谁，让双方各制作一幅地图，以便在曼谷通过商谈签订友好协定而划分［领土］。"[25]

在暹罗与越南之间从1834至1848年的十四年战争之后，该地区的朝贡国恢复了原状，成为琅勃拉邦和越南的朝贡国。从1884年起跟贺人的战斗是暹罗首次在这些朝贡国展现力量。暹罗声称它们从属于琅勃拉邦。尽管做了这种声明，但暹罗还是承认了这些朝贡国的多重主权，就连琅勃拉邦自己都是如此。要声称对它们的排他性主权意味着在新地理学观念统治下，将暹罗统治范围拓展到本土的模糊空间。换句话说，在征服了那些小酋邦之后，暹罗必须设法确保其独有权威，并阻止当地头人像他们先前那样给若干领主纳贡。

一些事件表明暹罗对其扩张行动非常用心。例如，在1886年，当军队占领了暹罗权力范围之外的一座城镇时，国王建议军队在那座城镇

驻扎下来。他进一步说道，如果法国人随后挑事的话，我们在战场和曼 105
谷都可以辩解说这是一个songfaifa，或者说该城镇的统治者已经请求暹罗介入，或者说暹罗军队正追击贺人这一暹罗和法国的共同敌人，并已经占领了这座城镇以确保安全，这不是对这座城镇的入侵。[26]同样，随着军队于1887年开进西双楚泰，素拉萨门迪询问国王是否应该将之并入暹罗。国王在咨询了他的外务秘书之后，建议素拉萨门迪将其吞并："如果法国人要求或者请求[归还西双楚泰]，而且它确实应当让渡出去的话，那么，以后再办也不迟。"[27]前现代政体并没有令暹罗统治者迷茫。相反，他们充分利用这些手段来夺取之前的朝贡国。"和平"与"贺人"只不过是证明其行动合法性的积极或消极标志而已。

必须提及的另一个重要事件是甘格和甘蒙的情况。它们是普安境内的姊妹城镇，在1893年，暹罗与法国军队之间为此爆发了一场冲突。1886年，朱拉隆功针对这一姊妹城镇专门公开提出了一种机会主义策略：

> 在甘格和甘蒙事件中，[我们]的形势更为不利……因为很明显[越南]已经任命了统治者。然而，我们声称这些地方属于两个领主。如今法国控制了[越南]，但还没有完全掌控；因此它还没做好管理这些边远城镇的准备。假如能通过什么手段将甘格和甘蒙变成我们的话，就好好考虑一下，放手去干吧。如果这事过于张扬，或者会跟法国造成争端的话，就别干；[我们]并不会丧失什么，只不过我们的边界就不在山区了。[28]

1891年，普安首位泰族统治者、法暹争端中的历史英雄帕耀建议，暹罗应该保留这两座姊妹城镇，这不是基于任何历史权利，而是为确保暹罗所占据的湄公河地区的安全。[29]

在以前，征服行动要求城镇的臣服，而且在大多数情况下，还要求对城镇暂时性的单独控制。在军队撤离之后，那个城镇的统治者可能会向另一个领主臣服，以维持生存。但是，在19世纪80年代，征服行动之后，暹罗军队就一直驻扎在那里。领主的“保护”就不再是远距离的。暹罗军队转变了对他们所征服的各个小国的统治方式。在某些情况下，之前的统治者被忠于暹罗的人物所替代。在其他一些情况下，泰
106 族官员受命管理这些城镇。如果城镇是由当地统治者统治，泰族官员就被任命为监督者。所有新的地方政权都在来自曼谷的军事将领的直接掌管之下。在遥远的湄公河地区的模糊空间被用军事手段消除了。换句话说，军队将这些地区具化为暹罗地缘机体的一部分。

新的行政制度在曼谷及其之前的朝贡国之间建立起一种新关系，因此也就成了新整体内部的一种新型主权。军事行动除了领土征服之外，别无他意。这些行动都建立起了一种新型的政治地理学，在这种政治地理学中，不管是重叠边缘还是多重主权，都不被允许。地球表面被用一种新的方式加以描述。在所谓对贺人的镇压行动中，地理学使命在暹罗精英头脑中十分重要，这在给那些臣服于暹罗军队的当地统治者的头衔中表现得淋漓尽致。这一次，头衔十分怪异，而且在之前从未出现过，例如Phra Sawamiphaksayamkhet（“忠于暹罗领地”）、Phiaphan Thura-anakhetkosai（“关心领土事务”）、Phra Phithak-anakhet（“领土的保护者”）、Phraya Khumphonphithat-buranakhet（“保护领土统一的统帅”）、Phra Ratana-anakhet（“饰以宝石的领土”）以及Phraya Khanthasema（“王国边界、地域”）等等。[30]

尽管如此，地方头人可能无法理解这种征服跟他们所知的纳贡有什么不同。他们可能不会预测到，这次的征服是一种新型的政治控制，一种新的地理意识的实践。人们所采取的各类行动共同组成了一种代

码，这种代码同时指代了两种关系。一方面，它指代了前现代时期的宗主/朝贡关系。另一方面，它代表的是一种新的政体和政治地理学。一旦新话语的代言人征服了本土话语的代言人，将不可避免地出现这种转变。也就是说，这种新观念与实践活动开始在一种跟领主权力实践活动非常相似的行动中，以具体的形式实现新话语。随着法国建立起对柬埔寨的一种双重规则保护国（double-coding protectorate）关系，逐步进入本土朝贡关系当中，它的行动被柬埔寨和暹罗朝廷理解为一种本土宗主权。通过一种类似策略，曼谷方面经由殖民行动，或者说征服和已改革的行政制度，塑造了一种新型的关系、主权和空间。殖民式的关系成为替代过程中转变的桥梁。它是一种强势力量与其征服的国家间
的关系，但又不同于朝贡/宗主关系；在新的关系中，主权与空间的模糊 107
性问题已经得到解决。

当然，曼谷方面从来没有将自己跟欧洲帝国主义者等量齐观。暹罗视角下，最显著的区别可能是，对于这一地区的原住居民来说，法国和其他欧洲强权是外来的、外国的或者“他们”，而暹罗则是“我们”。“殖民化”这个词用在这里可能太苛刻，因为存在着两种类型的征服：一种是“我们”进行的，另一种则是“他们”进行的。毫无疑问，这是一种强有力的区分，使得“我们”所进行的征服或许更具有合法性、更值得歌颂，而其他类型的则应受到谴责。当然，莱国、勐天甚至琅勃拉邦可能并不认为暹罗比“他们”更“我们”。

新的边缘：暹罗与英国当局

暹罗并没有单独解决模糊领土的问题。在暹罗大力推进改革，暹罗军队挺进湄公河地区的同时，欧洲列强也参与到模糊领土的确定当

中。从某种意义上说，它们正在一起工作，以替代本土的政治空间。因此，对抗局面不仅出现在这些人员之间，而且出现在不同的地理学知识领域之间。

在最后一次英缅战争于1885年结束之后，兰那和上缅甸之间的边疆成了一个问题，因为这一地区处在若干力量范围之间。存在问题的两大主要地区是萨尔温江沿岸的克耶邦和景栋与兰那之间掸人、泐人的酋邦。[31]在萨尔温江沿岸的边疆，沿边境建起了插有暹罗白象旗的小村庄和用栅栏及要塞围起来的岗哨。一些克耶人被文身，以证明暹罗对五个克耶城镇的占领。[32]然而，在1875年，阿瓦的缅王向英属印度政府发去一份声明，声称克耶头人已经“向缅王奉献处女，作为臣服的象征”，而这种习俗从“鸿蒙初开以来”就已经被缅甸所采用了。一位缅甸使者说道，克耶人“从最早的时间一直到几个月前都发誓效忠缅甸”。[33]英国人进而支持反抗暹罗占领的当地统治者。随后，在1888年末，英国军队“收复了这一地区”，暹罗提出抗议。[34]

景栋和清迈之间的领土上，存在一些有争议的问题。暹罗与英国
108 人决定建立一个委员会，咨询当地民众，在本地勘测，来解决这些问题。最具争议的事件是芒新问题：它究竟是属于景栋（进而在英国人统治下），还是属于暹罗的难？芒新的头人是景栋统治者的一个亲戚，但他臣服于难，并向曼谷进贡金银树。当争端出现之际，他甚至还同样向英国人纳贡，以表达他对英国宗主庇护的渴望。[35]

调查和会商在1891至1892年间一直在进行。最终，他们于1892年达成了一项协议，将芒新划给暹罗，而五座克耶城镇和大片森林则划归英属缅甸。[36]勘测、绘图以及划界与协商在1890至1891年间同时进行。最终划界是由一个联合委员会在1892至1893年间完成的。附有地图的协议在1894年被正式批准。

事实上，这些争端之所以没有导致暴力冲突，原因是多方面的。主要原因在于，英属印度政府希望将暹罗作为印度东面的一个缓冲国。而在当时，法国在印度支那大肆活动，而且跟暹罗的冲突也日益加剧。在暹罗与英国当局之间爆发的任何侵略都会刺激另一侧的法国。[37]在另一方面，暹罗当时对于英国的态度似乎混杂着恐惧、敬意、拥戴以及对友谊的渴望，还有某种程度的忠诚。这跟暹罗对法国人的关系非常不同，暹罗跟法国的关系非常敌对。

英国人在暹罗统治圈的影响很可观。这种影响最显著的标志之一就是，英国人在1874年曼谷朝廷内部因为派系斗争差点爆发内战的危机中所扮演的角色。这一争端是由一位英国仲裁人解决的。[38]特殊关系的另一个标志是与法国人冲突当中的暹罗—英国关系。暹罗曾强烈期望英国能够施以援手。暹罗统治者向英国人通报了冲突各阶段的情况，并向英国人咨询每一步应该如何行动。[39]暹罗甚至请求成为英国的一个“另类受保护国”。但英国拒绝采取与法国人相对抗的任何行动，以避免激起反应。相反，英国人建议暹罗投降，并让出法国人所要求的湄公河左岸。[40]

此外，暹罗与英国的特殊关系还有其他标志，例如在暹罗政府内的英国顾问的角色。近期对泰国国家形成的一项研究甚至认为，兰那所谓的行政改革实际上是曼谷与英国当局合作获取林业利益的结果。新的国家机制被设计成有助于英国的利益，而不是反抗英国威胁的防御战略。[41]所有这些都让我们想起吉打与英属槟榔屿之间的关系，以及通 109
过向一个强权效忠以反抗另一强权的本土保护政治。因此，毫不奇怪的是，暹罗与英国政府最终在1892年和平缔结了一份协议，处理悬而未决的朝贡国的所有事宜。然而，暹罗希望这一协定能够使英国人介入到当时暹罗和法国的争端当中。暹罗也希望这一协定能够确保暹罗获得协助，并且在它们共有的边境上不会实行武器禁运。[42]跟吉打一样，这种期望只不过是幻想。

军队对分界面的塑造

跟英国—暹罗之间的分歧不同，暹罗与法国之间关于划定湄公河沿岸模糊空间的争端充满了暴力。晚暹罗大约两年，法国人开始采取军事行动以控制这一地区。一位历史学家指出，他们发现"泰国的小哨岗大量出现在分水岭一侧……泰军占据了山脊，几乎俯瞰着安南平原"。[43]因此，法国人提出了反对暹罗以及暹罗军队在这一地区出现的要求。

19世纪欧洲人的所有描述和地图都将湄南河河谷之外的区域当成是与暹罗分开的各个国家。正如帕维这位琅勃拉邦和曼谷冲突时期的法国顾问、调查员兼探险家所认为的，暹罗的疆域以湄南河河谷为界，但并不清楚佬人地区究竟在多大程度上在暹罗的主权范围之下，以及在什么地点暹罗跟越南的空间接壤。[44]事实上，早在法国人之前，暹罗就已经首先采取了行动，并占领了大部分有争议的领土，这意味着暹罗在实际占领上有着微弱优势。法国人当时不得不强烈抗议暹罗的介入与拥有权。帕维提到了多重臣服的本土实践，认为它并不意味着自治权的丧失：与中国、安南或者缅甸相比，暹罗并没有更多的权利。他甚至查阅了琅勃拉邦的一份记录，认为暹罗在佬人历史中很少被提及。[45]颇具讽刺意味的是，暹罗和法国人所扮演的角色以及他们在这一特殊事例中所运用的谈判策略，跟1864年蒙固抗议法国人独占柬埔寨时的情况恰好相反。

对佬人地区争夺的转折点之一出现在1887年6月，当时琅勃拉邦

受莱人军队劫掠，作为报复，暹罗拘捕了莱国统治者的儿子。琅勃拉邦 110
国王则被帕维本人所救。[46]帕维声称，在这次事件之后，佬人国王告诉他说，琅勃拉邦并不是一个暹罗的征服地。它自愿向暹罗朝贡以换取保护，抵抗入侵。当然，这位国王对结果并不满意。帕维在这里报告了佬人国王在本土语境下所说的话："我不想再跟他们[暹罗人]有什么交往了。假如我的儿子同意的话，我们将把自己作为礼物奉献给法国，条件是他们将使我们远离未来的不幸。"[47]然而，任何一个可能的领主都无法阻止这种不幸，因为这些领主正是不幸的来源。此外，佬人国王并没有意识到，在当时暹罗和法国都表现出的新的地理话语中，已经不允许他奉献礼物以避免被征服的臣服话语继续存在了。

各方用来证明自身要求并否定其他方的做法——臣服的证据——无法证明任何东西。所有的抗辩都亦对亦错。无论是通过和平还是暴力的方式，模糊边缘必须被武断地确定，这是因为其本质在逻辑和历史上是不可判定的。帕维指出，暹罗必须凭借军事手段，因为地理学和民族学证据似乎不足以支撑其声索。在这点上，他的判断是对的。他同样准确地指出，贺人只不过是暹罗加以干涉的借口。[48]但是这些评论也同样适用于法国人。结果就是，各方军队都试图在这个地方进行消除边境模糊性的尝试。

暹罗军队和法国军队都进入了这些地区，占领领土并尽可能快地升起他们的旗帜，直到他们在湄公河左岸的许多地方形成对峙局面。1888年在勐天（奠边府）的对抗就是边界如何被临时确定的一个例证。在那件事例当中，双方军队都用他们的方式"剿除贺人"，直到他们在勐天相遇。最初，双方的指挥官都声称自己的权利，并命令另一方撤出。最终，他们同意通过简单协定来解决这一争端，双方都不再前进。他们将领土留给征服者，直到在曼谷进行的谈判通过外交手段解决了这个问题。1888年12月在勐天签订的协定也适用于湄公河地区的所有其他前线。[49]

不仅朝贡国被征服了，而且关于多重主权的本土政治地理学也同时被取而代之。军队消除了模糊性。由于对抗，双方步兵控制下的空
111 间首次连接在了一起。空间的重叠进而就转变成为两个主权领土的分界面。暹罗和法国军队成功利用新地理学知识的力量，并创造出一种新型的空间。然而，军事占领分配的领土只是暂时的和临时性的。双方的地缘机体还没有确定，这是因为他们未能就分界面在何处确定完全达成一致。

暹罗精英当时十分关注领土问题——对于这块土地，他们的祖先从来没有担心过，甚至还作为礼物送出去过。主权所辖的对象已经由统治的城镇及其统治者，转变为事实上的领土。如今，对于暹罗来说，每一寸土地都极为宝贵，这并不在于其经济价值，而在于其对于主权、皇家尊严以及国家感的意义。从1888年的第一次对抗到1893年的危机，暹罗已经做了巨大努力以确保其主权之下的大部分边境土地都安全无虞。处理边境问题的传统办法终将被替代。边境管控变得更为严格而有序。边境沿线的所有聚居地都得到加强。一些无人区被大批临时派到军营去的轮班劳役人员所充实。[50]当然，所有这些实践活动和关注对于他们的祖先来说都是陌生的。战场已经从城镇要塞转到其他冲突地点，其中就包括那些曾经了无人烟的不毛之地。许多导致河口危机和封锁湄南河的事件都发生在前现代地理观念中无关紧要的地点。1893年4月，位于湄公河中游无人居住的沙洲爆发了大规模冲突。[51]这一冲突导致了一场地方性危机，后来变成了国际性危机。在这一危机中，法国派出两艘军舰封锁了湄南河。这也恰恰是解决空间模糊性问题的另一种策略。

法国—暹罗争端曾长期被看成是两个国家之间的一场冲突。但就
新的地缘机体替代本土朝贡空间而言，敌对双方实际上是在同一条战
线上。双方都利用了现代知识的力量，冲击并抑制本土知识。重叠范
围被确定并加以分配。新兴的分界面给各方领土加以界线——这是两
个领域之间的一种明确划分。此外，由这种新划分所标示的领域被转
化为一种新控制机制下的整体。所有的行动与事件都是地理学话语发
生替代性转变的时刻。冲突与封锁都可以被看成是导向现代领土主 112
权、世界秩序以及一种新意义的国土出现的时刻。

但是，军队和新的行政制度并不是决定空间模糊性的仅有手段。主权概念向现实领土的转变意味着，表现主权的形式也必须转变——从传统的臣服仪式和实践向一种直接处理水平面上的问题的新表述转变。朱拉隆功在位时期对边界线的全面勘测与制图所反映的并不仅仅是他对现代地理学的赞同，而且还体现了主权话语中的一种转变。为了明确地缘机体，界定边缘，形成排他性主权，法国人和暹罗人都同样用军队和地图来开疆拓土。

113 # 第六章

制图：一种新的空间技术

从欧洲旅行家的早期岁月一直到19世纪殖民主义时代，地理学都是一种与东方知识密不可分的强大科学。对于马来半岛而言，中国人是惯常探访者，他们早就绘制了本地区的一些海岸地图。其中一些成为诸如马可·波罗这批欧洲人的珍贵资料，这些人的地图制作于1292至1294年。[1]从那时起，这一区域的地图被囊括进古典时期、中世纪以及早期现代欧洲的一些地图集当中。[2]然而，暹罗在欧洲关于这一地区的地图中出现得尤其晚。直到16世纪后半叶，它才在葡萄牙人的地理大发现当中出现。此后，暹罗才真正被那些杰出的制图者所熟知。[3]

西方地图中的暹罗

法国人和荷兰人在17世纪是制图技术的领导者。法国宫廷还专门建立了一个由几代制图家所领导的科学协会。[4]这些国家也属于当时进行东方探险活动的主要欧洲列强。法国与暹罗在17世纪80年代的紧密关系促进了暹罗地理知识与制图技术的发展。路易十四宫廷的法国使者与制图家出版了一些暹罗地图，并将他们的知识传递给其他欧洲制图家。从那时起，暹罗出现在欧洲制图家所绘制的所有的这一地区的地图上。[5]

尽管如此，在19世纪后半叶之前的所有地图上，暹罗的细节部分或多或少地局限在沿海地区。内地在当时对欧洲人来说还是未知地带。只有少数几位耶稣会传教士和旅行家在17世纪中叶探访了佬人国家。
1636年，一个荷兰人试图绘制一幅从位于今天泰国北部的中央平原的 114
湄南河到佬人国家的河流路线图。这幅图表明，他关于内地的知识十分缺乏；湄南河在地图上被认为是流向澜沧（琅勃拉邦或万象）并往北流向里皮，而它实际上是在如今的老挝—柬埔寨边境上。

约翰·克劳弗德使团在1821年前往暹罗，部分目的在于对这个国家的自然资源进行科学研究。作为一位地理学家，克劳弗德绘制了十幅关于暹罗湾东岸的地图，其中包括一幅从曼谷通向海湾的湄南河运河的沙洲和浅滩的地图。[6]亨利·伯尼也想要了解兰那的情况。正如他所说的，直到那时，对这个地方"欧洲地理学家还一无所知"。[7]但是，由于他在1825至1826年作为英国使节被派往曼谷，他无法得偿所愿。直到1830年，克劳弗德还在说，欧洲人对暹罗北部边境的了解仅比猜想稍微好一点。[8]克劳弗德的地图，收录在他1828年对1821至1822年前往暹罗和越南的使团的回忆录当中。

自从墨卡托发明了涵盖整个地球的经纬度矩阵，世界就充满了等待被填补的空白区域。新世界被"发现了"。非洲人的非洲被找到了。那些未开发地区被开辟出来，并标记在地图上。确实，现代的地图绘制鼓舞了无数探险队实现标绘出整个世界的愿望。跟几百年前的前辈一样，克劳弗德和其他一些探险家以及那个年代的殖民当局都试图制作出暹罗和整个地区的地图。自从地理学知识在殖民当局以及探险家和管理者眼里成为一门主要科学，对地理学知识的渴望似乎就成为殖民扩张的一个组成部分。[9]拉里·斯特恩斯坦讲述了詹姆斯·洛上校的事情，洛制作了一幅这一相对未知地区的地图，作为升职的办法。[10]洛意识到人们对东南亚大陆不怎么了解，而克劳弗德的勘测马上就要出结果了，于是他匆匆忙忙地制作了关于暹罗、老挝以及柬埔寨的地图，这项工作受到他上级的热烈追捧，他由此获得了两千西班牙银元的奖赏。但这幅地图是在当地居民自愿提供信息的基础上，而不是真实勘测的基础上绘制的。斯特恩斯坦在他文章的大部分篇幅中指责洛的1824年地图，他对这幅地图仔细分析，以表明它是用过时的数据绘制的，忽视了新发现和本土资料，而且“几乎完全是建立在道听途说的基础上的”。[11]但洛的地图和他的故事还是表明了当时欧洲人对于暹罗地理学知识的了解状况，尤其是制图技术在19世纪上半叶的发展。

115 当时地图中的内地仍然是未知的领域。例如，约翰·鲍林爵士在他1857年的著名作品中，就相信在中央平原与兰那之间有一片未知的沙漠。[12]湄公河的走向被认为是从其源头向东南笔直而行。它位于琅勃拉邦南部的巨大转弯（湄公河在这里一直往东，直到再次往南转弯），直到安邺于1864年出版的作品才为人所知。[13]直到那时，今日泰国的整个东北地区几乎一片空白，似乎仅仅是湄公河与沿暹罗东北山脉之间的一片狭长地带。19世纪50年代以前，暹罗在欧洲人的知识中除了看起来像“古代之斧”之外就没什么印象了。实际上，一份18世纪早期的记载称它的形状像是一弯新月。[14]很明显，这些地图是建立在从当地民众那里获得的信息基础上的，这些民众还没有球体的参照意识，而且对于内地和湄公河的地理学也所知甚少。

尽管地图中的表述各不相同，但这些地图全都惊人相似。暹罗只是坐落在湄南河河谷以及马来半岛的上半部分。在北部边疆，暹罗只延伸到披猜（Phichai）、彭世洛（Phitsanulok）、素可泰甚至甘烹碧（Kamphaengphet）南部以外的一小片地区。在东部边境，暹罗王国以一条巨大的山脉地带为界，在这外边是老挝和柬埔寨。像克劳弗德和鲍林这样的人认识到，老挝、柬埔寨以及马来地区的人们处在暹罗、缅甸、中国和越南此消彼长的权力影响之下。[15]但很明显，他们希望由某一强大的王国掌管这些弱小国家，而不是在边缘地区维持无边界及多重宗主的情况。这不是对任何历史声索的证明或反证。毋宁说，这表明了他们如何在地理学上设想暹罗，以及那些被调查者、当地人认为什么是暹罗、什么不是暹罗。地图与记述可能表明，在暹罗人自己的认知中，兰那、佬人以及柬埔寨人所在地区并不是暹罗的一部分。

暹罗的西方制图

到目前为止，还没有证据表明荷兰和法国地图绘制术对17世纪以
来暹罗制图术的影响。蒙固在位（1851—1868）之前，暹罗朝廷对于勘
测既不关心也不愿为之费心，只有那些描绘通向曼谷的行军路线地图
除外，例如克劳弗德关于湄南河河道的地图，该地图遭到暹罗朝廷的抗
议。[16]曾经有一位英国信使想要经陆路从曼谷到丹那沙林省，但是暹罗 116
官员带着他在边境的丛林中绕圈子，以防他知道曼谷与英属领地之间
的陆路通道。[17]

蒙固在位时期，暹罗的情况有所不同。精英们对于西方观念与科学仪器更为熟悉。地球仪和地图是暹罗人喜欢的工具。这些东西对蒙固来说很重要，比如在西方使节所选取的送给他的礼物中，就经常包

括一些国家和城市的地图。[18]很难说究竟是那些奉送者心怀鬼胎地向接受者送出这些地图，还是后者想要获取和占有这些东西。但可以确定地说，那些地图在赠给暹罗国王（Rex Siamensium）这一蒙固在跟外国人通讯时希望被称呼的名称的时候是足够特殊的。对于暹罗精英来说，目睹了遥远国度过来的使节，在一段时间内了解了关于他们的知识，尤其是**看到了**地图上的那些国家，他们会忍住不去想象或者设想暹罗也像那些文明开化国家一样**出现**在地图上吗？暹罗就在这里，只等着被画入地图中。然而，用制图术语来说，甚至对暹罗精英，它在很大程度上也是未知领域。它就在那里；但还没有被完全认识和加以说明。

蒙固政权中的暹罗精英很愿意与外国人合作打交道，甚至在对待传统地图上也是如此。事实上，这个政权不仅准备合作，而且还主动并创造性地在国家事务方面拓展了制图的角色。在蒙固当政的最后五年中，曼谷方面发布了大量方案和指令，向地方当局咨询与缅甸及柬埔寨接壤的边疆的情况。此外还有一些对暹罗本土区域内的地方，例如彭世洛、披迈以及巴真，进行勘测与制图的通讯。一些通讯关注的是法国人在诗梳风（当时位于泰柬边境，而不像今天这样位于柬埔寨境内）进行的勘测。[19]这或许是领土治理新观念的首次标志性事件。

差不多同时，暹罗跟英国人和法国人分别就西部和东部的一些边界进行着谈判。但没有证据表明暹罗已经做出任何绘制其地缘机体地图的尝试。只是在1866年，当蒙固得知一个法国调查队在湄公河沿岸地区进行勘测后，他才意识到暹罗也必须这样做。一个荷兰人不久之后就受命率领一支勘测队前往湄公河地区，他从难出发，经琅勃拉邦，随后往东抵达莫拉限。他是勘测琅勃拉邦北部的湄公河部分地区的首批西方人之一。然而迄今为止，关于他这次行动的细节情况，还没有任
117 何相关研究。[20]除了这次任命之外，直到19世纪80年代，都没有关于暹

罗人对暹罗边界的任何勘测情况的记录。

在曼谷与某些省区的现代化规划中，制图与地形学勘测似乎扮演了一个更为重要的角色。随着暹罗快速迈向现代化，这种角色在接下来的时期继续维持，甚至进一步强化。曼谷都市化和建设项目的发展，尤其是马路、铁路和电报线，都需要依赖制图技术的知识、专家和工具，其角色日益重要。

然而，这对暹罗人来说是一种新技术，因此在早期岁月里，制图任务绝大多数是由外国人完成的，甚至是那些并非技术专家的人。亨利·阿拉巴斯特，这位蒙固在位时期派驻曼谷的英国副领事，成为朱拉隆功国王最为信任的顾问之一。尽管他并不是一个经过系统训练的勘测家或制图师，但他在工程学方面的能力足以胜任。他受命负责修建两条主要的电报线（曼谷—北榄、曼谷—挽巴因），以及曼谷的一些道路和从曼谷到海湾的一条道路。他的多才多艺给国土留下了深刻的印象，而且他可能也很享受自己的工作。[21]在1878至1879年间被曼谷当局雇用的另一位外国人奥古斯特·帕维，是一位多才多艺的法国探险家，他受命负责搭建从曼谷经由马德望（如今柬埔寨的一部分）并在西贡*与法国线路合而为一的电报线。

1880年，英属印度政府请求获得暹罗朝廷的允准，在暹罗进行一次勘测，以便完成英属印度边界地图的三角测量。他们已经完成了从印度到其东部边疆（即缅甸）的三角测量。然而，为了完成这边的边界地图，他们需要进入暹罗进行连通三角测量。因此，英属印度政府想要在暹罗领土的一些最高点上竖立测量点。第一个待选地点是曼谷的金山，这个人造建筑离皇宫只有几公里远，象征着曼谷圣山，在其

* 越南南部城市，现名胡志明市。

顶端是佛陀圣迹的一座舍利塔。另一个待选地点位于佛统大塔（Phra Pathomchedi），这是暹罗最大的佛塔，在曼谷西南不足五十公里。[22]

暹罗朝廷大为震惊。大臣和高级官员召开了一次紧急会议，以考虑这一请求，因为一些人仍然坚信这次勘测是外来入侵的第一步。这
118 种反应是可以理解的，因为它并不是在某个特定地方进行的建设项目的勘测，而暹罗统治者对于这种勘测十分熟悉。或许他们中的一些人并不知道三角测量究竟是什么。在当时，暹罗人还没有对曼谷进行过任何大区域勘测。他们在边境沿线的几个地点有过一些地形学勘测，但这些都不是涵盖边疆如此大范围和如此长距离的三角测量；而英属印度政府的请求还将暹罗首都作为勘测的一部分，这或许是对朝廷最具危险的事情。待选的标志点都处在圣迹上，这是造成恐惧的另一个因素。确实，这个提议让我们充分了解到，英国人和现代地理学在帝国主义倾向上很迟钝。除此之外，这种提议来自英国人，事情也是英国人做的，而且也是为了英国人的利益。

阿拉巴斯特并没有这种恐惧。但大概是为了减轻暹罗人的恐惧感，他建议暹罗应该雇用一位英国技术专家来配合英国人进行三角测量，并为暹罗政府绘制一幅暹罗地图。朱拉隆功国王同意了这一建议。因此，以泰文名字帕韦帕普瓦敦为人所知的詹姆斯·菲茨罗伊·麦卡锡成为替暹罗政府服务的一位官员。[23]

印度的三角测量最终完成，并成为暹罗地图测绘的基础。[24]但在那项工作完成之后，麦卡锡和他的勘测队回归到了现代化项目当中。他们的一些主要成就有：

1881年：搭建暹罗的达和英属缅甸的毛淡棉之间的电报线

1882年：绘制曼谷华人社区中心三聘街（Sampheng）的地图，

以增进华人人头税的收税效率

1882至1883年：绘制来兴与清迈之间的边界地图，以解决双方之间关于伐木税的争端

1883年：绘制北大年与霹雳这两个马来国家之间的边界地图，其中一方处于暹罗控制之下，另一方则处于英国当局控制之下[25]

然而，这种欧洲技术并不受当地民众的欢迎。帕耶玛哈阿玛（汕）这位师从麦卡锡的成功勘测家和制图师指出，他们的工作甚至受到贵族们的阻挠，这些人担心他们的财富可能会被没收。制图官员在工作的时候，每走一步都必须小心谨慎。麦卡锡本人在他的日记中多次抱怨道，由于当地官员的阻碍，他的工作比预估的要困难得多。当他们进行勘测时，当地民众不愿进行这项工作，汕的兄弟为此被杀。[26]然而，转变正在发生，正如1895年麦卡锡在暹罗职业生涯成功结束时所记录的，他回忆了自己早年在暹罗所遭遇到的情况："勘测被认为是对国家的管理没什么用处的，人们认为它更多地服务于一个未来入侵者的意图，而 119
不是为了这个国家的合法所有者。但现在到了这种意识终结的时候了，这就为这项工作奠定了更好的基础。"[27]

对于身处曼谷的统治者而言，制图的角色已经得到了迅速拓展。它像道路、电力、电报以及铁路一样，成为暹罗必不可少的东西。第一个制图官员团体早在1875年就建立起来，并从暹罗首个西式军团——皇家卫队那里选取了大约五十人。它被称为"皇家卫队的军事工程师"（Military Engineers of the Royal Bodyguard），受阿拉巴斯特指挥。[28]但他们当中只有少数一些人完成了培训，计划也被终止，后来麦卡锡接手这项工作，并在1881年重启培训计划。

在1882年，丹隆提议建立首座制图学校，以培训官员担任西方技术

专家的助手。这所学校根据需求限制招生，而他们中的大多数是高级政府官员的后代。在这所学校所提供的课程中，既有西方数学和天文学，也有复杂科学仪器的使用。学生还学习坐标计算以及一些其他的地形学测算。[29]事实上，这所学校是当时暹罗少数几所西式学校之一，而且也是唯一一所由暹罗政府管理的学校，提供英语及西方科学知识的强化学习，因为这种知识对工作而言是必需的。但可能由于它是一所为专门目的提供培训的学校，而不是一座从事普通教育的学校，因此关于泰国现代教育的研究几乎没有提及过这一机构。[30]

三年之后的1885年，皇家测量局成立了。这一部门负责政府所有的测量、规划以及制图项目。[31]在暹罗，制图不再是一种外国技术。

地图对“我们”空间的塑造

帕耶玛哈阿玛（汕）曾经说过，当他在1892年进入内政部时，他坚信他的上司只知道边疆城镇的名字，但无法在地图上将它们的方位标示出来。他进一步指出，或许他们并不怎么关心边境问题。[32]这种回忆有所夸大，因为边境问题在1892年曼谷政权的议程上已经十分重要，而边疆城镇的地图也为当时的大批统治者所知。尽管如此，这种言辞
120 表明，他已经意识到出现了时代的转变，人们曾经只知道边疆城镇的名字，现在可以通过地图认识这些城镇。这种转变发生在一个相当短的时期：19世纪的最后二十年。

在被三角测量的请求吓破胆数年之后，暹罗制图的需求迅速增长。然而，从19世纪80年代中期开始，主要的动因并不是基础设施建设，而是之前所提到的新的省区行政体系的需求。正如我们从麦卡锡1882至1883年的作品中所见到的，在暹罗的一个城镇和兰那之间存在边界问

题，在北大年这一南部的朝贡国以及霹雳这一英国力量控制之下的地区之间存在另一个边界问题。事实上，整个国家开始从统治者的传统等级关系向以领土为基础的新型管理体制转变。

既存的省级管理体系是建立在曼谷贵族控制下的地方统治者之间的领主等级网络，在这种体系下，小城镇在争端之后，通常会请求从对一个领主的依附转向对另一位领主的依附。新的领主可能是一个并不与其毗邻的城镇的统治者。一个地区领主的控制范围可能是不连续的。[33]因此，城镇的名称可能被人所知，但在大多数情况下，曼谷当局对于每个地方中心的控制范围并不清楚。就像拉玛三世朝廷让英国人询问当地居民关于边界的情况，蒙固朝廷与边疆各城镇间就特定地区的边界问题的通讯表明，朝廷并不清楚它的领土统治范围究竟有多大。

在兰那和湄公河沿岸地区主要朝贡国中进行的大部分改革，不仅强化了曼谷的控制，而且还对大大小小城镇的管理进行了重组。曼谷官员发现，一大主要问题在于领主的土地划分十分混乱。解决办法是进行领土再划分，将一些城镇从一个领主转到另一个领主那里，并取消一些城镇。基于新的地理学意识，曼谷在管理每一个重新划分的省份时引进了两项必备的措施，即绘制地图和户口登记。[34]

这种改革表明了暹罗统治观念上的戏剧性转变。这一政权首次试图弄清楚在领土的意义上构成统治地域的具体单位。毫无疑问，这是关于制图的现代地理学话语所创造出的新视野的结果。制图既是一种认知范式，也是一种新管理体系的实践手段。它需要对空间加以重新组织和重新划分，以适应以领土为基础的行政权力的新的实践。新体系的名称省府制真实地反映出了这些转变。但是，再划分的同时，暹罗和法国开始了对湄公河地区的争夺。在这种情况下，朱拉隆功明确地 121
表明，他希望将边境地区加以重组并制图，以作为对抗法国人的一种手段。[35]那个地区的正式变革开始得相当晚，一直要到1890年才开始，但实际上改革早就开始了。

引人注目的是，从暹罗制图的早期时代开始，暹罗就希望通过制图将佬人地区整合到暹罗统治范围当中。在1884年初，一位暹罗亲王建议，朝廷应该委派一个由调查员和制图官员组成的团队，绘制一幅紧邻东京和安南的上湄公河流域的地图。麦卡锡自己曾警告说，这些地区边境上的麻烦迫在眉睫，因此十分需要绘制地图。[36]当然，制图跟镇压贺人没什么关系，但暹罗统治者意识到，它是处理边界问题的一种强有力的工具。

在1884年1至7月间，曼谷军队在历史上首次配合由麦卡锡亲自率领的制图官员团队，对琅勃拉邦和万象周边的领土进行调查。[37]从那时起直到1893年年中，暹罗所谓征讨贺人的远征军常常有调查员和制图技术专家随行。而且，地图绘制是每次远征中的一项主要任务。朱拉隆功在1885年对暹罗军队发布的指令中讲得非常直白："国王想要了解在他主权控制之下所有地方的情况……有鉴于此，他已经任命了一支由地图绘制官员组成的队伍，对所有聚居地进行调查并获取准确信息。因此，所有指挥官和主事官员都必须协助这些地图绘制官员完成他们的使命。"[38]在这里，了解就意味着从地理学上加以了解。素拉萨门迪对剿除贺人战争的描述不仅包括他对众多聚居地、民众特征的描述，还包括他试图用多种参照方法确定各地区的确切方位的经历。很明显，随着军队的推进，地图也得以绘制；随后这些地图不时被送往曼谷。[39]

暹罗似乎期望制图能够成为处理所有边界问题时一锤定音的工具。也就是说，通过地图绘制，边缘的模糊性得以消除，而清晰划定的暹罗王国得以显现。他们不再觉得制图技术是外来的或是值得怀疑的。显然，他们意识到，要跟法国人的主张针锋相对的话，现代地理学是西方能够听懂的唯一一种地理学语言，而且只有一幅现代地图才能作为论据。在王朝的早些年里，制图在朝廷是让人吓破胆的东西。如今，它成为了一种决定和建立暹罗地缘机体不可或缺的技术。

然而，所有关于制图的行动也表明，直到那时候，暹罗手里还没有 122
任何此类证据证明其领土主张。要在少数几次探访之后快速完成这一艰巨的任务是难以想象的；但是，暹罗统治者是否意识到这种技术需要是很难弄清楚的。或者正如一位历史学家所评论的那样，暹罗精英高估了他们的军事能力，缺乏实际的准备，他们对制图的准备也是如此。[40]他们想在战场上使用地图，同时也想在谈判桌上使用地图，来维护他们的领土主张。但是，在1893年危机爆发之前，他们甚至连一幅关于边疆地区边界的地图都没有完成。

1884年的调查是暹罗组织的首个此类项目（除了都萨的探险，那场探险的结果没人知道），而且也是首次由欧洲人承担。尽管从19世纪60年代开始，大量法国探险家进入这一地区，但并没有得出满意的结果，更不用说绘制这一地区的科学地图了。然而，调查团几乎每一位队员都得了重病，一位英国技术员甚至为此丢了性命，于是1884年的调查以失败告终。[41]在接下来的几年时间里，从10或11月一直到来年5月，边疆调查在每个旱季都定期展开。到1887年初，制图官员已经到达勐天、西双楚泰、华潘、普安以及其他一些小酋邦。但那些年完成的项目仅仅是地形学勘测。

地图绘制中的交锋：释放出的一种致命武器

暹罗并不是唯一进行地图绘制的国家。法国探险家在这个地区已经活动了数十年。他们坚信，湄公河可以成为一条进入神秘富饶的中国南部的通道。亨利·穆奥(Henri Mouhot)在1860至1861年首先抵达琅勃拉邦,但疾病夺去了他的生命,没能让他走得更远。[42]特拉格来(Doudart de Lagrée)和安邺在1866至1868年间相继到来,他们是通过真正调查而绘制湄公河国家地图的首批欧洲人。[43]19世纪70和80年代与暹罗争端中的法国主要代表人物是奥古斯特·帕维。他在1878至1879年受雇于暹罗政府,负责一个电报项目,在接下来的十年时间里,他和一支法国探险队为法属印度支那政府探查老挝北部地区。

1886年,帕维代表法国政府请求获得暹罗允准,在琅勃拉邦建立一座领事馆。朱拉隆功认为,建立领馆并不是为了保护法国属民,因为在当时,他们在老挝的数量并不多。其目的明显是为了在当地绘制地
123 图。[44]尽管建立领事馆的提议被否决了,但帕维还是继续工作,他常常在暹罗军队保护之下穿行于这片区域。帕维和他的调查团队在其他军队面前代表法国的利益。他的制图项目成为法国殖民力量的急先锋,而且还是新技术力量的另一种标志。

暹罗当然感觉到了帕维行动带来的威胁。在帕维的记述和日记中,他多次告诉我们,他受到暹罗官员的妨碍或阻挠。尽管这些抱怨有所夸大,以凸显他在最终成就上的价值,但这些事似乎在某种程度上都是真的。某些障碍确实来自暹罗方面,暹罗公开允许这些行为,认为它们是符合暹罗利益的必要措施——例如,1888年,在帕维进行调查之前,暹罗屡次要求法国承认其对于琅勃拉邦的权利。暹罗还派出大批官员全程监视帕维的行动。而在帕维看来,曼谷当局还设置了一些其他的手段,来阻挠他的调查。每一次阻碍都会耽误数日。[45]帕维抱怨道,他时不时地被这些人打扰。他们并没有理解他的工作,而且对他醉心于收集昆虫、花卉和古代碑铭甚表怀疑。当然,暹罗人还对帕维在当地传统和摄影上的兴趣十分猜忌。他告诉我们,有一次,他随口说道:

“因为你们打扰我，我感到十分伤心……这对你们也没有好处……我只能请求你们帮帮我，向我指明我们共同的那些边界……［城镇的名称］。”[46]但是，在早年没有法国军队保驾护航时，帕维只能全程仰赖暹罗人提供保护、给养并进行相关准备。因此他无法避免暹罗的干预。但没人能向他指明他所要看到的东西：边界。

毫不奇怪的是，暹罗的制图官员立刻推进了他们的调查，并试图尽可能在更大范围内更迅速地划出暹罗所宣称拥有的那些地区。麦卡锡曾经一度向国王请求前往那些军队尚未到达的地区，但因占领地区的行政工作而延迟。麦卡锡满腔热忱地认为，他可以向当地民众询问关于这些城镇的历史，以便决定他应该将边界确定在哪里并绘制成地图。“之后，我们可以知道我们生活的究竟是哪块地方”，他在给国王的信中这样写道。国王或许也十分热心地表扬了他，但警告说：“似乎［麦卡锡］要自行决定边界的走向。”[47]不管是有意还是无意，那恰恰是麦卡锡正在做的事情。他意识到了制图的力量。有一次，他告诉当地统治者和军阀，国王派他来对这一地区进行调查，“以便在外围城镇的民众更 124
清楚泰国领土拓展到哪些地点”。[48]

最终，法国军队到来了。在1888年的勐天冲突当中，双方都要求对方撤退，而且还进一步试图向对方占领的领土派遣调查员。素拉萨门迪报道称，帕维声称他绘制的西双楚泰地图足以决定边界，而且不再需要暹罗调查员进入该地区。[49]帕维报道称，素拉萨门迪在1887和1888年两次试图说服他使用暹罗制作的地图，当然，这些地图表现的是延伸至上湄公河流域之外的暹罗王国疆域。[50]双方都声称对领土的权利，并提议用他们各自的地图作为谈判的基础，但他们都暗示自己的地图还没有完成，因此还需要进行更多的调查。最终，虽然军情紧急，但是他们承认各自的地图只是初步的。为了预计在曼谷举行的谈判，他们允许对方在自己占领的领土内继续他们的调查工作。

暹罗和法国在调查和制图方面进行竞争的同时，湄公河流域也出现了政治混乱。对于暹罗来说，从1884年起为绘制边界地图进行的调查可总结如下：

1884年：对琅勃拉邦、西双楚泰、华潘和普安周边的东北边疆进行地形学调查

1884至1885年：经一条不同的路线从难抵达琅勃拉邦，并对琅勃拉邦周边的国家进行地形学调查

1885至1886年：前往琅勃拉邦，但由于军队未能及时赶到，因此未能开展任何工作

1886至1887年：前往清迈、琅勃拉邦以及勐天，并进行军事和行政目的的调查

1887至1889年：为曼谷—清迈铁路进行调查勘测

1890至1891年：为暹罗与缅甸之间边疆上的边界绘制地图

1891年：为配合英属印度东部边疆的三角测量体系，在北部边疆进行三角测量；对西北边疆进行调查勘测，并完成这一地区的边界地图

1892至1893年：从兰那西北和北部向东穿越琅勃拉邦和东北地区到达琅勃拉邦南部，进行三角测量工作[51]

所谓的1887年麦卡锡地图在支持暹罗主张方面提供了关键证据——既在当时情况下，也在当今历史学家的回顾当中。[52]该地图在1893年危机前六年绘制，如今在泰国被认为是第一幅现代暹罗地图。研究法国—暹罗冲突的泰国历史学家通常参照的是寇松一篇文章中描

绘的这幅地图，而没有看过最初的地图。寇松勋爵，这位英国政坛上的 125
著名殖民主义者、地理学家以及后来英属印度的总督，所写的那篇文章发表于1893年7月，主要探讨的是法国侵入印度支那所造成的英国政策转变。他的地图展现了暹罗与越南之间边界的三幅拟议地图：一幅是1887年麦卡锡绘制的，其他两幅分别是法国探险家在1866至1868年和1892年绘制的。他对两幅法国地图提出了挑战，指出了这些地图的不可靠之处以及数据的混乱不清。但奇怪的是，他对麦卡锡地图不置一词。[53]

1985年，泰国皇家测量局复制了一幅名为詹姆斯·麦卡锡《1887年暹罗及其附属国地图》的地图。然而，它肯定不是1887年麦卡锡地图，因为该地图所表现的是1893年与法国签订协议之后的暹罗边界，而且在事实上，图中一些省份的名称直到1899年才出现（有一个名称直到1906年才出现）。[54]从1884至1887年，麦卡锡进行了两次成功的和两次失败的季度调查，全都是在琅勃拉邦和西双楚泰之间的上湄公河流域。所有的调查都是地形学勘测。而真正的行动，即连接西部边境的一次三角测量，直到1890至1891年那个季度才开始。麦卡锡大约在1887年回到英国，在这一年11月他向享有盛誉的皇家地理学会（Royal Geographic Society）就他在暹罗的调查做了一次演讲。事实上，这一地图是在1888年印制的，而不是在1887年。[55]

最初的地图跟寇松文章中的一幅很相似。它涵盖了整个暹罗王国，重点在于湄公河地区。一条被认为是边界的彩色线条从清坎（位于如今的缅甸—老挝边境）划到黑河，穿越了西双楚泰、整个华潘和普安，随后南下，沿着与海岸线平行的山区，到达北纬13度线，随后又向西与在马德望已经商定的边界汇合。正如它所表明的，这是一种地图的表现形式，体现了暹罗精英想要在一幅地图上见到暹罗的期望和决心。

跟所有其他假定的边界一样，这些边界是在新的空间代码下对模糊的领土边缘的解释，麦卡锡的地图只不过是另一种空间推测和他所想的编码而已。

126 另一方面，帕维在他的书中数次提到边界尚未被划定。他代表法国人提出领土要求，但他也意识到那里还没有边界。在他书中出现的大多数地图没有标示边界，除了一小段蒙固特使和巴黎在1867年协商达成的暹罗与柬埔寨之间的马德望—暹粒边界。没人知道在帕维作品中暹罗与法属印度支那之间的边界线的缺失是巧妙安排的结果——将这一问题留到其他的要求当中——还是由于他的科学古板使他无法在尚未完成划界的情况下指定一条边界线。

暹罗统治者对他们的事业充满信心，他们不仅坚信他们的历史权利，而且过度自信他们的军事实力或制图，或者两者兼有，但他们想要避免冲突。朱拉隆功严厉警告称，任何可能导致军事冲突的争端都应该转到曼谷的谈判桌上来。避免此类令人不快的争端的措施之一就是设立一个联合委员会，从1887年开始对边界加以勘测和标定。[56]但委员会的行动没有结果。正如在这种冲突中常见的那样，双方相互指责对方用各种方式破坏委员会的工作以及随后的谈判，但又自称坚决希望和平解决问题。[57]

地图与军事力量之间的关系值得关注。军队的期望是要独占领土，并为之绘制地图。在实际的操作中，军队的行动是在这些地区的初步地图的计划和指导下展开的。[58]正像麦卡锡的请求所表现的那样，有时候制图会比军队领先一步；军事行动随后展开，将地图中对这些地区的设想转变为现实。制图是征服行动的先锋。然而，由于双方势力范围从未被确定，而且实际上是重合的，因此一条现代边界可能会被划在那些边缘地区的任何地方。因此，一条假定的边界就只是一种推测，由于双方立场不同，所以双方的假想可以说谈不上什么对错。在实际操作中，一方对某个地区进行的勘测往往与军事行动相伴而行。军事决定了领土主权的范围，并提供了制图能够进行下去的保障，而不是相反。军队决定了空间。地图绘制为这种空间提供了证明。离开了军事力量，单靠地图绘制是不足以声索一个合法空间的。但是，军事的合法性常常通过地图加以证明。制图和军事相互促进，成为一套对空间行使权力的技术，划定并创造了暹罗的地缘机体。

在这种过程中，制图者与军事行动之间的关系更为明显。詹姆斯·F.麦卡锡不仅仅是一个调查员和技术专家。从1884年在湄公河地区的行动起，作为一个最熟悉当地情况的人，他被牵扯进大量战略与行动计划当中。他通过研究敏锐地指出，如果暹罗军队集中于普安地区并将清坎这一普安中心作为司令部，将会有效地控制整个普安和华潘
127
高原。1885至1888年成功的军事行动大体上是按照他的建议进行的。在整个行动中，麦卡锡在调查后所做的报告在战场和曼谷都扮演了重要角色。地理学为他提供了建议占领某些特定城镇的权威。拜麦卡锡所赐，地理学让暹罗军队知道应在何处建立起边境管控和边界标志。正是麦卡锡在1887年草绘了行动地图和暹罗边界地图，从而支持了暹罗的领土主张及其军事行动。[59]

到1893年，形势十分紧张。在双方的制图官员进行工作的时候，边境沿线爆发了零星小冲突。从1890到1893年，麦卡锡率领调查队从兰那西部和北部开始进行三角测量，并最终向东穿过老挝，而没有像往常一样回到曼谷，直到1893年7月河口危机爆发。这项持续性的计划试图为暹罗和英属缅甸之间的边界绘制地图，并从那里往东进行三角测量，通过难、琅勃拉邦、普安、占巴塞（Champasak）以及乌汶（Ubon），最终在马德望的既有边界线那里汇合。然而，这项工作因为

突如其来的危机而受阻，只测量了计划中的大约一半地区。[60]当法国封锁湄南河的消息传来的时候，麦卡锡正在一座山上，来自曼谷的急电命令他马上回到曼谷。在山上的制图工作正在进行中，又得接着处理河上的事情。地缘机体正在纸面上被创造出来。暹罗的新生命即将开始。

第七章 128

地缘机体

有边界的暹罗地图在1893年的河口危机之后首次出现。颇具讽刺性的是，这最终是英国、法国以及暹罗之间合作的产物。1893年，只有暹罗与缅甸之间的西境边界与地图得以完成。对于所有其他边境，除了位于马德望的一小段边界以及吉打和霹雳之间的边界之外，都只有地形学勘测与草图。因此，所有数据以及由暹罗和法国制图官员所进行的工作都有英国人的协助。1897年，两幅地图被暹罗制作出来。第一幅在英国出版。[1]另一幅地图则以《1897年暹罗边界地图》(*Phaenthi phraratcha-anakhet sayam r.s. 116*)为名在加尔各答出版，这幅地图由名为颂和白的两名泰国官员绘制。[2]这两幅地图都清楚地标明：当暹罗的勘测有缺失时，英国人和法国人所绘制的地图则被复制用来填补缺失的部分。在实践上和符号上，暹罗获得了其最初的地缘机体，而这至少在部分程度上是被西方力量所灌注和形塑出来的。

奥古斯特・帕维在1902年出版了一幅地区细节图。他的地图被认为是当时最可靠和最详尽的地图，主要是一部表现自然特征细节的地形学地图。这一地图在所有边疆上都没有标示出边界线，除了区分暹罗和英属缅甸的边界线，而这条边界线可能是从1890至1891年间麦卡锡和英国人绘制的地图上复制过来的。在湄公河地区还没有边界。

暹罗跟英国和法国在1893、1899、1902、1904和1907年签署的一些协定以及制图技术方法的改进使暹罗的地缘机体被屡次重塑。暹罗和这两大强权建立起一些委员会，来确定边界，并用各自的专门地图就各方边界事宜签署一些细节性的协议。[3]颇具讽刺意味的是，
129 在很长的一段时间里，帕维的地图成为暹罗后来所有地图的权威。而在瓦栖拉兀（即拉玛六世，1910—1925在位）执政的这一所谓的民族主义风行时期，1909年新版的帕维地图被复制为暹罗的官方地图。[4]

地缘机体的出现：制图的胜利

暹罗和法国之间就湄公河上游地区以及整个佬人地区的争端究竟是暹罗领土的损失还是收获，这取决于个人的立场。但是，这标志着暹罗地缘机体的出现。而且最终的失败者事实上并不是暹罗。失败者是位于暹罗和法国军队进军路线上的那些小酋邦。它们不仅被征服（这并不是它们的独特命运），而且被转变为新的主权与边界观念所决定的新政治空间的组成部分。另一个最终失败者是政治空间的本土知识。现代地理学将其取而代之，制图的体制成为霸权。

正是现代地理学的这种胜利消除了那些小酋邦数百年来维持存在的可能性，让这种机会一去不复返。换句话说，现代的制图话语是最终的征服者。它的权力是通过那些代表各国主张的主要代理者的行动而

展现的。新的地理学知识是隐含在构思、规划以及创造新实体的每一步背后的推动力。

从一开始，它就是一种新知识，一种新的地理学“语言”，它产生新信息，构思关于暹罗领土的新意识。它成为思考、想象以及规划所期望领土的新框架；成为讨论暹罗的有效语言。但是，由于暹罗地缘机体在现实中还不存在，所以新地理学是一种暹罗地缘机体的想象。它所需要的东西——新型的边界、主权和边缘——在不同的时间与地点，以不同的方式得以形成。当所涉及的各方都假定了关于国家的新观念的时候，暹罗疆域的草图与框架甚至会在真实的勘测进行之前就被勾画出来。各方都预想、期望暹罗的地缘机体的出现。但是，对它的预期内容被创造出来的形式是多种多样的。两大欧洲强权的帝国主义观念和暹罗皇室的霸权野心彼此相互冲突。

因此，制图就不再仅仅是表现空间的一种观念工具。它成为实现
人们对地球表面的设想的一种决定性工具。制图不仅成为实现新的 130
管理机制和军事目的的一种必要手段（其功能似乎是适度的而且仅仅是辅助的），而且，制图话语也是行政体系和军事操作得以进行的范式。换句话说，制图将这两种操作都转变为自身的机制，从而实现自身的设想，去将其“阐明的东西”具体化。它将所有国家的人类，不管那些民众的行为是英雄般的还是野蛮的，是光荣的还是有辱身份的，都变成其代理人，使图绘的空间成为现实。暹罗被定了界，其地缘机体产生了。制图创造出了一个新的暹罗——这是一个新的整体，其地缘机体在之前从未存在过。

交往理论和常识都告诉我们，一幅地图是对真实的一种科学抽象。一幅地图仅仅是对已经客观存在的一些事物的再现。但是，在地缘机体的历史上，这种关系是相反的。一幅地图预示了一种空间真实，而不

是相反。换句话说，一幅地图并不是按照某物创造的模型，而是创造某物时参照的模型。地图并不是人类和空间之间的一种通透媒介，它是一种主动的中介。在暹罗的例子中，国家地图的所有必要条件在前现代暹罗并没有齐备，因此就必须被创造出来以满足一幅地图的需要。其后果就是，在每一幅声索者绘制的地图中表现出了相互竞争的设想。或许人们没有意识到，制图的体制并不是被动地反映暹罗。而毋宁说，它已经在我们的头脑中和地球上将“暹罗”主动地构造了出来。

事实上，一幅地图及其期望客体之间的模糊关系——以及逆向关系的可能性——可以在地理学概念本身的模糊性中找到。在英语中的“地理学”，以及泰语中的phumisat，指的是对一个空间客体以及对此客体本身的知识或研究。在两种概念之间的模糊与复杂关系表明了，一个客体能够成为关于它的知识想要它成为的那种样子。当然，我们可能会对其他学科及其客体（研究主体）之间的关系表示质疑，尤其是那些用相同术语指代双重意识的学科，例如历史。

在传统的历史中，现代暹罗的形成经常被看成是暹罗精英所进行的改革和现代化的产物。暹罗的疆域是通过“内部”机制，将原先分裂的单位合并起来的“国家整合”（national integration）的产物。西方是威胁到暹罗生存，并“将其机体的部分”加以肢解的一种“外部”力量。暹罗更多的是受害者，而西方则是残酷的。然而，在地缘机体的历史中，对其他自治体的吞并是通过新的行政管理机制和军队雄心勃勃且咄咄逼人地执行的。但是总的说来，它们只是在地球表面上划定暹罗
131 地缘机体的尝试的一面。它们是对“我们”空间范围的积极认同。

暹罗地缘机体出现的另一面是帝国主义者对“他者”空间的塑造。通过外交和军事征服，它们确定了自己的殖民地的统治范围，从而将暹罗统治空间的界线加以限定。暹罗周边的他者也在相同的过程中被具

体化和限定。将暹罗从其他地方区分开来的并不是语言、文化或者宗教，因为一些之前的“外国”朝贡国也曾是暹罗统治范围的一部分。暹罗其实是直接殖民统治所遗留下来的空间。暹罗就是在这中间的那部分空间。这是暹罗地缘机体的一种被动认同。暹罗是将其领土割让给了帝国主义者，还是只是在扩张主义竞争中失败，这个问题见仁见智。但是无可争议的事实是：殖民力量帮助塑造了如今暹罗的地缘机体。

暹罗地缘机体的出现并不是从本土政治空间向现代政治空间的一种逐步演进。它是在不同时刻经由外国力量以及暹罗本身由后者对前者的替代。从战略上看，新的话语威胁、动摇或者仅仅使既存话语变得模糊不清，进而取而代之。暹罗地缘机体的出现是现代地理学和制图技术霸权的成果。它是一种现象，某个人类空间被用一种方式而不是另一种方式加以划定。只要划定它的知识仍然维持霸权，这种现象就会持续下去。一个国家的地缘机体不仅是一种现代的创造；而且，如果我们将历史放到地球和人类的长时段来看的话，它也是短暂的。还存在着关于空间的其他知识，不管是残存的还是新兴的，它们跟地缘机体相对抗。地缘机体的存在总在遭到挑战。

地缘机体的授权

在现代，对国家感的崇拜十分难以理解，需要加以阐释。罗伯特·萨克认为，人们倾向于将领土性视作一种自然的存在，作为他们在情感和精神上所归属的地方。[5]安德森最近试着将之归为一个国家与自然之间的关系。他认为通过把国家塑造成自然的，人们自然就会产生对某种共同认同的归属感，因此国家感就是神圣而具有吸引力的。[6]

一些早期的欧洲国家的诞生基于语言、族类甚至政治忠诚这些长

132 期的共同特征。这些特征被认为是认同当中最为本质的部分。一个共同体的边界因此就是自然的。但是,仍然存在一个无法否认的事实:每一条边界都是人造的。所有边界都是被规定下来的,而不是自然就有的,虽然有些边界可能被看作是更为自然的。[7]

划定边界有各种方法,诸如一条山脉、河流或者分水岭等自然特征,或者坐标计算(就像一些非洲国家的情况),或者地图上的一条相当武断的线条(就像造成数千人伤亡的印巴问题),或者是道路、围栏、标杆或者城墙的建造等等,不一而足。然而,问题仍然没有解决:地缘机体这样的人造物是如何变得自然的?

暹罗最早一部地理学教科书的入门课程讲述了一种知识教化的策略;从某种意义上说,这种策略有助于将地缘机体自然化。在这里,叔叔告诉两个孩子:

> 叔叔:你们已经知道地球是球形的,但你们知道地球如何划分吗?
>
> 春:地球上四分之三是水域,四分之一是陆地。
>
> 叔叔:是的。但是陆地怎么划分呢?
>
> 冲:划分为大洲。
>
> 叔叔:一个大洲能再做划分么?
>
> 春和冲:不能。
>
> 叔叔:我们的地球能够被划分为称为大洲的各大部分,而各个大洲又可以被划分为国家(prathet)。各个国家是完全不同的。中国是大国;暹罗是一个小国。[8]

关于地球表面的这节课十分简单,却意义重大。最令人吃惊的是地理学分类(国家和自然特征)的混杂。国家成为像陆地和海洋那样的地表自然组成部分。它们之间的唯一区别就是大小不同而已。在先前所提到的大多数暹罗早期地理学书籍甚至当今的大多数地理学著作中，都能够找到类似的描述。范戴克的书，作为一部简单的国家地图集，从地表状况开始，随后将地表划分为各大洲上的国家，而没有对自然特征加以描述。或许我们这一代的每个人都经历过这种类型的地理学学习，在这过程中，我们会将国家的观念与自然特征归为一类。然而，值得注意的是，在暹罗的事例中，最早一批书籍当中有一个例外，就是《自然地理学课本》（*Tamra phichika-phumisat*），该书写于1901年，但在1918年才首次出版。这本书对地球表面自然特征的描述是从大气层一直到地核，没有包括国家。[9]

从字面上看，地缘机体的自然化易如反掌，因为其物质基础就是地表。它所表现的东西，包括诸如phumisat和prathet这样的术语，都参照 133
于并扎根于地球或土地之上。对于大多数东南亚文化而言，土地是人类形成和文明发展的一个关键因素。人类的母亲有时是那伽，有时是地狱之蛇，有时是土地（故土）之神。祖国的意识确实以各种形式深深扎根于每一种文化当中。在前现代时期，故土或者祖国可能是被寺院、自然界限所标示出来的土地，可能是共享着相同的起源神话的部落或氏族故土，可能是具有相同最高领主的范围。在我们的时代，祖国是通过地缘机体表现出来的。地缘机体是人们所挚爱的祖国或共同家园的新的客体化，并反过来要求人类原本交给故土的忠诚。正如故土是对公共性的一种认同，地缘机体也是对公共性的一种认同，像故土一样具有实际大小。地缘机体不仅被自然化了，而且还经由故土获得了克利福德·格尔茨所称的原生情感。[10]

然而，自然性并不是地缘机体创造对于某一群体的归属感的唯一策略性话语。在不同的文化之间，故土或土地的意义可能相差甚远，也可能会存在公共认同的其他媒介。地缘机体跟其他公共认同相关联，因此能够成为一个国家部落的强大图腾。它那催生崇拜的力量并不仅仅仰赖于其"自然性"。这种力量还来自它跟其他图腾的关联，尤其是跟本土或传统图腾的联系。暹罗事例中的一个突出例证就是地缘机体与王权之间的关系。

在东南亚一些前现代社会当中，一个王国或国家被看成是神圣王权的一种拓展。因此，它是神圣权力的一种人格化。但是，王国并不是一个有界限的、有领土的国家。正如谢利·埃林顿考察布吉社会时所指出的，王权的机体并不仅仅是一种生物机体。它是一种整体环境，其中包括其追随者以及王国内部的下级统治者。[11]孟人关于王国的概念与此类似，他们认为王国是王子与当地神灵的同盟。在暹罗的事例中，王权机体也不仅仅是生物机体。《罗摩衍那》(*Ramayana*)的泰文版《拉玛坚》(*Ramakian*)据称是曼谷王朝国王拉玛一世(1782—1809在位)写成的，其中一段说道：

> 所有城市都是机体，
> 国王就是头脑，
> 是机体的头领。[12]

134 国家或王国常常被表现为皇家的财产，例如phraratcha-anakhet(皇家的领域)或phraratcha-anachak(皇家的王国)。这意味着领土并不是世俗的；它是皇家机体的一个组成部分。当地缘机体替代了前现代的、没有界限的、等级化的王国，皇家机体就以另一种方式展现出来。但它在很大程度上仍然是皇家机体。随着1893年危机的结束，国王深感悲痛。然而，他最终恢复了过来，根据一位朝臣的说法，他已经找到了慰藉自己的一个好借口:“在phraratcha-anachak边境地区失去那些我们无法顾及的边缘区域,就像是我们失去指尖一样。这些地方离我们的心脏与躯干很远,而心脏和躯干才是我们必须全力保护的。”[13]符号学的作用总是一种双向交换。因此,皇家的王国就具有了一种新的体现。国王的广大机体如今成了蓝色星球上的一小块拼图,而不再是整个宇宙的中心或者印度教—佛教宇宙学中的南方大陆。但是,正是在那种符号学转变中,皇权的神圣也同时被转到了地缘机体之中。

或许,最显著的符号学连结和转变是chat或“民族”本身的概念。从词源学上说,chat、cha-ti、cha-ta是指在族类、时间或社会上具有共同起源的个人或群体。在布拉德利1873年的泰语词典中,chat仍然是这个意思。因此他关于该词的例子就包括chatna(来生)、chatthai(生来就是泰人)、chatphrai(生来就是农奴)、chatkasat(生来就是国王)以及chatma(出身或者行为像一条狗),最后这个词甚至直到今天还是著名的骂人话。关于“族类”的词汇在泰语中如今是chatphan。而cha-ta仍然维持着其最初的意思,即一个人的出生。大概在19世纪末,chat的意义发生了显著的变化。

两位学者利用安德森关于官方民族主义的观点对这种转变进行了研究。[14]他们基本上解释了当时的暹罗国家如何从chat这一传统观念之中培养出了一个“民族”的意识。他们还无意间表现出了新出现的地缘机体的力量所形成的符号学转变和连结。

从前,要讨论国家或被治理的空间单位,其术语是muang或banmuang,在字面上分别指村庄或乡村。尽管banmuang具有空间的含义,但并不是从空间上加以定义的。这是一个指称国家或王朝统治区域的通用术语。Chat完全没有跟某个空间相关的语义;它所指称的是起源的共同性。只是在19世纪末出现的一次微小转变之后,chat才开

始指共享一种文化共同性的民众，尤其是处于相同君主治下的人民的
135 共同体。不管是chat还是banmuang，因此都指代一种由皇家权威所定义的共同的文化和地理共同体。地缘机体因此提供了这一共同体的王国领域的新的空间定义。正如先前所提到的，它来源于现代地理学，来源于之前指称一种非特殊空间单位的词语prathet。一种符号学连结由此发生，在这过程中，共同起源、文化共同性、故土以及皇家尊严等存在于banmuang和chat这两个术语当中的权力与价值，与地缘机体的权力与价值相交融，进而相互转换。这种连结的交会点正出现在chat和prathet这两个术语上。Chat一词的根基在于一种共同认同意识，而prathet的根基则是空间，这两个词成为同义词；各方都为对方赋予意义和价值。实际上，人们因此常常用一个词来表达它们：prathetchat或chatprathet。[15]这些词汇是将传统价值与现代具体表现结合起来的一种小心翼翼的发明。

地缘机体观念与其他公共认同的连结形成了地缘机体更为宽广也更为复杂的意义。一旦其意义拓展，超越了领土性的范围，它就会获得强有力的价值，渐渐渗入到故土、chat以及皇家权力范围的意识当中。它如今所表现的不仅是领土，而且是人们所从属的有机共同体。很明显，地缘机体那催生崇拜的力量不仅由于它人造的自然性，而且在于它跟其他强大话语的交流，尤其是通过转化传统价值，加强它的存在。其生命力是非常惊人的。

超越领土与地理学

然而，作为一种意义与价值的双向交流，当地缘机体获得额外的意义与价值的时候，它也成为推动其他话语意义发生转变的一种力

量。同样，一个很好的例证就是地缘机体与王权之间的关系。一个特别的例子就是ekkarat和itsaraphap的观念。如今，这两个术语都是“独立”的同义词。一个ekkarat国家就指一个独立国家，ekkarat的丧失就意味着成为殖民地。然而，在19世纪编纂的所有泰语词典中，ekkarat和itsaraphap从来没有指“独立”。例如，在帕勒古瓦1854年词典（泰语—英语—拉丁语）中：[16]

ekkara：上级；不惧怕其他人的人；大胆的，高傲的
ekkaraat：国王，位于其他人之上的人
itsaraat：国王，位于其他人之上的人
itsaraaphaap：最高权威
itsaaraphaap：拥有最高权威 136
itsara, itsaro：第一，优秀，对其他人的霸权

或者，在布拉德利1873年词典（泰语—泰语）中：[17]

ekkara：大胆、高傲的人
ekkarat：一位国王
itsaro, itsara：像国王那样具有对他人霸权的人
（在这本词典中没有itsaraphap这个词）

或者，在坤巴硕阿克索尼1981年词典（泰语—泰语）中：[18]

ekkarat：一个prathet中的国王
itson, itsara, isuan：国王、神灵

在史密斯1899年的英泰词典中，跟“隶属”（dependence）或“附属”（dependency）这些词汇最接近的术语是muangkhun。[19]当然，这一术语所指称的与其说是殖民地，不如说是宗主权的等级关系。关于“独立”，史密斯没有找到专门的泰语词汇，他将之解释为“不附属于任何一方，也不隶属于任何人，自己当家做主，自由而不受任何人奴役”。[20]

正如这些词典所告诉我们的，那时的ekkarat和itsaraphap所指称的是最高君主——它有两重含义，一是最高，二是不在任何人之下。这两个术语指代的是等级制顶点的状态。例如，在《佛教法令纪事》这一18世纪末由一位僧人用巴利文撰写的佛教文本中，一个ekkarat国王，而不是国家，对于其他国王的itsaraphap甚为嫉妒。[21]另一个例子：在19世纪中叶之前写成的所有皇家记录中都有一个暹罗在16世纪末被击败并成为缅甸朝贡国的故事。后来，缅甸国王怀疑一位泰族王子想要发动反叛。在这里，每一份记录都说，缅甸国王密谋刺杀这位对手，以成为“比其他城市更为伟大的itsaraphap”。Itsaraphap的意思是霸权，而不是独立。缅甸想要获得对暹罗的itsaraphap，而不是暹罗想要从缅甸那里获得itsaraphap。[22]在国王的等级关系中，要说一个朝贡国国王突然想为itsaraphap而战的话，可能是没有意义的，因为他必须花上一段时间才能获得这种霸权。

当语境从等级关系向国际关系转变，而关系的单位成为领土国家的时候，ekkarat的概念就从一个君主国的霸权转变为一个现代国家与其他国家的关系。失去了等级制宗主权，旧有含义已经不再有任何意
137 义。这种转变消除了等级制下的霸权概念，但保留了术语的另一含义，即不附属于任何一方。从20世纪早期开始，ekkarat和itsaraphap的意思已经跟王权没什么关系了。它们被赋予了等同于“独立”的意义。从词源学上来说，随着本土的等级关系观念被替代，这两个术语可能就失

图像7. 瓦栖拉兀时期的卡通画（选自*Dusit samit*）

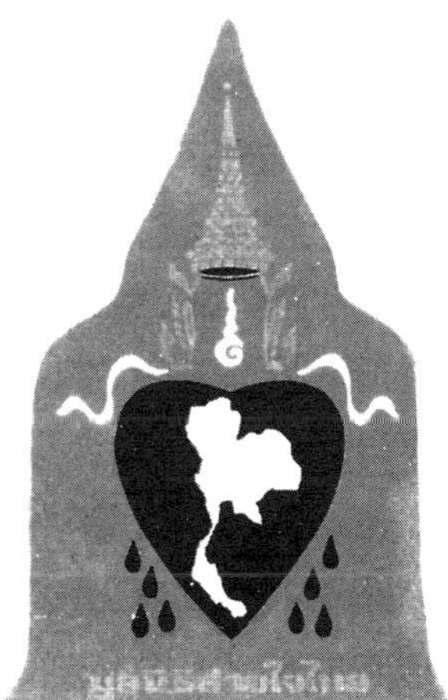

图像8. Saichaithai基金会的标志

去了它们的存在条件。然而，它们与新的地理学观念连结，意义发生了转变，并生存了下来。地缘机体甚至超越了其定义空间的首要任务，而积极主动地参与形塑新观点、新价值和新文化。

类似地，暹罗地图的作用也很主动，它不仅再现暹罗领土，而且还转达其他意义与价值。地图经常被用来表现国家感，来唤醒民族主义、爱国主义或者其他关于民族的信息。图像7表现了暹罗君主的领导将暹罗从缅甸、柬埔寨和越南等仍然需要帮助的国家那里拯救上来。然而，这一卡通画跟赢得瓦栖拉兀首肯的原图稍有不同。在原图中，绳索上挂的并不是一个人，而是暹罗地图。[23]

作为国家感的一种符号，暹罗地图成为各个组织、政治党派、商贸公司以及商标最为流行的标志之一。地图可以用一种特殊符号来表达适当的信息，还可以激起情感影响，因此地图的使用就变得更为重要。图像8是泰国皇室资助的Saichaithai基金会的标志。这一基金会为反抗各种“敌人”、保卫国家时受伤或致残的军人、警察或其他准军事力量成员提供服务。这一基金会的标志由泰国地图、一座宝塔、皇室徽章以及一颗流血的心构成。这一符号确实很有力量；它充满着明确的意义。它是一种经过深思熟虑的组合。这里的地图掌控着它恰当的意义。一个类似的充满意义的标志是乡村子虎团（Village Scout）的标志。这一保皇派群众组织在20世纪70年代后期的泰国政治中十分活跃，尤其是在1976年10月对学生运动的破坏当中。[24]乡村子虎团的关键符号是每个成员所佩戴的深红色围巾。围巾上印着黄色的泰国地图以及在地图上用蓝色书写的“泰”字。

有时候，一幅地图的出现并不怎么重要，因为它并不用来唤起情感影响。例如，在商业用途中，一幅地图可能因为视觉要求而被加以修
138 饰、歪曲或者转变。它看起来可能完全不像是一幅地图。它可能是一

幅国家地图的漫画，被非常随意地使用。想象一下，Saichaithai基金会徽章或乡村子虎团围巾上的庄重地图若被一幅漫画式或歪曲式地图替代的话，会是怎样的情况。它能恰当地传达意义吗？一幅地图的漫画能够唤起民族主义、保皇主义或者其他严肃的情感回应吗？

一幅地图常常被抽离其语境来源，也就是说，脱离地球表面。在一些情况下，地图上并没有地理学教科书中那样的坐标符号或者周边的国家。地图可能是浮动的。此外，地图上可能没有制图符号或任何图例。然而，对于那些熟悉地图的人来说，没有制图图例的浮动地图也能够传递信息。这是因为，上文提到的徽章和宣传中的地图并不是地图。它们不表现国家的领土性。更确切地说，它们是指称一幅国家地图的能指。它们是一幅国家地图的符号。它们指称某个国家的地图，而一个国家的地图蕴含着国家感的意义与价值，因此它们也具有意义与价值，并能够传递相应的信息。换句话说，一个国家的地图就是一种所指。用罗兰·巴特的话来说，它成为一种元符号（metasign）：它已经成为本身就充满意义的符号，无需再指称那个国家的领土性。通过指代那个国家的地图，这些类似地图的符号能够表达由地图所承载的其他意义和价值。而反过来，一个国家的地图在成为元符号后，能够生成跟领土性毫无关系的价值与意义。

此刻，我们可能会意识到地图和空间之间的关系变得更复杂了。我们很难按照其假定的本质将地图限制为一种空间再现。它已经远离了其技术源头，已经无法回到其创造者——制图者那里。它不再属于制图者，制图者已经完全失去了对地图的控制。地图既从客体那里独立，也从人类创造者那里独立，它变成了一种国家话语中的公共财产。

在很多方面，地图有助于人们了解关于国家的知识。作为一种符号，它是一种有效而积极的媒介，通过这种媒介能够塑造出一种地缘机体；作为一种元符号，它本身是一种参照对象，并可以创造出超越其本源的更多意义与价值。它不仅垄断了人们设想国家这一人造宏观空间概念的方法，而且它两方面的角色都让它轻松地控制人们关于民族性的知识，并让国家感成为一种更接近自然的存在。

我们或许可以指出数不清的事例说明，地缘机体和地图作为一种话语、知识、符号、元符号，对意义的生成和观念的转变起到了很大的作
139 用。但是，地缘机体和地图对我们的知识最显著的影响之一是它们形塑我们对于过去的观念的力量。在这里，问题是新地理学知识与过去的地理学知识之间的连结。地缘机体与地图是如何生成历史的？历史要怎样改变，才能与地缘机体的出现及其破坏性的起源相匹配？

第八章 140

地缘机体与历史

历史遗迹是我们国家的声望所在。就算是一大块老砖都值得加以保护。要是没有素可泰、阿瑜陀耶和曼谷，prathetthai［泰国］就毫无意义。

——普密蓬国王（泰国现任国王）

历史对于国家感的命运来说确实至关重要。上面所引用的国王讲话反映了这样的事实，并令人信服地复制、传播了这种事实。但是，为什么没有泰国诸王朝从前的中心，prathetthai就没有意义？为什么如今的泰国民众可以清楚地理解这段话？国王讲话如何变得可以理解？国家历史的话语是如何产生的？

谈论过去的时候，人们可能会思考发生过什么。但事实是，只有我们能够回忆起的东西才能够构成过去的机体，才对我们具有意义。在英语里，过去是指能够被重新收集起来的东西。过去的存在跟我们关于过去的知识构成息息相关。因此，我们能够知道的过去常常是我们自己的观念所创造的，但我们坚信它是真正过去的一种再现。历史作为一个研究领域，常常是关于过去的一种话语。它是一种语言，通过这种语言，我们能够使重新收集到的要素变得有意义和可以理解。历史与其说是发现破碎的事实，不如说是重新记起这些事实。

跟地理学一样，前现代关于过去的本土观念完全不同于西方历史观念，也被西方历史观念所替代。然而，这个问题需要另加讨论。我们的问题仍然是：地缘机体的出现是如何被牵涉进对暹罗过去的创造当中的？它是如何促成或影响其他知识或话语，进而使它们适应地缘机体的力量与需求的？这种探究将会给我们提供一个复杂而具有启示性的事例，展现出两种强大话语的连结如何发生、有何后果。事实上，对于一种全新历史的需求因地缘机体而生，因为后者是暹罗生命中的一个断裂时刻。一种新型过去的形成对于修复其连续性中的断裂是必需的。

141 1893年的伤痕与断裂的过去

法国人用战舰封锁了湄南河，甚至还顶着枪占领了暹罗皇宫数日之久，这对暹罗精英来说是一大打击。他们难以相信他们会如此不堪一击。此外，这些精英还不切实际地相信，他们在与法国的争端中能得到英国的支持。在事件的过程中，这种自信破灭了，而英国也变成不可靠的盟友。英国从没有想过为了暹罗而陷入跟法国的严重冲突当中，而且已经不止一次告诉暹罗，自己不会跟这一事件“掺和”在一起。因此，在发生封锁当天伦敦方面给暹罗的回复中告诉曼谷当局，要“抛弃我们可能共同行动以保卫曼谷的任何想法”。比预期更糟糕的是，英国敦促暹罗满足法国关于湄公河左岸的要求，而且当暹罗犹豫不决的时候,他们又指控暹罗不合作。[1]

暹罗最终退却了。暹罗对自己娴熟的外交、军事力量以及在争议领土的自然权利方面的自信戏剧般地泄气了。一位历史学家做了很好的概括,他认为1893年的事件对暹罗统治者来说是"一场士气上的危机":

> [暹罗]的不安全意识形成了,她的自尊心动摇了……国王在危机后得了病,在身体和心理上都深受打击。在八月和十一月间,他的体重下降了四十二磅,并公开宣称他失去了人生的乐趣。[2]

没有多少人想到国王会挺过来。摄政王已经开始图谋让年轻的继承人继位。[3]但最终国王恢复了过来,这在很大程度上要拜他的兄弟及合作者之一丹隆亲王所赐,后者写了一首关键而又鼓舞人心的诗作。[4]国王不仅活了下来,而且正如丹隆所说,他作为暹罗这艘大船的船长还奇迹般地康复了。他增强了统治圈对今后工作的信心。

但是谁能够否认,国王和一些其他人也"被1893年危机所深深刺痛"?[5]对于他们来说,这似乎表明暹罗的独立自主时刻受到威胁,而且在过去的每一年里都更为严峻。在事件之后的几个月中,暹罗所感受到的领土的"沦丧",1893年7月中旬遭受的打击,被突然曝光和证明的帝国的失败,对自身的盲目自信的幻灭,对文明外交的信任的幻灭,士气的危机等等,一同构成了被认为是暹罗历史上极为痛苦的时刻。当然对于暹罗统治者来说,这也是一种痛苦。 142

在这个意义上,1893年危机是一个巨大矛盾凸显的时刻。正是在那时候,暹罗失去了一些之前的朝贡国,并将之让给了法国。然而,这也是暹罗地缘机体最终出现的时刻。它所体现的是在地理观念与实践方面的一种突破，也是对旧有的国家感意识的一种替代。从表面上看，当时的暹罗正处在现代化的过程中，而危机则表现为对这种过程的一种干扰。然而，没有人会否认，1893年之后的暹罗跟之前并不相同，甚至在统治者的观念中也是如此。他们继续他们的工作，但是在一种不同的情况下，而且也是在一个不同的暹罗进行的。这种不同既出现在地球表面，也体现在他们的头脑中。1893年危机标志着暹罗生命中的一种强烈断裂。国家生命中的这种断裂需要缝合起来，并且需要给予混乱适当叙述来修补这种断裂，以便使每个人都相信，国家的命运是一条连续的时间之流。

当连续性（continuity）与断裂性（discontinuity）的时刻出现紧张之时，对新叙述的需求并不是一种新现象。对暹罗来说也不是。一些研究已经强调了历史书写作为一种新政权合法性的政治工具，在宣传式的甚至奥威尔式的意义上，打击其对手的角色。[6]然而，很少有研究分析断裂和那种强调人们熟悉的东西的连续性甚至是黄金时代的复兴的、对过去的可靠叙述之间的关系。例如，18世纪晚期曼谷时代开始之际，在新城市的一座新皇宫中的一个新王朝，即一种新的小宇宙，试图在之前的中心崩溃之后将秩序恢复过来。连续性/断裂性之间的紧张被重构世界的宗教叙述以及皇室历史的创造稳定了下来，这种历史确保了与之前世界秩序的连续性。[7]鉴于其扭曲和错位的叙述，或许这种书写并不是将新政权加以合法化的一种政治策略，而是对待刚刚发生的过去的一种意识形态策略。另一次断裂则是终结了君主专制并开启了军政府统治下的新暹罗的1932年革命。这一次的断裂被缝合了，但仅仅是通过压制事件的分裂性特征或者对其置之不理。而泰国的过去被建构为争取从外国统治中将国家解放出来，或者为了捍卫国家独立而进行的一系列斗争。此外，1932年之后的暹罗被看成所谓的第一个暹罗王朝——素可泰黄金时代的复兴。[8]在这种设想之下，尽管国家生命中会出现兴衰变迁，但当前将会见证那些美好的旧时代的连续性。在没有了君主专制的国家未来生命中，没有什么东西会失去，没有什么东西会变得不一样。

混乱时代从来没有在记忆中被压制或清除，而是被完全认识到，但 143
是它被形塑和解释，以适应一种持久过去。那么，对暹罗过去的现代叙述在何种程度上受到1893年混乱局面的影响？为了消解这种断裂性，是否必须隐藏地缘机体的出现和地图的角色？1893年之后，尤其是地缘机体出现之后的暹罗，与暹罗现代历史书写之间是否存在任何关系？让我们看看1893年混乱时刻的故事是如何被描述的。这种历史编纂学所采用的策略可以表明暹罗过去的整个机体是如何被建构起来的。

泰国过去假设的地缘机体

在地缘机体与历史之间关联的产物中，我们首先考虑的就是那个关键时期的历史编纂学。对于泰国历史学家来说，19世纪最后二十年从来没有被看成是地缘机体出现的时期。毋宁说，这个时期和这个事件被看成是领土沦丧和省级行政体系一体化的时期。在这种观点中，两者相关联，但是不同的过程。而这种泰国观点也被西方学者认为是理所当然的。这种传统的历史编纂学使用什么办法来塑造这种历史，从而对那种分裂的记忆产生了影响？

一种典型的叙述将法国占领东南亚的殖民主义看成是对抗英国在当地不断扩大的影响；法国也是为了找到一条通往中国南部的通道，这被认为是一种在经济上获利的计划。在法国占领越南并进一步对湄公河左（东）岸加以声索之后，问题开始出现了。荣·萨雅玛依在他用英文写的一本关于泰国的教科书中称，法国人在1887年从暹罗手中夺取了西双楚泰和华潘，但他们还不满足。荣还指出，虽然法国人在自己地图上将老挝标示为暹罗的一部分，但他们还无理地要求得到整个老挝。法国人在沿边境的很多争端中表现得咄咄逼人。他们充斥着贪婪之心。[9]

另一位杰出的泰国历史学家卡宗·素卡帕尼同样将法国人描述为无理、贪婪、不可信。他指出，尽管暹罗着力合理和平解决争端，但法国人屡屡逃避、耽搁并常常谎话连篇。作为下一个无辜牺牲者，暹罗处
144 在危险当中，所能做的仅仅是从掠夺者那里保护自己。但是，当暴力发生的时候，法国人抱怨，暹罗已经沿边境骚扰他们多年，并因此应该受到适当报复。卡宗解释说，这就是法国证明他们扩张行动合理合法的方式。[10]

荣和卡宗都没有写出一部详细历史，但他们对历史专业学生的指导产生了深远影响：他们首先对事件的细节进行了论述；一旦这些观念成为传统，就可以自主再生而无须前辈的出现了。很多研究有着相同的观点：法国用邪恶的策略、谎言以及狡诈来达到它贪婪和侵略性的目的。暹罗采取了任何可能的措施来保护自己，其中就包括行政体制改革，让曼谷直接控制朝贡国，以及在争议领土上对贺人进行镇压。最终，为了确保成功，法国恢复了暹罗无法对抗的炮舰外交政策。简而言之，这是一个魔鬼战胜圣女的悲伤故事。[11]

不言而喻，每一种叙述都认为，湄公河的整个左岸无可置疑地属于暹罗。怀亚特用英语写成的，如今成为泰国历史标准教材的书中采纳了相同的观点。他很同情暹罗，并回顾性地认为，法国人除了从越南那里继承而来的所谓保护者地位，并没有证据支持他们的声索。遗憾的是，暹罗不应该过分相信英国，并错误地认为“来自所谓的文明世界的

法国决不会坚持他们的荒谬主张”。[12]以下是传统叙述普遍认同的一种合理叙述：

> 在很大程度上，暹罗**被迫**同意这些**离谱的**要求，因为王国**捍卫了自己的**领土免受**外国入侵**。这就好像英国一个掌权的新政府要求恢复18世纪对美国的声索，随后对美国政府抵抗英国入侵加以惩罚，以强调这种声索。[13]

怀亚特选择以英美历史为例来体现整个事件的主题，而卡宗选择了一条最著名的伊索寓言来加以类比：“我们已经清楚地看到，法国采用了狼的策略。首先，它挑起跟羊的争论，然后跳过去把羊吃掉。”[14]这种类比来自那个故事么？或者是反过来？这个著名寓言能否使那些混乱的故事要素变得有序、有组织，可以理解，为读者所熟悉？这个隐喻究竟在什么程度上成为对这段过去的观念化框架？

在暹罗的视角下，那个时刻的历史是悲剧性的。这并不是因为西 145
方悲剧中的那种主角的愿望没有实现，而是因为在这段历史中，邪恶（adharma）战胜了美好（dharma）。如果这样的话，就跟佛教理性有点冲突，所以改革的历史编纂学将会消解沦丧和非理性的意识。

这种消解的记忆首先出现在丹隆亲王的个人回忆中，他亲自组织了1892至1915年间的改革。他在20世纪40年代写成《省府制》，但直到去世都没有出版。其中写道，朱拉隆功当时提醒丹隆当心外国对暹罗的威胁，并鼓励他进行改革。假如暹罗没有迅速整顿省级行政体制，而是在这种混乱局面下听之任之的话，这个国家将会处于危险当中。暹罗也会丧失独立。[15]

这种主题在数十年后被德·汶纳所采纳，他的书成为后来泰国改革研究的权威。德提醒我们注意丹隆的遗产，他选择丹隆任内政部长的那个时期进行研究。他在理念上同意丹隆的看法，认为丹隆写那本书“是因为他相信，[对省级行政体制的改革]是有助于暹罗在欧洲帝国主义时代生存下来的因素之一”。[16]

德先对1892年的行政体制进行了叙述。用他的话来说，1892年之前的暹罗“在理论上”是统一的。暹罗对边缘省份与朝贡国的主权及暹罗的完整性毋庸置疑。他指出，潜在的问题是，直到1892年这种理论还没有“在实践中”适当应用。[17]这种理论/实践的差异在殖民主义面前变得危险。在1896年1月，国王就从前的朝贡国警告他的官员：外国力量已经准备将任何“内部”冲突看成是介入暹罗事务的借口。他们必须保护暹罗“抵御内外威胁”。[18]这些朝贡国正处在最衰落的时候，而假如国家要“保卫”自己的话，就需要对它们加以改革。因此，德解释道，政府的中央集权化是问题的关键，尽管这种看法遭到很多反对和抵制。该书剩下的部分则继续详细叙述了整合化的行政制度是怎样逐步在全国推广开的。

德的书为泰国历史学家后来的诸多作品提供了基础，这些人只是简单地将这个观点运用到专门地区或者改革的特定方面，将其拓展到丹隆任职之前和之后时期，或将之运用到关于其他亲王的研究中。[19]外
146 国威胁的主题，以及由此而来的为“保卫”国家而进行改革的必要性，变成了一种预设，而不是一种论点。在一些情况下，它从一开始就发展成为一种无可争议的事实，甚至是真理。总而言之，一点不奇怪的是，大多数研究所表达的是消解与信心。多亏有了改革，暹罗才生存了下来。对德来说，暹罗已经度过了其生命中最艰难的时期，取得了巨大的成功。暹罗比之前重现出更多的荣光。它不仅仅是一次改革；它是一场伟大的革命：[20]

> 在欧洲帝国主义的时代，[丹隆亲王]和省级行政体系中的省府制确实有助于确保泰王国成为东南亚唯一的独立国家……在那个时期[1892—1915丹隆任职期间]，暹罗从一个没有清晰划定边界的小国和省份的聚合体，转变为一个具有确定边疆的契约国家。其基础在于现代的中央行政管理制度以及集中化的省级行政体制。经济的发展是起点。**民众从半奴役和农奴状态解放出来，并开始自我管理**……[改革]产生了至今仍然在形塑现代泰国的动力。[21]

在关于领土沦丧和改革的故事中，欧洲帝国主义，尤其是法国帝国主义扮演了恶狼的角色。暹罗是绵羊，它的生存处于危险当中，而其周边邻国都已经灭亡。作为唯一一个屹立不倒的国家，暹罗优雅、理性而又明智地保护了自己。在一个叙述中，故事结局相当不幸，但只是因为恶狼超出了暹罗理智应对的能力。在另一个叙述中，则是团圆结局，暹罗不仅保护了自己，而且还向前迈了一大步。

不管是领土沦丧还是改革都体现为相同因素——外部威胁——的结果，而这种外部威胁成为将两种叙述结合起来的唯一路径。它们传递了相同的信息：外部危险和防卫或牺牲的需要。它们表现为过去同一时刻的一种两面性结果。它们在我们的记忆中潜意识地交织在一起，形成同一时段的一种二元话语，而这一时段产生了大量民族主义的历史话语。当然，它们从没表现为导致地缘机体出现的排他性边缘争端的两种行动。实际上，一些研究已经有过很多关于制图和多重臣属问题的论述。德也将现代边界的缺失看成1892年之前行政体制的问题之一。但是制图和边界问题只是技术性问题，它们并不是问题起因，也不是解决方法。

如果细究的话就会发现，这两种叙述依赖大量的共同假设；如果没
147 有这些共同假设，那些故事就会以不同的方式被解读和记忆。我将这些假设称为“策略”，这是因为它们并不仅仅是无效的观念。毋宁说，它们具有命令功能，通过这种功能，那些故事必须被相应地组织或重新安排，以制造出适当的情节，并维持某些想要的意义和价值，不管是在理智上还是在情感上。

第一种策略是假定暹罗地缘机体的事先存在。关于领土沦丧的所有叙述都必须确定，暹罗的地缘机体总是在那里，并且远扩到湄公河左岸。在本土和现代类型的政治空间和国际关系之间不存在基础性的差别，因此也就没有空间的模糊性。要是没有这种假设的话，痛苦也不存在了，因为本来就没有任何“沦丧”。在改革的历史中，这种策略更为必要，它为曼谷的直接控制做出了辩护。要是没有这种假设的话，暹罗控制争议领土的意图就可能被看成别的东西，而不是自我防卫；而暹罗镇压之前朝贡国的行动也会被当成别的东西，而不是内部事务。这种策略的关键功能是要消除可能被当成暹罗扩张、征服甚至争夺的任何“不适当”阐释。假定的地缘机体有助于控制内部/外部以及防御的观念。此外，这种策略导致了如今看似理所当然的观念，即从曼谷的角度来考虑整个问题，这种策略我们不久将会讨论到。这意味着，这一地区小国的视角被压制了。最重要的是，地缘机体的事先存在，至少“在理论上”直接消除了它正在被创造的任何回忆。制图作为其先决条件的角色因此被遮蔽了。在这样做的过程中，断裂的本质就从根本上转变了。这些时刻不再涉及消除空间模糊性的斗争。这些时刻成为仅仅为了保护既存的整体性，并实现统一的地缘机体以及排他性主权的关键时刻。

第二种策略是在现代国际政治，尤其是殖民主义语境中创造故事。

首先，这种语境要求从暹罗（一个统一的民族国家）和西方力量之间的关系的视角来看待这一故事。国际语境提供了一种网格，削弱、划出或消除那些尽管当时活跃，但后来未能成为民族国家的小国的声音，并只允许那些新兴国家的故事被听到。这种语境只有从宗主国那里看到的事件。从地方视角来看，它是一种地点错置和时代错位的语境。

从不同的语境来看，暹罗在与外国打交道时的角色是不同的。在
等级制权力的地方语境中，没有地缘机体，双方是争夺相同猎物的敌对 148
的扩张者，虽然能力不同。然而，在殖民时代国际政治的全球语境中，冲突成了世界超级大国与一个自卫的偏远国家之间的不公平争夺。后殖民时代一些历史学家所采纳的反帝国主义观点改变了这些关系的术语。在这种全球关系之中，暹罗不再是一个竞争者、霸权力量或者本土的扩张者；它从一匹弱狼变成了一头绵羊。一段地区霸权的历史转变为一段暹罗精英领导的光荣的反殖民历史。邪恶力量的威胁成为暹罗那段时间所作所为的极好的借口，暹罗的行动变成仅仅为了它的“生存”而进行的斗争。

第三种也是最后一种策略是采用曼谷的视角。在之前策略所设定的语境中，优秀历史学家似乎只有站在曼谷的立场上才是适当、政治正确以及合理的。小国的痛苦、它们的声音以及它们的利益被忽视或压制了，仿佛它们是为了暹罗的安全不可避免要付出的代价一样。暹罗军队的征服以及中央集权的实现被作为巨大成就加以庆祝。正如德在上面的引文中所指出的，民众被解放出来，并开始自我管理。这是谁的自我管理？谁从谁那里解放出来？

确实，只要我们改变我们的视角，那么，关于行政体系改革以及与贺匪战斗的整个故事就非常像一段殖民历史，在这当中，暹罗总是声称它对这一地区拥有自然主权。正因如此，外部威胁对故事的发生所起

的作用才对暹罗历史格外重要。这种因素不仅能够改变参照语境，还能将曼谷的视角从面向其受害者转变为面向外部力量。这种转变的视野隐藏了扩张主义的欲望，但放大了反殖民主张。

这已经成为研究暹罗现代化问题的大多数历史学家的观点。他们钦佩、赞美并庆祝暹罗维护对兰那和一些马来国家统治的能力，其中包括对反抗曼谷中央集权行为的镇压，例如1902年反叛。[22]在曼谷看来，当地的反抗对“民族”的生存来说是个麻烦；因此偶尔征服朝贡国对于“内部”稳定是必需的。此外，身处曼谷的暹罗统治者的痛苦（因为他们在1893年7月中旬的争端与打击中被击败）成为一种国家痛苦，这在泰国民众中间形成了一种反抗外国威胁的共同情感。

此外，在许多情况下，精英的盲目民族主义造成了另一种伤害：对
149 来源的评估。几代学者，从卡宗到他的学生，正如上文所提到的，对这一问题的研究都依靠寇松的地图与文章，他们把这些地图与文章看作反驳法国人的主张的权威证据。卡宗甚至夸赞寇松勋爵是熟悉暹罗的人，因此他的文章一定是一种可靠来源。我们可能猜到，麦卡锡也属于那些十分可靠的人。[23]事实上，在他的文章中，寇松明确指出，他并不希望法国人往西更进一步，因为这会危害到英属缅甸和马来地区。但他强烈反对英国干预法国—暹罗争端。他在文章中从未支持暹罗的主张。寇松是一位著名的殖民主义者，后来成为英属印度总督，但他对暹罗可能所知甚少。萨义德对他是这样描述的：

> 寇松勋爵……总是说着帝国主义的通用语（lingua franca），他甚至比克罗默更无顾忌，认为英国与东方之间的关系就是占领与被占领，就是一个庞大的地域空间被一个高效的殖民者所占有。对他来说……帝国不是一个“野心勃勃的客体”，而“首先是一个

强大的历史、政治和社会事实”。[24]

国家的痛苦似乎已经被历史学家本身所铭记，以至于他们盲目地跟过去的法国人对抗。[25]他们判断可靠性的基本标准仅仅是，谁在冲突中站在哪一方。就这一点而言，尽管暹罗早在一个世纪前就对英国盟友失去了信任，但这些历史学家似乎还在用一种依赖英国殖民主义反抗法国人的类似策略，玩着同样的游戏。

简而言之，关于领土沦丧和省府改革的传统历史，只有在前现代的等级政治以及没有边界的王国的观念被废止或压制的情况下才能存在。因此，整个情境就被用一种现代国际关系观点以及具有边界和排他性、绝对性主权的现代领土国家视野加以解读。这种痛苦是具体的，可见于“沦丧”的领土这样的新观念。所有这些策略形成了对暹罗生命中关键时刻的回忆，达成了某种特殊的预期效果。或许最明显的结果就是，这个时刻几乎跟周边国家的反殖民或民族主义历史同时发生。而暹罗荣耀的生存和成功的改革则被归因于君主和亲王的智慧。他们全都成为国家的救星。[26]这种历史可以将断裂性转变为连续性，转变为 150
君主的伟大成就，这正是泰国历史意识中常见的主题。

历史地图集

如果说被欧洲强权击败的痛苦在泰国民众记忆中的累累伤痕延续到现在的话，那么毫无疑问的是，在这一断裂时刻半个世纪之后，这种记忆还深深地印刻在那一代暹罗精英的心中。然而，在结束君主专制的1932年革命之后，伤痛的不再只是皇室的尊严，而转移到了国家感。那种痛苦的标志就是“沦丧”的领土本身。沦丧领土的问题在一些作品中时不时地被提出，在20世纪30年代后期它在国家议程上受到重视。[27]随着1935年君主退位，君主制消失；1932年后的统治层必须确立起合法性和可信度。在全球法西斯主义横行之时，銮披汶政府（1929—1944）提出了泰文明国家的沙文主义概念。他们在1939年5月将国家名称改为“泰国”。[28]在政府的指导之下，一些民族主义观念和实践得以推行，从公共层面到家庭和个人，都制定了文化和经济上的行为规范。[29]

在政治上，政府大肆宣扬大泰族的意识，以及泰人在东南亚大陆的兄弟情谊。此外，为了获得大众的支持，他们还发起了要求沦丧领土回归的运动。他们承诺要“收复”那些失去的领土，尤其是在1904和1907年条约中被法国人占有的湄公河右岸地区；这对于銮披汶政府来说是如此重要，以至于在维希法国政府于1940年拒绝这种要求之后，銮披汶政府的信誉都受到了动摇。为了避免政治上的灾难，政府在1940年决定跟日本联合，以获取后者在国际事务中的强有力支持。这导向了1941年12月两国的军事联合，而作为回报，泰国获得了柬埔寨西部，这种临时占领只维持到战争结束。[30]

正是在这种情况下，一幅名为《泰国边界史地图》（*Phaenthi prewat-anakhet-thai*）的地图被制作出来，并产生了巨大影响。[31]这幅地图假定，失去任何领土之前的暹罗的领土界限范围就是暹罗王国的全部合法范围。然而，尚不清楚这种合法范围从何而来。边界的历史阐释了那些沦丧的领土，表现了暹罗的合法范围如何缩小至如今暹罗的边界。但关于这些领土的沦丧，有不同的版本。在这里所展现的通行版本中，
151 每一次沦丧都用不同颜色表示，以1至8的数字将八次领土沦丧标示出来：

1. 1788至1800年间，槟榔屿与威斯利被割让给英国。

2. 1793年，土瓦、墨吉以及丹那沙林被缅甸夺走。

3. 1867年，柬埔寨大部分地区被割让给法国，除了西部地区；这一地区成为暹罗东部省份，直到第7次领土沦丧中被割占。

4. 1888年，西双楚泰被法国占领。

5. 1893年，湄公河左岸的佬人地区被割让给法国。

6. 1904年，湄公河右岸的佬人地区以及对面的琅勃拉邦和占巴塞被割让给法国。

7. 1907年，柬埔寨西部（暹粒、诗梳风和马德望）被割让给法国。

8. 1909年，吉打、玻璃市和丁加奴被割让给英国。

这幅地图中提到的大部分领土沦丧都是在19世纪末之后暹罗向欧洲力量屈服所造成的；第一和第二次除外，这两次发生在一个世纪之前（第二次，领土是被暹罗的传统对手夺走的）。但在这幅地图的1935年版本中，只有七次领土沦丧。在关于这一问题的一些论著中，沦丧的数量和区域各不相同。一些略去了这幅地图上的第四次领土沦丧，认为那片领土从来就不属于暹罗。一些则省略了前两次或前三次，因为它们跟其他几次所发生的环境不一样。其中的一幅，在沦丧的领土中还包括了新加坡、马六甲和马来半岛。有一些还将掸邦等地加到沦丧领土当中，而没有提及西双楚泰。[32]此外，这些都没有提到1834年清迈给英国的领土割让和1892年曼谷给英国的领土割让。

同样，西方学者关于这一问题也表现出类似的情况。他们叙述的领土沦丧情况各不相同，他们的地图也一点都不一样。例如，明顿·戈德曼没有将西双楚泰当成沦丧的领土，而将华潘包括在1893年之前的法属印度支那之内。[33]大多数泰国学者可能并不会同意他的看法。而在另一方面，怀亚特详细参考的是1940年泰国地图。但在他的地图上，1888年割让给法国的领土比所有其他地图甚至泰国地图上都要大，而且他并没有标注割让给缅甸的领土。在他的地图上，暹罗在失去任何领土之前的全部合法王国范围跟泰国原版不同。在泰国地图中，领土沦丧之前的整个王国包括下缅甸的孟国。在怀亚特的地图中则不包括孟国。[34]

这类地图通常表现的是暹罗在领土沦丧之前或之后的疆域。但
152 是，正如我们所见，它不可能详细指出什么是领土沦丧之前的暹罗，或者是否真正存在领土的沦丧。历史学家如何才能用各种现代地理学规则，确立起19世纪末期之前的暹罗合法王国范围，从而指认或者探讨领土沦丧的问题？这些研究如何确定哪些是暹罗王国领土，哪些不是，以及什么构成了领土的沦丧？

实际上，预设的合法范围有几个版本。它们都没有解释为何它们会是这样，而且它们全都避开了指认从整个王国中扣除的部分的问题。但是，假如在任何领土沦丧之前的整个疆域是一种逻辑推论的话，那么，领土沦丧充其量也只是一种逻辑推论，深感痛苦的精英将其强加给普通民众，目的是为了唤起情感共鸣。地图只不过是基于两种因素的创造：精英阶层对危机的记忆以及暹罗现代地缘机体。以前者所提供的看法为基础，地图实际上就是对暹罗当前地缘机体的一种回顾式设想。结果是两方面的：首先，一个在过去从未存在过的地缘机体被历史设想变为现实；其次，痛苦被一幅地图视觉化。如今，痛苦是具体的、可以衡量的，而且很容易传播。

这幅地图决不是对自身之外的任何地理现实的科学记录。它是关于一个历史议题的视觉文本，是关于这次危机的编码而且是一种纯粹的符号学产物。这幅地图的主题不是暹罗如何被塑造出来，而是暹罗

当前的斧状疆域如何出现。它毫不犹豫地宣示了自身的历史——这不仅明智地反驳了曼谷扩张主义的存在，而且驳斥了暹罗最先被欧洲力量划定界限的观点。比现在更伟大且疆域明确的暹罗很久以前就存在了，大量事例生动地表现了残忍无情的敌人迫使暹罗不断牺牲它的机体。有时候，这些领土的沦丧用平方公里计算——就像要量化痛苦一样——接近暹罗合法机体的一半。然而，这幅地图似乎要说明的是，尽管有那些痛苦，但最重要的任务是保持独立。暹罗生存了下来。

在1940年，这幅地图被分发到全国的学校和政府机关。英国领事将这一举动看成他所谓的暹罗“帝国主义”试图侵占湄公河左岸、下缅甸以及四个马来邦的一种姿态。他和法国代办提出抗议。[35]泰国国防部在回应这一出版事宜的时候辩解称，它只被用于历史研究。但随后，它被用在号召从法国人那里夺回领土的运动当中。英国人被警告称， 153
这项运动可能也会要求他们归还领土。[36]銮披汶在给领事的答复中指出，这不会造成问题，但他会停止这幅地图的分发。但銮披汶的一位贴身顾问，同时也是政府中最亲日的人士让这幅地图再次出版，并以每幅十分之一泰铢的价格出售。[37]政府再次否认牵涉出版过程，并命令停止销售。甚至到现在，这幅地图仍然常见于学校教科书和大多数泰国地图集。鉴于第二次世界大战以及后殖民时代的新形势，这幅地图已经失去了其直接的政治推动力。但它作为历史的感伤的视觉代码的作用延续着。它对于国家传记话语的影响并没有被弱化。

另一套强大的历史地图所涵盖的并不是单一的危机片段，而是整个泰国历史。这套地图在1935至1936年由国防部下属的皇家测量局绘制完成，所表现的是从8世纪到曼谷王朝早期的泰国历史王朝，以及11世纪以来泰人的迁徙活动。[38]斯特恩斯坦将这套地图称为“泰国历史地图集”（*The* Historical Atlas of Thailand）。[39]就像《泰国边界史地图》一样，这一历史地图集在泰国教科书和地图集中也十分著名。

这套地图的名称在不同版本中稍有不同。通拜地图集是泰国1963年以来最为流行的，他在每一幅地图的名称中都强调了“泰”这个词，而1935至1936年的初版没有这样。每幅地图都被设计为专门只表现泰国“某某王朝的某某王国”。[40]下面罗列的是通拜地图集中每幅地图标题的翻译：

表现泰人从古代至现代的迁徙活动的历史地图

表现南诏国的历史地图[41]

表现1277至1317年兰甘亨大帝在位时期的素可泰王朝的历史地图[42]

表现1590至1605年纳黎萱大帝在位时期的阿瑜陀耶王朝的历史地图

表现1767至1782年达信大帝在位时期的吞武里王朝的历史地图

表现1782至1809年拉玛一世在位时期的叻达纳哥信王朝的历史地图

尽管斯特恩斯坦将这一地图集看成对“19世纪以前一些重要时期
154 存在过的政权中心的数量、方位与状态的最全面和精确的描述”，他还是指出了大量的错误与不足。[43]他还正确地指出，这套地图并没有展现王国内部各中心等级状态的复杂性。但是一幅现代地图又怎样做到这些呢？现代地图压制本土空间的作用从不是一个问题。与之相反，现代地理学技术创造过去的空间、控制过去的空间并将之绘制在纸面上的能力已经受到赞扬。斯特恩斯坦甚至参与尝试对这些王国加以精确界定。

问题在于：这种地图集如何产生情感影响，并形塑我们的记忆？首先，不言而喻的是，要理解这些地图必须有两个前提：知道这些地图是关于什么的历史知识，以及如何读图的知识。但是，就像《泰国边界史地图》一样，这些地图并不和地球表面上的暹罗直接相关。作为一种历史知识的视觉编码，它们是建立在暹罗当前地缘机体基础上的回顾性推测。假如一个人从来没有看过暹罗现在的地图，那么这些历史地图就不具有任何意义。但是假如一个人看过暹罗地图，就算他从没有走出过离家几英里远的地方，或者他是一个从未到过泰国但阅读过怀亚特书籍的外国学生，也能很容易接受这些地图的信息。这些历史地图的源头并不是其意在描绘的遥远过去。其源头是当前的暹罗地缘机体。

根据这些历史地图，地缘机体并不是一种现代创造。这些地图并不认为泰国国家感只是在最近的过去才形成，是古老暹罗与欧洲力量之间交流的结果。同样，这些地图也排除了现代暹罗是断裂性而不是连续性的结果的观念。断裂时刻被制服了，而且变得持久。颇具讽刺意味的是，地缘机体与国家感在近期的诞生被地图所压制，而相同的技术曾经赋予了它们生命。地缘机体在制图过程中的卑微出身被遮蔽，具有国家感的地缘机体被自然化，仿佛它从洪荒时代开始就跟泰国一起存在了。

制图话语的运作范围远远超越了空间知识，还进入了我们的记忆。实际上，正是通过历史地图这种媒介，空间和记忆的范围，知识与情感，相互越界。一部泰人历史剧如何造成这种情感影响？一位历史学家指出了一种方式："例如，prathetthai 这一术语被用来指称素可泰和阿瑜陀耶王朝，而不考虑其时代错位。[这]是有意为之的，以便将时间跨度模

155 糊化，将过去从其语境中提取出来，加以重塑以适应作者的需要，并展现给观众，以造成特殊的情感影响。”[44]

在历史地图中的暹罗过去地缘机体的功能就跟这里的prathetthai术语一样。时代错位的策略使过去跟现在相似——因此价值、情感和其他意义，尤其是爱国主义和沙文主义从现在转移到过去，并因此具有进入我们记忆的可能性。没有这种时代错位的话，戏剧和历史地图注定会失败。历史地图中的地缘机体具有类似的功能，它提供了一种通道、渠道和机会，按照当前需要占用过去。简而言之，作为一种时代错位的策略，地缘机体有助于展现泰国历史的连续性，但颇具讽刺性的是，其历史影响正是那种连续性的一个断裂。它在国家生命的连续统一体中起着中介的作用。

除了地缘机体的中介功能之外，还有什么使这种历史地图集在形塑对泰国过去的感知方面这么有效呢？不错，这些地图所表现的只是泰国在当地占据优势的时期。这一地图集既没有表现力量与政权交替时期这一地区的兴衰起伏，也不是这一地区政治的真实历史更迭。[45]而这正是其优点所在，不是其弱点。地图集是极具选择性的，因此它能够通过从开始到现在的七个框架（六幅历史地图加上《泰国边界史地图》）来展现暹罗机体以及国家感的变化与成长，凸显暹罗的生命历程。这些地图向我们诉说着故事，这些故事从国家的初始开始，讲述泰人如何受到中国这一外国威胁的压迫，而向南迁徙到他们认为是专为他们而存在的黄金圣地。这种迁徙既象征着艰难困苦，同时也展现出泰人从洪荒时代就开始的对于独立的热爱。最终，泰人到达了黄金半岛，而高棉人已经占据了当地大部分地区。再一次，尽管遇到外国主导下的艰难困苦，但独立已经深藏于泰人心中——因此他们为建立一个他们自己的伟大王国而努力奋斗，最终在他们的成熟时期建立起素可泰王朝。然而，在为之奋斗的数百年时间里，泰人王国时刻面对外国的威胁，尤其是来自缅甸人的威胁。地图集中凸显的时刻表明，在这些断裂时期，英雄般的国王常常领导泰国人民为复兴国家而战。确实，每当暹罗重获统一，它的力量就比以前任何时期更强大。地图集使国家的过去变得栩栩如生。所有地图都是一套而不是单个视觉代码。它们一起发挥作用，展现出泰国历史的整个情节。

在这些地图中还能够看到另一种情感影响，即暹罗的宏伟。人们会不自觉地发现，过去的暹罗机体与邻国相比是何等巨大。这些地图 156
帮助我们想象老挝、马来国家、华南一部分地区、掸邦以及整个柬埔寨和兰那还是暹罗一部分的美好旧日时光。暹罗如此之大，以至于它的历史对手缅甸与越南在每幅地图上都显得次要。这表明了祖先建立和保卫国家，并使其到现在一直保持发展的努力。

这些地图的作用并不是历史地理学研究，而是对国家命运的历史观念的研究。数据与事实是必需的，因为这样它们才会看起来真实、客观。制作一幅1569至1584年间阿瑜陀耶王朝被击败而暹罗据称失去其独立的地图，价值何在？假如这一时期像这一地图集那样可视的话，暹罗可能就会以这幅地图上缅甸的颜色表示，而阿瑜陀耶也被合并到缅甸王国当中。出版一幅15世纪兰那独立时期反抗阿瑜陀耶并控制素可泰的地图，意义何在？这两幅“假设”地图可能会混淆或者摧毁整套地图的意识形态。

情节化的过去

看来，随着地缘机体发展而形成的观念策略与文学技巧在1893年危机和历史地图集的历史编纂学中都至关重要。它们控制着推测与视角，而且创造出想要的情感影响，制服了国家感生命中的断裂时刻，并进而形成一种国家自豪的反殖民的生命历程。

正如一些思想家如今所指出的，过去、历史叙述以及文学建构并不是毫不相关的领域。带来预想效果的不仅是时代错位与选择性强调，历史编纂学和地图集对故事要素的安排也形成了一种回忆过去的特殊方式。令人惊讶的是，如果对1893年危机历史以及地图集的安排，即情节，加以仔细观察，将会发现，它们类似于泰国通俗历史小说和戏剧的典型情节。

銮威集瓦塔干（銮威集）（1898—1962）是泰国民族文学最有影响和最多产的创作者，他是强大的民族主义历史编纂学的支持者，创作了许多历史小说，还是一位著名历史戏剧作家以及一些著名军事歌曲的作者。[46]简要探究他的戏剧可能是理解文学技巧与泰国历史之间关系的最好方式。銮威集戏剧的主题非常有限：泰族的起源、泰王国的建立、为争取独立进行的斗争、反抗外敌的战斗以及泰国的统一。只有少数一些是关于生命的无常，并且所有这类作品都是在第二次世界大战后
157 他仕途急转直下的时候写的。在这些主题中，尽管故事复杂多变，但情节常常是相同的：和平的国家受到外敌围攻，之后设法采取行动解决问题，最后则是胜利的庆典。根据海登·怀特的理论，这是一种喜剧情节。在我看来，这是一种常见的泰国情景剧。

这种典型情节的一个事例可能会对讨论有所助益。銮威集的首部历史剧《纳黎萱国王宣布独立》（King Naresuan Declares Independence）在1934年首演，这是关于16世纪后期一位英雄般的泰国国王的故事。在这个故事一开始，是一段开场白，随后是纳黎萱和一位贵族之间的公开对话，话题是国家在十五年前被缅甸击败后泰国人民所遭受的痛苦。为了复仇，他们如今正在寻找时机以恢复国家的独立，用一个特定的短

语来说，就是恢复王国（dindaen）："我们必须恢复我们的独立。独立深深铭刻在我们心中。对于没有独立的prathet来说，那个prathet的民众过的是非人的生活。"[47]

1584年，当缅甸国王南达勃因（Nandabayin，即莽应里）命令阿瑜陀耶派出一支军队协助他与阿瓦叛军战斗时，机会来了。当军队到达克良（Khraeng），一个靠近边境的孟人城镇的时候，两位孟人指挥官从南达勃因那里接到了伏击纳黎萱的命令，但他们改变了主意，叛逃到泰国那边。在知道缅甸人失信并想要暗杀他之后，纳黎萱发表了阿瑜陀耶独立的仪式宣言。从那时起，当地的孟人自愿参加到他的队伍中，一起进攻位于勃固的缅甸都城。[48]这部戏剧的最后一幕是泰国历史上最精彩的故事之一。戏中，在纳黎萱领导下的所有泰人和孟人从勃固返回，毫发无损地穿过一条河流，但一支缅甸军队紧随其后。纳黎萱向河对岸开了一炮，并奇迹般地将缅甸指挥官打死了。[49]纳黎萱最终发布了一个预言，称他的心灵将会永远护佑国家；但泰国人民必须像他那样勇敢、奉献并不懈努力地反抗敌人。

这部戏剧的故事跟泰国的编年史结合十分紧密。作为一个更为复杂的故事，可能会有更多的动作，当然也会有更多的问题或冲突增添到主要情节当中。但是，这些附加物常常是在另一个层面上的问题，大多
数都是个人问题，例如感激、私仇以及最流行的选择——爱。问题的不 158
同层次形成了更为复杂的动作和情节。在大多数情况下，个人利益跟国家利益最终会发生冲突。当然，对于一位民族主义者而言，前者对于后者常常是次要的，而且也必须为后者做出牺牲。此外，在每个故事的开始，问题总是期待一个令人满意的结局，比如说国家的解放，而且这常常是能够实现的。除此之外，一些戏剧以英雄的牺牲或死亡为结尾，这就使故事更富有情感。即便如此，这种结局也远不是悲剧性的，因为

这是为一项崇高事业所做出的牺牲。传递给观众的信息是面对困难时的牺牲与准备，而不是自满之心。个人与国家利益之间的冲突具有一种类似的功能。个人利益的牺牲是非常富有情感的，要么悲伤，要么兴奋，而且是一些戏剧的高潮所在。[50]策略性的情节并不是解释性或逻辑性的表述，而是非常情绪化的东西，但它已经囊括了所有必需的解释与逻辑。在一些情况下，尤其是爱人之间，銮威集明智地用对话解决冲突，逻辑与情感并重。例如，他用“爱”（rak）这个词，这在泰语中是表示爱国主义的词语“爱国”（rakchat）的一部分。[51]这将激发他的观众通过爱人的个人之rak的牺牲来思考和感知rakchat。

銮威集曾承认，历史剧不是历史。尽管它们必须以历史为基础，但它们粉饰、美化甚至发明出故事来达到特殊的效果。[52]它们中的一些甚至不能被称为“历史”剧（lakonprawattisat），因为它们跟历史的唯一联系只是一个名字或者作为故事背景的一个事件。角色常常是扁平的、单面的、非黑即白的，并且是可以预测的。对话并不是自然的，而像是书面声明。然而，在这些戏剧中，支撑起历史感的并不是被发明出的故事或角色，而是主题和情节所传递出的信息。

人们并不认为暹罗的现代历史书写类似于文学和虚构作品。那么，关于领土沦丧和省级行政体制改革的历史编纂学是如何利用小说的策略和技术的？首先，它从一个特殊的视角对故事加以处理。就像在小说中一样，这导致了特定角色的夸大和减损。在国际政治的背景话语中，演员被归类成明显的两大主要角色，暹罗和帝国主义。与之相应，冲突和问题也被划分为不同价值、重要性、含义以及优先关注等级，例如内部与外部、国际与国内、国家与个人。情感依附则根据对冲突利益的分类而形成。因此，爱人或个人利益为国家利益做出的牺牲
159 就值得加以赞颂，就像当国家的独立受到“外来”威胁时，对之前朝贡

国要求“解放”和“自治”进行镇压一样。

本章探讨的历史编纂学和地图运用了时代错位的假设，以及地缘机体、边界线、现代独立观念等等策略，这些跟銮威集剧作中时代错位的词汇与对话很相似。通过这种方式，它们将故事变得让当前的观众能够理解并感到熟悉。因此，价值、观念以及情感的传递才有可能。此外，为了形成过去之外的价值，主要冲突中的两大角色相当扁平化，以非黑即白的形式展现出来，在这个意义上，它和伊索寓言中美好对抗邪恶的故事差不多。而在历史地图中，凸显的技术是必需的。假如所有地图以适当的顺序放置，关于祖先迁徙活动的地图就是泰国历史的导言，紧随其后的是英雄时代的地图，而《泰国边界史地图》表现紧接在现在之前的一个时段，由此泰国历史的进程就变成了泰国领土国家的发展过程。

现在且不说这些策略和技术，历史编纂学、地图以及銮威集戏剧的情节也十分相似。这些故事常常出自暹罗和外敌之间的主要冲突，由此产生各种行动。虽然也可能存在其他冲突，但所有这些都从属于主要冲突，而更多行动围绕着主要冲突的核心复杂地交织起来。行政制度改革的故事已经随着之前朝贡国中新体制的成功实施而达到高潮。这是一个令人欢喜的结局，在这当中，我们可以看到新体制在全国推广，亲王施政者的成就广受赞誉。当然，领土沦丧的故事高潮是1893年危机。这个故事是相当悲剧性的。然而，正如銮威集意识到的，牺牲是一种被掩饰的祝福。只要国家的最终生存和独立为人所知，那么，铭记心中的就不是灾难或自满。这个故事让我们想起困苦、牺牲以及爱国主义和统一的必要性。而这些价值将会以一种非常具有刺激性和感召力的方式注入我们心中。对于历史地图集来说，尽管其中包含着泰国历史的多重片段，但情节是类似的，价值也是相同的。它并不是不相关地图的集合。这一整套历史地图集是暹罗整个历史的一部大纲，全面地表明了在国家命运中主要问题常常是来自外部的危险：外敌、外部威
160 胁、中国人、高棉人、缅甸人、法国人、恶狼等等。外部敌人是周期性的，随时可能到来。这是从早期阶段到现在的一种重复主题。这些重复主题整齐地排列，成为国家直到现在的整个生命历程的“主要情节”。

这种主要情节包含两种在某些意义上自相矛盾的次要情节。在一方面，它展现出国家生命历程中的发展、转变或进步。而在另一方面，外部威胁和为独立而战的主题是重复的。那些看似动态的历史只不过是一种循环往复的现象。重复主题看起来是冗余的。然而，冗余对于我们的记忆来说有一种重要功能。正如埃德蒙·利奇在他对创世神话的研究中所指出的：

> 在信仰者的头脑中……神话的冗余可以给人信心。任何孤立的特殊神话都像一个被嘈杂干扰纠缠不清的编码信息机体。它确切所讲的是什么，就算是最自信的信徒都会感到些许不确定。但是，冗余的结果是，信仰者能够感觉到，尽管细节情况多种多样，但一个神话的不同版本都确证了他的理解，并增强了所有其他版本的本质意义。[53]

尽管如此，两种次要情节相互补充，而且它们合在一起组成了叙述暹罗生命中整个过去的主要情节。暹罗成长、前进，而国家生命中的本质意义——独立——得以强化。按照这种主要情节，暹罗已经经历了一些断裂阶段，面对过敌人、威胁、迁徙的困苦、战败、解体等等，但暹罗生存了下来。在19世纪末的痛苦不是别的，而是暹罗的自由遭受威胁的另一个断裂片段。多亏君主和暹罗对于独立的热爱，国家再一次生

存了下来。从生命历程上看，国家的机体在不同阶段生存了下来，有时候还忍受了悲剧般的痛苦。然而，机体在世纪之交所做出的牺牲对于生存而言是至关重要的。而事实上，暹罗再次繁荣昌盛。这一次，国家变得更为进步、更为文明。如果地缘机体的出现和1893年危机构成了暹罗命运中的一个极为断裂的时刻的话，那么我们目前已经讨论过的这种类型的历史编纂学就在重建国家命运的连续性当中发挥了特殊的作用。那里没有断裂、没有破裂，也没有替代。它在我们记忆中被消除或抹去了。与其说这是一种严重断裂，不如说这些动荡时刻有助于刺激人们团结在国家领导，尤其是当朝君王周围。

如此普遍的正是这种主要情节，而不是真实的过去，它为銮威集的 161
虚构历史提供了取之不尽、用之不竭的源泉。对于领土沦丧和改革的历史，主要情节提供了先入之见，即给定的情节，通过这些情节，人们将19世纪晚期理解为与之前危机类似的循环现象，只是故事要素、行为、人物角色以及对话有所不同。

现代历史仰赖的这些关于过去的前现代文学是否确实含有这种主要情节？还是说，它是一个现代头脑对于前现代叙述的解读？

重塑的过去

前面所述的问题将我们引向另一个更为重要的问题。在19世纪晚期和20世纪初期，现代历史研究开始在暹罗出现。这一领域的先驱学者引进了重构过去的新方法和新观点。像地理学和其他学科一样，表面上建立在传统文本基础上的新型过去体现了对本土观念的一种急剧破坏。19世纪晚期的断裂是否对新型过去的形成造成影响？如果世纪之交数十年里的经历在暹罗统治者头脑中造成如此创伤的话，那些可怕的时刻是否形塑了他们对于国家当前与过去命运的先入之见？新型过去在那个时刻之后是否被新的思考方式和新的情感所铭记、指引和情节化？我们如今所知的暹罗历史的主要情节是否可能是1893年之后创伤的结果？

到目前为止，我已经指出，地缘机体的出现需要一种将国家命运中的断裂封存起来的新历史。关于那次危机的历史编纂学发挥了非常好的作用。虽然对于领土沦丧和省级改革的书写很晚才被重新建构起来，但很可能危机本身以及关于它的记忆促成了一种暹罗的新型过去。换句话说，地缘机体出现所造成的影响是如此之大，以至于必须以一种新视角重塑暹罗的过去。在很大程度上，新型历史被地缘机体的话语及其相关观念与实践重塑，例如，对先前机体以及同质性的时代错位的假设、必要的错置的国际政治背景、国家的排他性主权观念，以及最首要的地图的使用。关于领土沦丧和改革的"内容失实"的历史，以及时代错位的地图，用新的情节、偏见、价值以及技术，创造并维系了关于泰
162 国过去的新话语。这种新话语已经通过媒体、学校和一些其他意识形态机构加以再生。它是具有支配性的。

地缘机体的话语在产生暹罗的新过去中扮演了重要角色，它也导致或塑造了新历史的一些其他方面。在此我要讨论的是新过去的范围：它的主体。问题在于：什么样的过去是值得叙述的？ 1907年12月2月，朱拉隆功国王在考古学会（泰语中称为Borankhadi Samoson）开幕式上发表了一次演讲，这是暹罗历史学界的一个里程碑。这一演讲的内容明确地表达了关于暹罗过去的新话语。国王勉励学会会员去研究国家（prathetchat）的过去，而不是所谓的phongsawadan，即传统的王权记录。而且，在他的观念中，prathetchat不仅仅是指阿瑜陀耶和曼谷，还包括暹罗（prathetsayam）的其他大城市：

> 历史应该从王都（一些人称之为Hang或Chang）开始，这是泰国人民发源的地方，然后是清盛、清莱、清迈、宋加洛、素可泰、老阿瑜陀耶、新阿瑜陀耶、罗斛、华富里、洛坤，以及那些统治其他muang的muang，诸如甘烹碧、猜纳、彭世洛、讪、素攀、北碧、碧武里等。它们曾经都很强大，并组成了如今统一的prathetsayam。[54]

新历史的空间明显是由近期出现的地缘机体所设定的。确实，地缘机体是解释他为何包括了这些村镇或城市的唯一逻辑理由。新历史也不应被皇家记录的时间所限制。他指出，新历史的时间跨度应该是一千年。

在这种对过去的多中心认知下，一些地区中心的历史被加以梳理和书写。但是下一代历史学家，尤其是朱拉隆功的儿子瓦栖拉兀和丹隆亲王，改变了朱拉隆功的时空参数。新方法直到20世纪80年代仍未受到挑战，它更多关注的是素可泰、阿瑜陀耶以及曼谷等伟大中心的历史。地缘机体话语的影响仍然明显。然而，对于都城的关注和其他大城市的缺失并不意味着新历史的空间像传统时代那样支离破碎。毋宁说，到20世纪早期，统一国家由它的中心代表（因此想要表达一个国家只需提到其都城甚至其领袖的驻地）。而且，在这种新历史编纂学观念之下的都城的观点意味着人们认识到了统一的地缘机体。事实上，素可泰被认为是暹罗的第一个都城，因为人们认为它曾经统治过暹罗当 163
今领土的大部分地区，甚至更多，而其他大中心没有。正如丹隆在1929年所写：

> 那些曾经在兰那建立王国的泰人只占有当前西北部［地区］的领土，随后就衰落了。但在素可泰建立起独立王国的泰人将王

> 国范围拓展得如此之大，甚至达到了其他国家。从那时起一直到现在，他们统治并占领了prathetsayam［暹罗］。因此素可泰应该被看成从佛诞1800年［公元1257年］以来泰人统治下的prathetsayam的第一个都城。[55]

著名的兰甘亨铭文被过度纪念，部分原因可能就在于，它是表明素可泰王国几乎跟当今的地缘机体一样大的最古老证据之一。[56]

对地缘机体的理解的变化很可能是关于过去的空间参数的变化的原因。朱拉隆功的多中心暹罗观点似乎意味着空间单位的连续关系，而中心的历史使都城成为整体的再现。按照这种观点，在20世纪80年代泰国对于所谓地方史的日益增长的兴趣，可能与那个年代泰国变动中的政治与经济状况，尤其是由国家推动的地区中心资本主义和都市主义的发展，存在一些关联。

当然，关于暹罗过去的知识已经以不同的方式、在不同程度上受到地缘机体话语的巨大影响。就连美好对抗邪恶的故事这一本土过去的本质也被国家争取独立的斗争所替代了。[57]过去被当成是泰国与其他国家抗争的生命历程。从20世纪初开始，泰国历史中最强有力、最具影响的主题出现了。它就是“泰国反抗缅甸”（Thai rop phama）的历史。[58]国家感、爱国主义以及类似的东西成为迫使我们以某种方式而不是其他方式解读过去的负担。历史因此就成为泰国国家感认同中最重要的手段。

或许，正如地理学中的替代一样，存在着一个关于过去的不同话语相互对抗的舞台——在这个舞台上，新的过去无法完全剥夺旧的过去。因此，那里可能会出现矛盾、模糊以及踪迹，表明新的过去如何被创造出来。[59]然而，这个领域已经超出了本书的范围。

结 语

地缘机体、历史与国家感 164

地缘机体与历史已经成为国家感强有力的技术手段。最大的影响体现在它们对泰国性，或者说与他者性相对的“我们自身”认同的作用。正如埃德蒙·利奇早就指出的，当今世界一些地区的政治混乱表明，边界暴力地、武断地将各个族群划分为不同的民族。[1]在暹罗的边疆地区有一些族群，他们被看成是跟缅甸人、老挝人、柬埔寨人或者马来西亚人不同的泰民族，或者不再是孟人、克伦人、克耶人、掸人、佬人、苗人（Hmong）、泐人（Lu）、拉佤人（Lua）、普安人、高棉人或者马来人。然而，如今同样明显的是，凭借地缘机体的那种威力，各个族群发现，自己很愿意拥有一个政治实体，由它的边界定义他们的认同。

“我们自身”与他者对立的形成

在东南亚的本土传统中，一个人首先向其领主而非国家效忠。生活在一个地区内的人们可能并不属于当地的统治者，尽管他们可能会给这一地区的领主缴纳租税。测量员詹姆斯·麦卡锡充满困惑地指出，这里有一种奇怪的习俗，对人的权力跟对土地的权力是相互分离的。[2]作为一位现代西方人，他并没有意识到这种习俗在这一地区和亚洲各地非常常见。

这对于那些想要通过地理学来决定国籍，并进而决定为哪国效忠的现代管理者来说，也是一大困惑。在老挝—泰国边境，随着1893年条
165 约的缔结，暹罗当局希望刚刚划定的边界也能标示出人口的分配。那些受湄公河左岸（法属印度支那地区）领主的管理，同时又居住在另一侧（暹罗）的人被允许回到他们的祖国。假如他们不回去的话，他们就会由于他们的居住地而成为暹罗人。法国人拒绝采纳这种观点，而将出生地作为归化的首要决定因素——也就是说，左岸的老挝人，不管他们居住在哪里，都是法国的属民。[3]

围绕这场争论的政治行动持续了十年的时间，其目的是控制人口以及背后的人力资源，因为这一地区以人烟稀少著称。暹罗与法国当局试图通过各种方式，包括废除赋税、发放钱财衣物以及恐吓威胁等，使这些人变成他们的属民。[4]然而，双方的措施，都同样将认同与归属或效忠从传统人际关系转移到新的地缘机体上来，不管是以出生地为基础，还是以居住地为基础。暹罗的措施看起来更有意脱离传统实践。

结果是两方面的。一方面，用于控制人力的传统约束体系已经不再有效，正是这种关键性变化最终导致了这一体系的废止。另一方面，迫切需要塑造一个使人们形成“暹罗人”认同的新体系。结果就是，形成了全国范围的人口与户籍普查，以及将传统的领主统治转化为以领土为基础的地方行政管理。[5]此外，右岸老挝人地区的一位王族行政长官发布命令，禁止当地的管理者在人口与户籍普查中用族类进行统计。相反，所有的人都必须被同样登记为“暹罗属民”（Siamese subjects）。[6]

虽然新的认同在短期内无法全面贯彻实施，但地缘机体已经为新的划分民众的方法指明了方向，奠定了基础。1941年，銮披汶政权发布了一项充斥沙文主义的国家规范（ratthaniyom）*，将不管来自哪个地区，具有怎样族类背景的所有泰国民众统称为“泰人”，而不管他们族类来源的多样性。[7]迟至1967年，据查尔斯·凯斯报道，湄公河右岸的民众仍然认为自己是老挝人，尽管他们正越来越成为“东北人”（Isan）。他还发现，在他进行研究的这段时期，曾经在銮披汶政权时期造成潜在分裂威胁的东北人地方主义已经不再构成威胁。这个地方共同体已经成为泰国内部的一种认同，并不会出现要求建立一个独立的东北人国家的叛乱。[8]那些“老挝人”变成了“东北人”，这是在新创造出来的国家感的机体框架内出现的一种非常空间化的族类/文化认同。[9]

如今，在泰国的一些边缘地区也开始以领土划分民众。1986年，泰国政府进行了一次空中勘察，以便对泰国与缅甸及老挝接壤的边境进 166
行地图绘制。他们发现，这一地区的少数民族长期以来不受干扰地生活着，并在这三个国家的领土之间来回移动。因此，他们解释道，除了地图，出于安全因素的考虑，还要进行一次人口与户籍普查。

历史在建构泰国性过程中也发挥了作用，“过去”在“什么是泰国性”和“什么是他者性”的二元对立的基础上被创造出来。在这里，地缘机体为历史提供了他者性的实体。成为他者的国家绝大多数是现代国家，而不是前现代政治下的一个分裂王国或者主要城市。此外，在“什么是泰国性”和“什么是他者性”之间的对比并不只限于政治实体。从泰国的历史视角来看，缅甸人富有进攻性，对外扩张，嗜血好战，而高

* 銮披汶颁布的规范国民言行、培养爱国主义的一系列法案。这个词的泰文意义是热爱国家，无法直译，一般译成国家规范或国家法令。

棉人则相当懦弱，又投机取巧，只会在暹罗人遇到麻烦的时候发动攻击。不难看出，这些特性是对照泰国特性而得出的。泰人勇敢，爱好自由，爱好和平，没有攻击性。这正是泰国国歌告诉我们的东西。

在这里，正如本书一开始所指出的，他者性是对民族的一种消极认同，它不管这个民族是什么、做了什么。人们总是指责其他民族造成破坏和灾祸。比如说，泰国历史学家甚至谴责缅甸人应该为历史文献的损失而负责，虽然这很可能是出于缺乏现代历史观念，而不是其他别的原因。[10]但是，这种历史学家的想法并不是泰国所独有的。[11]

敌人的作用

争取独立，或者更明确地说，外敌当前的主题，已经变成了一个魔盒，在这个魔盒中生成了历史和当下关于国家安全的话语。拿历史中的一个惊人事例来说，一位杰出的泰国历史学家为泰国的农奴制做出了辩护。卡宗·素卡帕尼写了一篇关于庶民（phrai）*，即泰国社会一种农奴制度的经典文章。他以此回应马克思主义的观点，即将庶民视为泰国过去阶级压迫和剥削的证据的观点。[12]他认为，受苦受难（和受压迫？）是必要的，而对这些加以抱怨并不值得同情，因为敌人的威胁和
167 战争迫在眉睫："当国家处于危急时刻，与国家的独立、整个民族的自由相比，个人的自由恰恰是次要的。"[13]此外，泰国的这种情况可能不如其他国家那么糟："如果读者诸君觉得我们的先辈受到他们社会的压迫的话，我想要告诉诸位的是，其他社会的先辈，如老挝、柬埔寨、越南、缅甸

* 庶民，也可音译为派，是个比较复杂的概念，中文中没有一个直接对应的词。他们相比奴隶有人身自由，但必须依附于大地主，寻求其庇护，并为他们服劳役和徭役。

和马来西亚，跟我们的先辈相比，也受到同样甚至更严重的剥削。"[14]换句话说，跟国家安全相比，苦难是能够忍受的。这种对问题加以归类的策略，在銮威集的戏剧中也同样采用过。以他者性作为参照，可能在学术上没什么意义，但在意识形态上是非常有意义、非常有效的。

国家安全的话语无疑是泰国国家植入泰国民众头脑中的一种非常有效的无端恐惧。对他者性，尤其是敌人的塑造，可以为抵抗内外敌人的现存政治和社会管控提供佐证。要是没有这种话语中的敌人，不管是泰国各条边境上的准军事组织，还是职业军队，所有各类国家的强制性力量都将是冗余的。跟一般的观念相反，国家及其安全机器是由于敌人才得以存在的。在话语中（而非现实中），假如不是国家的安全机制的话，那么，究竟是什么在主动地创造敌人，并生产出对于国家最大的威胁呢？敌人必须被展现出来、生产出来或者暗示出来，随后在话语中得到维持。它常常是被设计出来的——如果不是被公然希望的话。

瓦栖拉兀在1911年为对抗规范军队，自己建立起一支准军事力量，他将其命名为野虎团（Suapa）——大概是模仿了那些历史上在暹罗边疆地带巡逻的卫兵的名字。这个名字与过去相关，跟泰国（性）与他者之间的边境相关，并且与敌人所造成的威胁相关。野虎团于是象征那些抵抗敌人、捍卫泰国性的主动力量。[15]相同的理由也用来为军队的角色辩护，只是没有那么象征意味。以1976年10月曼谷学生惨案两个月之后，当时国王的一次演讲为例：

> 我们的国家一度处于敌人持续性的侵略威胁当中，如果泰国人民没有在抵抗敌人的过程中发扬他们的爱国主义精神并团结一致的话，我们泰国人民的自由与生存就会遭到毁灭……因此，泰国军队始终是我们国家国防上最重要的角色，随时准备履行保护国

家的职责。[16]

168 谁，或者什么才是敌人？这些想象中的威胁来自何方？印度支那地区的战争在话语中已经持续了数十年，但实际情况是，随着19世纪末职业军队的建立，泰国军事力量为了它自身政治统治在国内舞台上扮演了非常积极主动的角色。跟其他国家的战争很少见，而就算是发生战争，人们也会问，这究竟是为了捍卫国家，还是别有所图：例如，跟法国当局就湄公河领土存在的争端，第一次世界大战期间被派往法国参战的军团，被派去参加朝鲜和越南战争的军队，在老挝进行秘密行动的半官方的雇佣军，在泰柬和泰老边境地带爆发的零星冲突。为了巩固泰国性，敌人是否抽象或者模糊不清，这都无关紧要。敌人必须经常存在。

对敌人的塑造对民众关于那些假想敌的认知产生了深远的影响。1985年，泰国对地方领导者，主要是区乡一级的头人、医生和教师的民族主义态度进行了一次不为人知的调查。其结果显示，人们强烈认为泰国是一个美好的国家，受访者下辈子还愿意生在这里，这种结果一点都不奇怪。而他们最讨厌的国家则是越南、柬埔寨和老挝。这些国家的民众——他们说，泰国人不应跟他们建立亲密友谊或者与之通婚——是最不值得信任的。在泰国人最不喜欢的国民中，缅甸人排名第四。[17]假如有人问，为什么这些人被划分为敌人，是没有明确的理由来回答的。他者性的功能并不需要一种客观的解释。敌人的功能只需要是具体的、真实的，并能作为“我们自身”的对立面，而不必考虑真正的他者性是谁或者是什么。

地缘机体和历史在形成泰国性和塑造敌人方面扮演重要角色，这或许可以在一幅海报中最好地展现出来，这幅海报可能没有流传出去，但最典型地体现了这种情况。这幅海报是一幅没有任何全球参照的浮动地图，但很容易看出它是泰国地图。在东部边疆上，是一个挂满子弹的士兵的图像。他的眼睛紧盯着泰国地图，他的嘴巴张得很大，似乎要将泰国地图一口吞下。很明显，他是一个共产党，这从他的制服、帽子上的红星以及皮带上的锤子镰刀图案可以很容易辨认出来。这名士兵最突出的特点是他的轮廓，是按照越南、柬埔寨和老挝三国地图组合的形状绘制的。在这幅图的顶部，是泰国三色旗，印在生产这张海报的组织标志上方。这个标志本身也包含了三色旗和泰国地图。下面的标题写着："醒醒吧，泰国人民。" 在泰国地图中，有这样的说明："我们已经失去了352877平方公里的领土，只留下了514000平方公里。" 在地图 169
的下方是另一个口号："团结就是力量；保家卫国；阻止腐败；国家富强。" 在底部，海报赞助者的名字是 "桑宁·尤沙塔蓬长老"。他是一位佛教高僧。[18]

泰国性的边境

内部/外部的二分法是区分 "我们自身" 与他者最有效的策略。然而，内部与外部、"我们自身" 和他者（或敌人）之间的界限，有时是模糊不清的。即使是地缘机体，这一可能是泰国国家感最明显而坚实的认同，在某些其边界跟泰国性边界并不完全重合的地方，也有所局限。泰国性的范围是相当模糊的；它既可以相当广义，也可以十分狭义。在1988年，泰国全国，跟在美国的泰国人一道，一致反对芝加哥艺术学院，要求将一座11世纪的高棉门楣归还给如今在泰国境内的一座寺院。事实上，这块门楣属于高棉艺术，其创作时代在泰国占据东南亚大陆之前；而且，它也并不是一块非常重要的艺术品。但是，随着当时国家认同意识的高涨，它被看成是体现泰国国家身份的无价之宝。整个国家对美国人从泰国土地上窃取这一国宝的行径十分愤慨。而最终，整个国家又因为美国将那件国家认同的文物归还给它的祖国——泰国而不是柬埔寨——而深受感动。在这里，泰国性在文化层面上超出了泰国的范围，而囊括了吴哥王国的区域。[19]这种泰国性甚至远达芝加哥。值得注意的是，一件高棉文物之所以能引起泰国人世界性的反应，就在于其寺院目前所处的位置处在泰国地缘机体内部。

另一个反面的明显例子是泰国人对共产主义和泰国共产党人的看法。在泰国话语当中，共产主义与马克思主义理论、政治和经济方案、复杂的意识形态没有太大的关系。共产主义就是国家、宗教（佛教）和君主制度的敌人，它就是泰国性的头号敌人，因此在泰国性的外部。在冷战的宣传当中，共产主义通常会跟俄国、中国和北越等其他国家相等同。但是，泰国共产党力量的存在与这种定义产生了矛盾，尤其是在20世纪70年代后期，当时社会主义思想广泛传播，数以千计的中产阶级泰国学生加入了共产党。而镇压叛乱最持久的战略之一就是将社会主义者、共产主义者以及左派跟外部威胁联系起来。因此，这些学生被称为
170 “受骗者”（the Deceived）或者“我们那些受骗的孩子”（our children who are deceived）（受共产党的骗？受他者的骗？），这是在泰国性与他者之间创造出的类型。后来，这种“受骗”类型拓展到所有泰国共产党人，包括那些政治局成员。在放下武器和意识形态之后，他们中的大多数人都获得了大赦，并被称为“泰国发展的参与者”。他们成为泰国国家中“我们的一员”。

另一支镇压反叛的力量是边境巡逻警察，其主要任务是在农村地区打击泰国共产党人。这里的术语“边境”，实际上表明了泰国性之外的他者性的划分，而不是一种地理学上的定义。关于地缘机体的话语

提供了一种有效的方式，将泰国社会内部的反叛分子与外部威胁等同起来。因此，边境巡逻是保卫泰国性边境、打击敌人的力量；敌人必定是在边境之外，不管他们真正身在何处。实际上，这支警察部队能在任何地方采取行动，可能在边境地区，在少数民族中间（教他们标准泰语，并将泰国国旗、佛像和国王、王后的图像介绍给他们），在泰国领土腹地的一个农村里（组织一个反叛乱组织），或在像清迈这样的中心城市。它也是1976年10月大屠杀中冲入曼谷皇宫附近一所大学的主力军。

“外部”未必真的是外部；而“内部”也可能成为外来的或者外部的。在任何情况下，泰国性的话语范围保持着均质与统一。而反过来说，在地理话语的术语中，诸如“边境”这样的术语变得模糊不清。它可能表示超越空间或地理的某些东西。在上面所举的例子当中，边境巡逻工作出现在泰国性边境的各个地方，甚至会出现在地缘机体的内部。与其地缘机体相比，泰国性的边境更受局限。泰国地缘机体并不一定等同于泰国国家感。我们可能会想到各个少数民族，他们身处地缘机体内部，但在族类、宗教或意识形态上，他们位于泰国性的边缘地带，而且没有被很好地接纳进泰国性的范围之内。这些地方的情况很微妙，随时可能发生冲突。

符号的权力

代码或者符号，就像“边境”这个词汇或者国家地图一样，并不一定指代它原初的含义。它可以生成、产生更多的相关含义。换句话说， 171
每种符号都潜在地具有多种意义。因此，对符号意义的控制之争就成为一场激烈的战斗，在这场战斗中，要争取颠覆并消除特定的意义，并确立其他的意义。因此，对某一符号的主要意义的忠诚或反抗就标志着对某种话语霸权……和权力的顺从或反叛。

国家感的象征意义通常通过一些话语共同体现出来，其中的每一个分别发挥着作用。这使得国家感的符号成为一种丰富而有力的标志。这种标志具有强大的力量。最佳例子之一就是国旗。泰国国旗在历史上仅有过色彩、形状和徽记上细微的变化。[20]但是，这样的历史也可以追溯国家感认同话语的形成过程。当蒙固王创制“暹罗”旗，以之作为从君主徽记中独立出来的一个特殊符号的时候，究竟意味着什么？当他选取一头白象作为旗帜上的符号，而在君主旗上仅表现蒙固王的私人徽记的时候，又表明了什么？引入三色为国旗颜色这一重要步骤又意味着什么？有人认为，国王瓦栖拉兀之所以决定将白象从国旗设计方案中拿出，是因为一次意外中白象旗被倒挂了。[21]即便这种说法确有其事，那三色为什么会成为符号？权力以怎样的方式介入了这一过程？

三色旗曾经历过多次动荡，却了无改变；而一些从专制王朝时期流传下来的其他的国家符号，就受到了质疑。1932年革命废除了君主专制制度，试图引入宪法，作为国家的最高象征符号。[22]接下来的政权组织谱写了新的国歌，以替代公开场合代表皇室的歌曲。[23]此外，代表国王陛下的歌曲被缩短了，一些竞争性的符号被创造出来。[24]尽管存在这些争斗，三色旗还是几乎原封不动地留存了下来。为什么三色旗如此强大？还是因为它十分弱小、模糊，因此具有可塑性？如果是这种情况的话，关于这一旗帜的法规和仪式是否存在任何重点、阐释或功能上的转变？[25]

然而，由于国旗是被泰国国家及其话语的权力所制造和认可的，因此，其意义和认同就受到了泰国性话语的限制，因为这种泰国性不包括那些持不同政见者，也可能不被那些持不同政见者所接受。自1982年以来，共产党武装分子向政府投诚的时候，会向政府官员交出步枪和红旗。作为回报，他们会获得三色旗和一张国王陛下的图像，最后他们会在一起高唱国歌。这种使用三色旗和其他符号的政治仪式，将红旗下的泰国共产党人转变为三色旗下的主流社会成员。这是否意味着，他们在仪式没有进行之前，算不上完全的泰国人？172

大多数政治力量都意识到旗帜的力量以及问题的严重性。在1973年10月人民起义前夕，当时的军政府指控学生运动成员是共产党分子，并声称所有的混乱都是共产党有组织有预谋的。为了应对这一指控，数十万人开始了反对军政府的游行示威活动。他们被一支学生队伍，而非军队所领导，他们高擎国旗和国王画像。

象征意义有多么强大，可以从它被不当使用或受到挑战的时候看出来。曾经有一个人，因为穿了一双国旗印在跟上的袜子而被捕，这在泰国文化中被认为是对这一符号的冒犯。[26]另一个事例则是在1975年10月，在之前刚刚提到的成功起义两周年之际，沿着当年游行路线进行了一场仪式性游行，作为纪念活动的高潮。组织者为游行准备了成千上万的小纸旗，但不是三色旗。他们为这一场合专门发明了一种新的旗帜。它在天蓝色主色调中间用白色印制了起义的英雄时刻的一个著名景象。最初，艺术家受到批评，理由是天蓝色和白色未能体现出起义的激进精神。最后，经由军队的宣传提醒，学生运动的领导者认为，应该完全放弃英雄旗帜，因为它可能被看成是对国旗的故意挑战，而这可能会导致无法想象的政治灾难。组织者们的激烈争吵持续了整个晚上，最后每面英雄旗帜都被丢掉，第二天清晨他们在曼谷各处购置了数千面三色小纸旗。是他们太胆小么？还是说，他们的谨慎很恰当？又或者，与其在最后一刻不得不放弃新旗帜，还不如一开始就不要尝试用新旗帜？

最后的话

国家感的认同是一种图腾崇拜。它建立在“我们自身”和他者的二元对立的基础之上。当然，存在着不同层次的认同——班级、学校、地区、职业、国家感——而且不同的认同可能相互冲突。但是，其权力因认同的等级而不同。例如，共产党人认为，工人没有祖国，他们希望
173 不同国家的世界将会让位给一个国际主义的新世界。但是马克思和恩格斯过于乐观了，并被资本主义的超国家性所迷惑；他们未能意识到，工人的身份次于国民的身份，甚至次于族类的身份，比如克罗地亚人、塞尔维亚人、斯拉夫人、捷克人、乌克兰人、克伦人、孟人、泰米尔人、僧伽罗人或者泰国南部的人。实际上，工人很难团结，他们常常会分道扬镳。即便是建立在一种身份认同基础上的统一，在某一天也可能会因为基于另一种身份认同的新划分而分崩离析。甚至民族，尽管它仍然是一个强有力且受欢迎的基本认同，也会瓦解消融。有一天，国家会由于另一种可能更高级的共同体认同而消亡。

对国家感的认同并不代表任何国家感的内在的特征。它所展现的是其创造出的东西。国家感的定义与范围并不是既定的。它们是被建构、雕刻、刻划和制作出来的。其统一也不是既定的。这种认同是由定义其范围、赋予其意义或者彼此时常冲突的话语的效果组合而成的。它始终是不固定、模糊不清、自相矛盾的，常常过于受限，同时也过于宽泛。身份的存在只不过是一种暂时性的话语关联，在这种话语关联中，特定的话语对这一范围保持主导力量。但是，其他话语也存在于特定区域的边缘，新的话语出现，挑战、动摇甚至替代了主导话语，进而对其范围及身份加以重新书写。身份认同总是处在竞争与替代的危机当

中；因此，它始终是变化不定的。这种身份认同的存在既不稳定，也不连续。它时刻充满着转变、破坏和替代。因此，对国家感的研究需要仰赖身份这一虚幻的概念。同时，因为国家感的形成充满了对抗、斗争和替代，对话语认同的研究就成为一种对模糊、误解、不稳定的意指时刻，以及促成这种认同的外在力量所进行的研究。

在大多数历史研究中，地图的作用并不重要。现在，我们应该认识到它的力量。在这里它是否被夸大了？或许吧。但是，在其他地方，地图的作用绝对被低估了。它不仅是人类主体使用的一种手段，一个动作。实际情况可能是相反的。其他技术可能也是如此。它们可能是非人主体，将人类变成代理甚至是它们的媒介的客体。假定的创造者，就像制图员，永远是匿名的，而且他们不应为产品超出其控制负责。在历史叙事中，人类往往被赋予了核心角色。他们在历史中应该处在一个更为卑微的地位，作为技术的奴仆；或许，这恰恰是如今正在发生的事情。

一个国家的传统历史总是充满着英雄主义、智勇领袖、争取独立、饱 174
受外敌创伤等等故事。这些故事值得铭记，我们曾经就是这样回忆我们的过往岁月。但实际上，一个国家诞生的历史充满着尴尬、非理性、偶然、意外之喜以及有趣的事件，也包含着意识形态和心理上的掩饰。不管这些事件是否有价值，是否有用，它无疑是同一个过去的另一种历史。

地图创造了国家，虽然并不是单枪匹马。但是，地图在技术来源上相当年轻和微不足道，要将创造国家归功于它是不可想象的，这是因为那将消除一个国家沉淀在史册中的辉煌。然而，为什么要千方百计去追寻一个国家的远古起源？为什么不去观察其明显可见的组成部分，对它们各自分析，来发现其短暂的关联？简单来说，“暹罗”的诞生就在S、I、A和M四个字母的组合中。同样，其地缘机体也是在一幅地图中，而不是别的什么地方形成的。

175 # 资料注释

The Burney Papers. 在各章的注释中，*The Burney Papers*将用*BP*(卷)/(部分)的形式呈现。例如，*BP* 4/1指第4卷，第1部分。这里的卷数是指原稿的卷数，而不管合订本的卷数是多少，因为原稿与合订本的卷数不一定对应。比如说，原稿第2卷就拓展为两个合订本。此外，页码标注的方式在整个原稿中也并不一致。在第1卷的四个部分和第3卷的两个部分中，页码的标注是连续的。在第2卷的六个部分和第4卷的两个部分中，页码的标注在每部分重新开始。第5卷只有一个部分。因此，对于第2卷和第4卷来说，需要指明各部分的数目信息，而对于其他卷来说则需要省略，以免造成混淆。

Prachum Phongsawadan. *Prachum Phongsawadan*(历史汇编)系列是多种历史文献的汇集，由八十个部分组成。然而，这里所引用的Khurusapha版划分为大致相同篇幅的五十卷，并没有考虑各个部分的头尾。因此，在引述的时候通常会用*PP*(卷)/(部分)的形式体现。例如，*PP* 34/62和35/62指在第34和第35卷中出现的第62部分；*PP* 11/13和11/14指同在第11卷中的第13和第14部分。在大多数情况下，当引述一本书中的某篇文章时，会给出每个文件的标题。

Phraratchaphongsawadan Krung Rattanakosin. 引用提帕格拉翁关于第三朝和第四朝写就的两卷本*Phraratchaphongsawadan Krung Rattanakosin*(曼谷时期皇家纪事)时，在下面的注释中会分别简写成Thiphakorawong, *Third Reign* 以及 *Fourth Reign*，并标注卷数。

注　释

177

导　论

1 *Sydney Morning Herald*, 1986年6月9日。

2 La-o-thong Ammarinrat, "Kansongnakrian paisuksato tangprathet tangtae ph.s. 2411—2475"[对出国留学学生的赞助], pp. 99—100。

3 同上, pp. 212—213。

4 Sirilak Sakkriangkrai, ed., *Phraya suriyanuwat (koet bunnak) naksetthasat khonraek khong muangthai*[Phraya Suriyanuwat (Koed Bunnag): 泰国第一位经济学家], pp. 27—30。

5 Prince Damrong Rajanubhap, "Laksana kanpokkhrong prathetsayam taeboran"[古代的暹罗政府], pp. 6—7。

6 Thamsook Numnonda, *Thailand and the Japanese Presence 1941—1945*, pp. 21—41.

7 同上; 另可参见收录于Kromkhotsanakan, *Pramuan watthanatham haengchat*[国家文化文集]中那段时期的政府规章集。

8 *Rai-ngan kansammana ruang ekkalak khong chat kap kanphatthana*[国家认同与发展研讨会报告], p. 1。

9 Commission for National Identity, *Ekkalak khong chat*[国家认同]。

10 选自M. R. Kukrit Pramoj的演讲; 同上, p. 19。

11 Edmund Leach, *Political Systems of Highland Burma*, pp. 285—286, 290—292.

12 *Far Eastern Economic Review*, 1987年6月18日,p. 53。

13 Prudhisan Jumbala, "Interest and Pressure Groups", p. 130.

14 对Khian Theerawit博士的访谈，见*Matichon*（泰国的一份日报），1985年4月8日,p. 2。

15 Edward Said, *Orientalism*.

16 Mark Hobart and Robert Taylor, eds., *Context, Meaning and Power in Southeast Asia*, p. 7.

17 Benedict Anderson, "Studies of the Thai State", p. 196.

178 18 Thongchai Winichakul, "Siam Mapped: A History of the Geo-body of Siam"（论文），pp. 155—156。会议召集人也在会后评论中表达了这个观点；参见Gehan Wijeyewardene的"Postscript",收录于vol. 3, pt. 2, pp. 650—652。

19 引自Amara Pongsapich的"导论",见*Traditional and Changing Thai World View*, p. 8。

20 Sit But-in, *Lokkathat chaothai lanna*[兰那泰人的世界观]; *Sangkhomsat chabap lokkathat chaolanna*[社会科学期刊]; Chamroen Saengduangkhae, *Lokkathat chaothai phaktai thi prakot nai phlengklomdek*[儿歌中表现的南方泰人的世界观]; Sutthiwong Phongphaibun, ed., *Lokkathat thai phaktai*[南方泰人的世界观]; Charuwan Thammawat, *Lokkathat thangkanmuang chak wannakam isan*[东北部文学中的政治观点]; Panya Borisut, *Lokkathat khong khonthai wikhro chak wannakhadikhamson samai sukhothai*[泰人的世界观:素可泰时期文学教学分析]; 以及Saowapha Phaithayawat, "Lokkathat khong khonthai samai ton rattanakosin 2325—2416"[曼谷时代早期泰人的世界观]。

21 尤其是在上文所引的Panya书中：他所谓的分析几乎逐字逐句照搬他用的资料。

22 参见*Phua phaendin thai*[为了泰国]中对节目的转录。

23 广播与电视中都有类似的报导。虽然这些报导并不都广受公众欢迎（而且，鉴于有些报导表现形式糟糕，它们的观众很有限），但是它们同时也在一定程度上成就了标准化的泰国性。参见*Yuyangthai*[泰人的生活],这是一份同名广播及电视节目剧本的年刊。

24 Seksan Prasertkul, Review of *Thailand: Society and Politics*, p. 406.

25 著名社会批评家与多产作家萧素乐及其追随者的著作或许最能体现这一观念。英文资料可参见*Siam in Crisis*; *Seeds of Peace: A Buddhist Vision for Renewing*

Society；以及 *Religion and Development*。亦可参见 Donald Swearer, "Sulak Sivaraksa's Buddhist Vision for Renewing Society", pp. 17—57。这种观念很流行，不管是在学界，还是在社会活动家那里，都得到了认可。另一位意见领袖是由医生转变为社会批评家的 Prawes Wasi 教授。

26 萧素乐在 1984 和 1991 年两度因冒犯君主罪而被指控。第二次指控包括诽谤军队总司令。但是事实上，萧素乐以其忠君思想而著称。

27 参见 Aphichat Thongyoo, *Watthanatham kap chumchon: thangluakmai khong nganphatthana*［文化与地方社区：另一种发展工作］。在泰国，因这类想法而著名的人物有 Bamrung Bunpanya、Seri Phongphit 博士以及 Kanchana Kaewthep 博士。

28 此处引文来自为 Aphichat Thongyoo, *Charukwai thamklang yuksamai an sapson*［复杂时代的记录］一书做的广告，见期刊 *Sangkhomphatthana*［社会发展］，5—6（1983），p. 104。

29 Sa-nga Luchaphatthanaphorn, ed., *Wikrittakan ekkalakthai*［泰国认同的危机］。

30 Phra Pracha pasannathammo, "Than phutthathat kap kanpatiwat watthanatham"
［Buddhadasa Bhikku 与文化革命］，p. 76。 179

31 关于法身寺，可参见 Peter Jackson, *Buddhism, Legitimation and Conflict: The Political Functions of Urban Thai Buddhism*；关于萧素乐的抨击（泰语），可参见 *Matichon rai sapda*［Matichon 周报］，1986 年 7 月 13 日。

32 *Far Eastern Economic Review*, 1987 年 6 月 18 日，pp. 53—54。关于这位僧人，可参见 Charles F. Keyes, "Political Crisis and Militant Buddhism in Contemporary Thailand"，以及 David Morell and Chai-anan Samudavanija, *Political Conflict in Thailand*, pp. 246—248。

33 参见 Pornpirom Iamtham, "Social Origin and the Development of the Communist Party of Thailand", pp. 205—209, 212—215；以及 Gawin Chutima, *The Rise and Fall of the Communist Party of Thailand (1973—1987)*, chap. 1, pp. 44—60。很难衡量"中国因素"到底在多大程度上导致泰国共产党与青年知识分子之间出现的裂痕。然而，很明显的是，在那些从泰国共产党脱离出来的人眼中，这往往是最常见的原因之一（参见 Yuangrat Wedel, *The Thai Radicals and the Communist Party*）。

34 例如，可参见 Santisuk Sophonsiri 撰写的这篇文章"Ratthai kap chakkrawatniyom"［泰国与帝国主义］，pp. 15—35。

35 参见Craig J. Reynolds and Lysa Hong, "Marxism in Thai Historical Studies", pp. 77—104,其中谈到了20世纪50年代泰国马克思主义者的历史背景及其在20世纪70年代的实践与影响。

36 Somkiat Wanthana, "Rat somburanayasit nai sayam 2435—2475"[1892—1932暹罗的专制国家]。另可参见青年学者关于这一问题的一次专题研讨会,收录于*Pacharayasan* 8, no. 3 (June—July 1981): 14—57。

37 Andrew Turton et al., *Thailand: Roots of Conflict*.

38 Anderson, "Studies of the Thai State", pp. 211—215中对少数族群的讨论。这篇文章可以看成是对泰国国家的同质性神话所做的整体性批判。

39 Charles F. Keyes, *Thailand: Buddhist Kingdom as Modern Nation-State*.另可参见Andrew Turton, "Limits of Ideological Domination and the Formation of Social Consciousness",对于一个社会的异质性以及意识观念的范围所做的论述。

40 Kenneth R. Hall and John K. Whitmore, eds., *Explorations in Early Southeast Asian History: The Origins of Southeast Asian Statecraft*,导言;以及David Marr and A. C. Milner, eds., *Southeast Asia in the 9th to 14th Century*,导言。

41 Donald K. Emmerson, "'Southeast Asia': What's in a Name", pp. 5—14.

42 Benedict Anderson, *Imagined Communities: Reflections on the Origin and Spread of Nationalism*.

43 例如,可参见利奇关于克钦族及掸族认同问题的经典著作*Highland Burma*。关于族群认同的更进一步的研究,可参见Fredrik Barth, ed., *Ethnic Groups and Boundaries: The Social Organization of Cultural Difference*,导言;以及Charles F. Keyes, ed., *Ethnic Adaptation and Identity: The Karen on the Thai Frontier with Burma*,尤其是Keyes、Kunstadter、Lehman撰写的章节以及导言部分。

44 对时间的重新想象问题需要深入探究,并且值得成为一个不同的研究计划。除了安德森的著作之外,告诉我们机械钟在多大程度上卷入了我们的现代生活的研究有David Landes, *Revolution in Time: Clocks and the Making of the Modern World*。

45 Robert D. Sack, *Human Territoriality: Its Theory and History*.此处的定义引自pp. 19—20,216。

180 46 同上,p. 30。关于三种影响,可参见pp. 21—22,31—34。

47 Edmund Leach, "The Frontiers of Burma", pp. 49—68.

48 Tej Bunnag, *Provincial Administration of Siam 1892—1915*, pp. 2—3, 17—19.

第一章

1 关于《帕銮三界》的翻译及对这种宇宙结构学的讨论，可参见 Frank E. Reynolds and Mani B. Reynolds, *Three Worlds According to King Ruang: A Thai Buddhist Cosmology*。

2 Michael Vickery, "A Note on the Date of the Traibhumikatha", pp. 275—284.

3 B. J. Terwiel, "Muang Thai and the World: Changing Perspectives During the Third Reign".

4 参见 Suphaphan na Bangchang, "Wannakam lokkasat nai phutthasatsana therawat"[小乘佛教宇宙观的文献]，其中收录了这种传统文本的相关摘要。

5 参见"参考文献"中的详细引述。

6 Craig J. Reynolds, "Buddhist Cosmography in Thai History with Special Reference to Nineteenth-Century Culture Change", pp. 203—220.

7 B. J. Terwiel, "Muang Thai and the World", pp. 5—10 部分就是一个例证。

8 Robert Heine-Geldern, *Conceptions of State and Kingship in Southeast Asia*.

9 可参见 Lorraine Gesick, ed., *Centers, Symbols, and Hierarchies: Essays on the Classical States of Southeast Asia*, 以及 Shelly Errington, *Meaning and Power in Southeast Asian Realm*。

10 Frank E. Reynolds, "Buddhism as Universal Religion and as Civic Religion", pp. 194—203. 关于佛学知识的三大脉络，可参见 Reynolds and Reynolds, *Three Worlds*, pp. 11—22。

11 Charles F. Keyes, "Buddhist Pilgrimage Centers and the Twelve-Year Cycle", pp. 71—89.

12 图像 1 取自 "Northern Thai manuscript: Buddhist Manual", 收录于 Shan/Northern Thai/Khmer Manuscript Collection, no. 28B, John M. Echols Collection，康奈尔大学收藏。其摘要这么说："包罗万象且意义重大的佛教文献的经卷手稿包括'如何建造浮屠''怎样为新剃度的僧人赐名'……并将印度重要的佛教城邦与作为佛教宇宙学的世界中心的浮屠联系起来。最后则是红黑颜色的部分，并且还有一幅印度佛教朝圣地点的地图。"令人惊奇的是，约瑟夫·施瓦茨贝里设法破解了它（至少是一种令人信服的假设性的破解之道），将之看成一次朝圣地理学的记载。参见 David Woodward, ed., *History of Cartography*, vol. 2,

pt. 2。这里要感谢施瓦茨贝里教授将这些手稿介绍给我，并向我讲述他的新发现。还可参见对泰国东北部朝圣空间的另一项研究：James B. Pruess, “Merit-Seeking in Public”, pp. 169—206。

13 H. L. Shorto, “The 32 Myos in the Medieval Mon Kingdom”, pp. 572—591；以及“The Dewatau Sotapan”, pp. 127—141。

14 肖托甚至还提出了数学公式，包括大多数的最高圣地在内的数字总是2n+1；参见“The 32 Myos”, pp. 581—582。

15 David P. Chandler, “Maps for the Ancestors”, pp. 170—187.

16 参见Prungsri Vallibhotama et al., eds., *Sarupphon kansammana ruang traiphum phra ruang*［帕銮三界问题研讨会纪要］, pp. 115—164，其中包含一些各种寺院的照片。

181 17 关于泰国绘画及其他主题的进一步研究，可参见Jean Boisselier, *Thai Painting*。

18 吞武里版本的图绘三界手稿至少还有两种现存的复制品，它们之间存在一些细小的差别。其中的一份复制品如今收藏在柏林博物馆。这份复制品的一部分已经刊印，并附有简单的说明，参见Klaus Wenk, *Thailandische Miniaturmalereien nach einer Handschrift der indischen Kunstabteilung der staatlichen Museen Berlin*。另一份复制品收藏于曼谷的国家图书馆Vajiranana收藏室，其中除了佬人及高棉版本之外，还有更早时期的图示三界手稿。

19 Michael Wright, “Khonboran mong phumisat lok”［古代人眼中的世界地理］, pp. 90—96。

20 同上，pp. 92—93。

21 赖特认为锡兰的精确细节可能意味着作者曾真正探访过这个岛屿。

22 Boisselier, *Thai Painting*, pp. 80, 84, 200, 204.

23 Michael Vickery, “The Lion Prince and Related Remarks on Northern History”, pp. 361—362；以及Winai Pongsripian, “Traditional Thai Historiography and Its Nineteenth-Century Decline”, pp. 69—82。

24 James B. Pruess, “Merit-Seeking in Public”, p. 170.

25 Chandler, “Maps for the Ancestors”, pp. 174—175.

26 整幅地图的素描可见于Sutthiwong Phongphaibun, *Rai-ngan kanwichai phutthasatsana thaep lumthalesap songkhla fangtawan-ok samai krung si-ayutthaya*［关于阿瑜陀耶时期宋卡湖东岸地区佛教的研究报告］，在书中，这幅地图被看成关于阿瑜陀耶时代晚期那个区域内寺院、土地捐献以及佛教的一种线索。最初的草稿收藏在位于曼谷的国家图书馆Vajiranana收藏室。

27 Lorraine Gesick, "Reading Landscape", pp. 157—162.

28 基于柏林所藏草稿对这一地图所做的初步研究，可参见Klaus Wenk, "Zu einer 'Landkarter' Sued- und Ostasiens"。Michael Wright, "Phaenthi boran"［古代地图］是对曼谷所藏草稿的另一研究作品。在这些地图的细节方面都存在不同之处（参见注释18）。Wenk, *Thailandisch*, pp. 66—67展示了这幅地图的一部分。

29 Terwiel, "Muang Thai and the World", p. 9.

30 同上，pp. 6—7。

31 可参见J. V. Mills, "Chinese Coastal Maps"的第156页对面和Leo Bagrow, *History of Cartography*中CIV部分的两份16和18世纪中国航海图例。

32 Mills, "Chinese Coastal Maps", p. 151.

33 Paul Wheatley, *The Golden Khersonese*, chap. 1.

34 Royal Thai Survey Department, *Wiwatthanakan thang phaenthi nai prathetthai*［泰国制图的发展］，p. 5。

35 Victor Kennedy, "An Indigenous Early Nineteenth Century Map of Central and Northeast Thailand", pp. 315—348.

36 参见《帕銮三界》的修订版，在这中间，第9章中（关于大地、大海等等）最有价值的部分已经经过了"检查和校正"。修订工作是按照特定的数学公式来进行的。其中的一些在Reynolds and Reynolds, *Three Worlds*中被记录并加以阐释，但在泰文的修订版本中没有这样的解释。

37 关于泰国绘画中三界的图例，可参见Reynolds and Reynolds, *Three Worlds*。 182

38 Frederick A. Neale, *Narrative of a Residence at the Capital of the Kingdom of Siam*, pp. 54—56.所有拼写都依据原文。图例选自p. 55。

第二章

1 Hong Lysa, *Thailand in the Nineteenth Century*.

2 Prince Dhaninivat, "The Inscriptions of Wat Phra Jetubon", in *Collected Articles*, pp. 21—22；*Nangnopphamat ru tamrap thao sichulalak*［Lady Nopphamat或Thao Sichulalak的论述］，pp. 1—3。

3 B. J. Terwiel, "Muang Thai and the World", pp. 17—18.

4 同上, pp. 20—21; Dan B. Bradley, *Abstract of the Journal of Reverend Dan Beach Bradley, M.D.*, p. 26。

5 George H. Feltus, *Samuel Reynolds House of Siam*, p. 24.

6 Bradley, *Journal*, p. 28.

7 William Bradley, *Siam Then*, p. 49. 关于这一时期更多的细节信息，参见卡斯维尔的信, William Bradley, "Prince Mongkut and Jesse Caswell", p. 38。

8 *Bangkok Recorder*, vol. 1, nos. 21—22, 1866年1月。

9 King Mongkut, *Phraratchahatthalekha phrabatsomdet phrachomklaochaoyuhua*［蒙固王皇室通讯录］, p. 6。

10 Bradley, *Siam Then*, p. 102.

11 Sir John Bowring, *The Kingdom and People of Siam*, vol. 2, p. 144.

12 参见蒙固给他美国朋友写的信，在信中，这件事被详细讨论，收录于Mongkut,［皇室通讯录］, pp. 6—18。

13 Mom Rachothai, *Nirat london*［伦敦之旅中的诗篇］, p. 89。

14 Reynolds, "Buddhist Cosmography in Thai History", pp. 217—219.

15 参见Craig Reynolds, "The Buddhist Monkhood in Nineteenth Century Thailand", chaps. 3—4，尤其是pp. 79—96关于蒙固活动的论述；另可参见Srisuporn Chuangsakul, "Khwamplianplaeng khong khanasong: suksa karani thammayuttikanikai (ph.s. 2368—2464)"［僧伽的发展：法宗派个案（1825—1921）］。

16 *Bangkok Recorder*, vol. 2, nos. 2, 9, 12 (1866年3月17日、6月27日和8月11日)。

17 同上, vol. 1, no. 21 (1866年1月), p. 211。

18 Thiphakorawong, *Nangsu sadaeng kitchanukit*［万物论］。英文文献可见Henry Alabaster, *The Modern Buddhist*，这是关于提帕格拉翁一书的一份全面报告，做了标注、讨论，并从《万物论》中引用了大量篇幅。

19 对于这本书的讨论，可参见Reynolds, "Buddhist Monkhood", pp. 129—132；以及"Buddhist Cosmography", pp. 215—219。另可参见Somjai Phairotthirarat, "The Historical Writing of Chao Phraya Thiphakorawong", chap. 3中对本书的概述。

20 Thiphakorawong, *Kitchanukit*, pp. 245—249.

21 同上, pp. 83—107。

22 *Bangkok Recorder*, vol. 1, no. 2（1865年3月16日）, vol. 2, no. 2（1866年3月17日）。

183 23 Thiphakorawong, *Kitchanukit*, p. 104.

24 同上, pp. 100—102。

25 同上,pp. 106—107。

26 同上,p. 1。

27 Damrong, *Khwamsongcham*[回忆录],p. 99。

28 Prayoon Uluchata[Phluluang], "Phrachomklao kap horasatthai"[蒙固王与泰国星相学], pp. 43—51。关于这一特殊事件以及围绕它的争论,可参见Nerida Cook, "A Tale of Two City Pillars: Mongkut and Thai Astrology on the Eve of Modernization", pp. 279—313。

29 Mongkut, *Phraboromrachathibai athikkamat athikkawan lae pakkhananawithi*[关于闰月闰日以及月份的计算方法的皇室解释]是一份蒙固关于这一问题作品的资料集。或可参见Mongkut, *Prachum prakat ratchakan thi 4*[第四朝公告集],vol. 4, pp. 120—141。

30 宋干节公告在Mongkut,[公告集]中是每年的第一个条目。

31 Mongkut,[公告集],vol. 3, pp. 272—273。

32 同上,vol. 2, pp. 96—97, 305。

33 同上,vol. 4, p. 25。

34 同上,vol. 2, p. 320。

35 例如,可参见*Bangkok Recorder*, vol. 1, no. 21,以及Thiphakorawong, *Fourth Reign*, vol. 2, p. 160。

36 Mongkut,[公告集],vol. 2, p. 199。

37 同上,vol. 4, pp. 24—25。

38 例如,可参见上书,vol. 4, p. 92。

39 Mongkut,[关于闰月闰日以及月份的计算方法的皇室解释],p. 2。

40 例如,Mongkut,[公告集],vol. 2, p. 313以及vol. 4, pp. 142—145。

41 同上,vol. 4, pp. 117—120。

42 Fine Arts Department, comp. , *Prachum chotmaihet ruang suriyupparakha nai ratchakan thi 4 lae ruang ratchakan thi 4 songprachuan lae sawankhot*[关于第四朝日食以及蒙固王患病及驾崩的文献集],p. 29。关于1868年全日食的更多细节与图片资料,参见Rawi Bhawilai, "Suriyupparakha 18 singhakhom 2411"[1868年8月18日的日食],pp. 26—34;以及Chaen Patchusanon, "Suriyupparakha temkhrat ph.s. 2411"[1868年的日全食],pp. 124—141。观测带穿越亚丁、印度和婆罗洲,在这些地方欧洲人已经建立起观测站。

43 "Chotmaihet sadet wako"[皇室前往瓦果的记载],收录于*PP* 13/19, p. 16;以及

Thiphakorawong, *Fourth Reign*, vol. 2, p. 242。当时占星家更习惯于使用的另一种文本是*Suriyayat*。他们没有给出西方文本的名称。

44 Damrong,[回忆录],pp. 36—37;另可参见*PP* 13/19, pp. (3)—(4)以及*PP* 30/52, "Chotmaihet mua phrabatsomdet phrachomklao sawankhot"[关于蒙固王驾崩的记载],pp. 132—134。

45 参见"Chotmaihet hon"[占星家记录],*PP* 8/8, p. 110。

46 但蒙固喜欢Saram教义;参见Mongkut,[关于闰月闰日以及月份的计算方法的皇室解释],pp. 72—73。

47 从这一事件发生到现在,人们对于瓦果所知的只是它的地名。它的确切方位
184 已经不可考,也没有出现在任何地图上。近期试图重新发现这一地方的尝试
最终以争论告终;参见Chaen,["1868年的日全食"]。

48 Fine Arts Department,[日食文献],p. 31。

49 Thiphakorawong, *Fourth Reign*, vol. 2, pp. 250—251.

50 Fine Arts Department,[日食文献],pp. 31—33。

51 J. W. Van Dyke[Wandai],*Phumanithet*[地理学],序言。本书没有给出作者姓名的罗马字母写法,但Rev. J. W. Van Dyke在1869至1886年间是一名在暹罗的基督教长老会传教士;参见Thai Khadi Research Institute, "Mo bratle kap sangkhom thai"[布拉德利与泰国社会],app. 1, p. 4。没有证据表明,他是用泰文书写,或者这本书是从他的英文原本翻译过来的。

52 Warunee Osatharom, "Kansuksa nai sangkhomthai ph.s. 2411—2475"[1868—1932泰国社会中的教育],pp. 67—85。

53 同上,p. 84。

54 W. G. Johnson, *Phumisat sayam*[暹罗地理学]。这本书首次出版的日期并不清楚。1914年的第五版指出,约翰逊在1900年用英语写了这本书,但译本在当年没有完成。(参见Phraya Methathibodi在1914年版中的序言)。约翰逊自己在第一版中的导言,跟他在1907年第四版中的一样,写于1902年。但我找到了1900年的那版:其题目、一些词汇以及拼写都跟后来的版本不同,但除了每次印刷中有些数据被更新外,其内容几乎一模一样。

55 Phraya Thepphasatsathit, *Phumisat lem 1*[地理学Ⅰ],pp. 58—59。

56 同上,p. 34。

57 D. J. B. Pallegoix, *Dictionarium linguage Thai sive Siamensis interpretatione Latina, Gallica et Anglica*, pp. 523, 626;Pallegoix, *Siamese French English Dictionary*,

p. 776; Dan Beach Bradley, *Nangsu akkharaphithansap: Dictionary of the Siamese Language*, pp. 412, 514; Khun Prasert-aksonnit et al., *Photchananukrom lamdap lae plae sap thichai nai nangsu thai*[泰语文学词汇辞典],p. 282。

58 例如,可参见Pallegoix, *Siamese French English Dictionary*(参见上义注释57);以及Samuel J. Smith, *A Comprehensive Anglo-Siamese Dictionary*, p. 671。

59 Van Dyke, *Phumanithet*, pp. 6—7.

60 这本书用问答的方式写成。关于同一主题的众多问题被称为mae,就像在传统泰语文学中一样。一“章”由一组mae按照连续序列标示出来;序列在每一章都重新开始。

61 Johnson, *Phumisat sayam*, pp. 59, 64, 67以及其他各处 。

62 同上,p. 8。

63 同上,pp. 11—12。

64 直至1914年的版本,亚洲地图都不包含在内,但它仍然在该书第11页上提及。此外,暹罗边界地图被一幅最新的“暹罗王国”地图所替代,这幅地图展现出关于各省区划和边界的更多细节。

65 Thepphasatsathit,[地理学Ⅰ]和[地理学Ⅱ]。这里所给出的作者名是他最后一个官职的正式名称。而在早期版本中,作者的名字可能会有不同,例如,Khun Tharaphakphathi。

66 Thepphasatsathit,[地理学Ⅰ]从1902到1958年出版了三十六次。本书总印数将近三百万册。关于[地理学Ⅱ]没有详细记载。

67 节选自Thepphasatsathit,[地理学Ⅱ],pp. 50—75。 185

68 参见A. Kolacny, “Cartographic Information”, pp. 47—49;另可参见Arthur H. Robinson and Barbara B. Petchenik, *The Nature of Maps*。

69 关于细节,可参见Robinson and Petchenik, *The Nature of Maps*, chap.3,尤其是pp. 30—32以及figs. 2.4—2.6;或可参见Kolacny, “Cartographic Information”, p. 48。另可参见J. S. Keates, *Understanding Maps*, pp. 62—86。

70 这里所提供的三种方法只是为了在这一研究中的讨论。

71 例如,可参见Robinson and Petchenik, *The Nature of Maps*, pp. 61—66。

72 Keates, *Understanding Maps*, p. 72.

73 Adisak Thongbun, “Wan witthayasat haeng chat kap phrabida haeng witthayasat thai”[国家科学日与泰国科学之父],pp. 3—4。

74 Prayoon Uluchata,[“蒙固王与泰国星相学”],p. 43。

75 Sulak Sivaraksa, "Chotmai chak wako"[来自瓦果的一封信], pp. 36—41。

76 Prince Patriarch Wachirayanwarorot, *Thetsana phraratchaprawat phrabatsomdet phra paramentharamahamongkut phrachomklaochaoyuhua*[关于蒙固王皇室传记的讲话], p. 40。

77 Prayoon Uluchate[Phluluang], *Horasat*[星相学], 导言。

78 参见Thewawongwaropakan亲王向丹隆亲王写的一封关于法国测量员的信，收录于Chiraporn Sathapanawatthana, *Wikrittakan r.s.* 112[1893年危机], p. 29；另可参见Prince Patriarch Wachirayanwarorot, *Pramuan phraniphon—prawattisat borankhadi*[全集：历史卷], p. 117。

第三章

1 本章中"边界"这一术语的使用事实上适用于现代边界，但并不完全适用于确定一个范围界限或极限的本土实践活动。然而，为方便起见，这个术语将在两种意义下使用，而两种意义之间的差异也将加以明确论述，尤其是在本章的最后部分。

2 此处和上面的引文选自*BP* 1, p. 54。

3 D. G. E. Hall, *Henry Burney: A Political Biography*, p. 73.

4 *BP* 1, pp. 60—61, 85—86.

5 *BP* 1, pp. 154—155.

6 *BP* 1, pp. 122, 161; Hall, *Henry Burney*, p. 73.

7 *BP* 1, p. 122.所有包含"国家"(nation)的词汇，以及它们的拼写，都根据原文。

8 *BP* 1, pp. 304—309.

9 参见*BP* 1, p. 313, Article 4, p. 377, Article 3。关于伯尼的建议，参见*BP* 1, pp. 251—252。

10 *BP* 2/6, pp. 288—289.

11 这条河的名称在*The Burney Papers*中多种多样：Chan、Pak Chan、Pakchan。在暹罗的文献记载中，这条河的名称是克拉河或北栈河。不同的名称可能指的是河流的不同部分，或者不同但相连的小河。所有的名称都被交替使用；例如，可参见*BP* 4/1, pp. 102—103, 139—142, 161。为行文方便，我统一使用"北栈河"。

186 12 *BP* 4/1, pp. 82—85, 110.

13 *BP* 4/1, pp. 89, 94.

14 *BP* 4/1, pp. 86, 96.

15 *BP* 4/1, pp. 102—103, 109.

16 *BP* 4/1, pp. 118　119.

17 *BP* 4/1, pp. 131—132.

18 这里与上文的引文选自 *BP* 4/1, pp. 131—132。

19 *BP* 4/1，分别为pp. 160, 162。信件全文可参见pp. 156—162。

20 *BP* 4/1, pp. 198—199.

21 *BP* 4/1, pp. 122—125.

22 Thiphakorawong, *Third Reign*, vol. 2, pp. 104—106. 关于这一防御良好的小镇，参见R. Renard, "The Delineation of the Kayah States Frontiers with Thailand: 1809—1894", p. 87。

23 *BP* 4/1, pp. 153—155.

24 Walter F. Vella, *Siam Under Rama III 1824—1851*, p. 117.

25 同上，pp. 125, 129。

26 关于更多的细节情况，参见Vella, *Siam Under Rama III*, chap. 9；*PP* 34/62, 35/62, "Thut farang samai krung rattanakosin"［曼谷时期的西方使节］；以及Khachorn Sukhabhanij, *Khomun prawattisat samai bangkok*［曼谷时期的历史叙述］, pp. 81—110, 117—149。关于美国商人罗伯特·亨特（Robert Hunter）的事情，参见Thiphakorawong, *Third Reign*, vol. 2, pp. 93—94以及*BP* 4/2, pp. 81—83, 92—94, 129—135, 193—194。

27 此处和下面的叙述见*BP* 4/1, pp. 221—241，这是1847年英国当局的通讯。他们发现了早在1834年理查德森使团文献中关于边界的文章。对于清迈国王的来信，参见pp. 227—229。

28 *BP* 4/1, pp. 242—263.

29 *BP* 3, pp. 142—143, 151—152, 152以后几页，时间为1829年。

30 *BP* 3, pp. 161—164.

31 *BP* 3, pp. 192—193. 这种马来度量单位在*The Burney Papers*中被替换为rulong或者orlong。它并不是*BP* 3, p. 359中出现的暹罗单位。

32 *BP* 3, p. 193.

33 同上，p. 301；该信件全文参见pp. 300—304。另可参见来自洛坤的另一封信中的类似情况，pp. 359—361。

34 这是伊本特孙先生说的；参见*BP* 3, pp. 294—295, 298—299。

35 *BP* 3, pp. 360—361.

36 参见收录于*BP* 4/1, pp. 140—142中的信件。

37 参见全文收录于*BP* 4/1, pp. 156—162中的信件。“管辖”（jurisdiction）来自对泰文信件的原始英文译本。

38 *BP* 4/1, pp. 163—169, 172.

39 *BP* 4/1, pp. 188—192.

40 Mongkut, *Phraratchahatthalekha phrabatsomdet phrachomklaochaoyuhua*［蒙固王皇室通讯录］, pp. 352, 359；关于这一事件的更多信息，参见pp. 351—363。另可参见Thiphakorawong, *Fourth Reign*, vol. 2, pp. 54—55, 67—71, 97—98；以及Natthawut Sutthisongkhram, *Somdetchaophraya borommahasisuriyawong akkharamahasenabodi*［Sisuriyawong：著名大臣］, vol. 1, pp. 317—335。

41 完整的故事可参见Nakhon Phannarong, “Kancheracha lae khotoklong rawang
187 ratthaban sayam kap ratthaban angkrit kieokap huamuang chaidaen lannathai lae phama samai phrabatsomdet phrachunlachomklaochaoyuhua raya ph.s. 2428—2438”［1885至1895年间朱拉隆功统治时期暹罗与英国政府关于兰那与缅甸之间边疆城镇的谈判与协议］, pp. 106—120, 314—326。

42 同上, pp. 251—256。

43 同上, p. 341；引文见p. 330，友好通道见pp. 334—335；信件全文见pp. 329—341。调查由英国官员发问，当地头人回答。曼谷官员多多少少扮演了解释者的角色。然而，这却是用标准泰语记录下来的。

44 同上, p. 341。

45 Richard Muir, *Modern Political Geography*, p. 119；黑体为笔者所加。

46 J. R. V. Prescott, *Boundaries and Frontiers*, p. 31.

47 同上, chap. 7；Muir, *Modern Political Geography*, chap. 6；以及F. J. Monkhouse, *A Dictionary of Geography*, pp. 44, 132。

48 Prasert-aksonnit et al.,［泰语文学词汇辞典］, p. 557；另可参见pp. 386, 429。

49 Pallegoix, *Dictionarium linguage Thai*, p. 16.

50 Pallegoix, *Siamese French English Dictionary*, pp. 16, 334.

51 Bradley, *Nangsu akkharaphithansap: Dictionary of the Siamese Language*, p. 84. “地区”（area）这个词在这里是从prathet翻译来的，参见本词典p. 412，其意思明显是“居住的区域，以及田野或森林”，不是一个国家。

52 *BP* 4/1, pp. 157—158.

53 参见“Ruang muang nakhonchampasak”［占巴塞的一个故事］，收录于*PP* 44/70, pp. 173—193。另一个例子参见“Phongsawadan Luang Phrabang”［琅勃拉邦纪年］，收录于*PP* 4/5, pp. 333, 336。

54 这一事实在Damrong, *Prachum phraniphon bettalet*［杂文集］, pp. 26—29中被注意到。但他并不认为它们是khetdaen的标记，因为它们全都在泰国边境之内，这一点我在后面会详加论述。

55 Renard, “Delineation of the Kayah State Frontiers”, pp. 81, 85.

56 Nakhon, “Negotiations and Agreements”, p. 335.

57 ［“曼谷时期的西方使节”］，收录于*PP* 35/62, pp. 113, 148；黑体为笔者所加。在这一文献中，詹姆斯·布鲁克表达了这一措辞。然而，这可能是被暹罗人翻译为他们所能理解的概念。

58 ［“曼谷时期的西方使节”］，收录于*PP* 35/62, p. 149。

59 *BP* 3, p. 151，信件的日期是1829年10月26日。

60 同上，p. 198。

61 在对这一地区的历史研究中很少有学者注意到这两种本土边界的共存。Moertono对于旧爪哇的研究是一个例外。但他并未将其不同特征区分开来，而是将其混合到一起。参见Soemarsaid Moertono, *State and Statecraft in Old Java*, pp. 114—115。

62 Robert L. Solomon, “Boundary Concepts and Practices in Southeast Asia”, p. 15.

第四章

1 Victor Lieberman, *Burmese Administrative Cycles*, pp. 33—38.

2 O. W. Wolters, *History, Culture and Region in Southeast Asian Perspectives*, pp. 16—17.另可参见Renee Hagesteijn, *Circles of Kings*。还有其他试图从更为机制性的或者理论化的层面上描述王国内部以及这一地区一些王国之间权力关系的尝试。在当中，另一种主要观点是Tambiah的“星云政体”（galactic 188
polity）；参见S. J. Tambiah, “The Galactic Polity: The Structure of Traditional Kingdoms in Southeast Asia”，或者他的著作*World Conqueror and World Renouncer*, chap. 4。

3 参见Tambiah, *World Conqueror and World Renouncer*中关于这种王权历史理论的经典研究。另可参见Sunait Chutintaranond, “Cakravatin: The Ideology of

Traditional Warfare in Siam and Burma, 1548—1605”。

4 关于19世纪之前柬埔寨与暹罗和越南关系的历史，可参见David Chandler, *History of Cambodia*, pp. 94—97, 113—116。

5 更多的故事参见Chandler, *History of Cambodia*, chap. 7，以及Vella, *Siam Under Rama III*, chap. 7。

6 参见“Phongsawadan khamen”［柬埔寨编年史］，收录于 *PP* 1/1, p. 295，以及“Phongsawadan muang phratabong”［马德望编年史］，收录于 *PP* 12/16, p. 127。在那时候，柬埔寨国王驻跸于乌栋，而暹罗军队则驻扎在马德望，越南军队驻扎在金边。

7 Chandler, *History of Cambodia*, p. 116.

8 出自“Chotmaihet kieokap khamen lae yuan nai ratchakan thi 3, tonthi 1”［第三朝关于柬埔寨和越南的叙述，第一部分］，收录于 *PP* 41/67, p. 235。相同但稍有差别的论述还可见于Chandler, *History of Cambodia*, p. 116；但钱德勒引用自一部越南文献。

9 Thiphakorawong, *Third Reign*, vol. 2, p. 107.

10 “Waduai hetkan muang khamen ton set songkhram thai yuan”［暹罗—越南战争后柬埔寨的形势］，收录于 *PP* 31/56, p. 207；黑体为笔者所加。

11 Chandler, *History of Cambodia*, p. 133.

12 同上，p. 119。

13 R. Bonney, *Kedah 1771—1821*, pp. 18—22.

14 同上，p. 26。

15 同上，pp. 110—112；另可参见Kobkua Suwannathat-Pian, “The Dhonburi-Bangkok Political Ideology and Its Effects upon Thai-Malay Relations 1767—1851”, pp. 95—106。

16 Lorraine Gesick, “Kingship and Political Integration in Traditional Siam 1767—1824”, pp. 154—164；以及 *Chotmai luang udomsombat*［Luang Udomsombat通信集］中丹隆的导言，p. 12。

17 参见Kobkua, “Dhonburi-Bangkok Political Ideology”, pp. 103—104；以及Bonney, *Kedah 1771—1821*。

18 L. A. Mills, *British Malaya 1824—67*, pp. 150—153；另可参见［Luang Udomsombat通信集］，信件9—15。

19 D. G. E. Hall, *Henry Burney: A Political Biography*, pp. 13, 28.

20 关于曼谷1874年危机的情况，可参见Noel Battye, "The Military, Government, and Society in Siam, 1868—1910", chap. 4。关于17世纪后期阿瑜陀耶王朝那莱国王利用他的法国关系建立起一个法国兵团来支持他对抗敌对贵族的另一个事例，参见Nithi Aeusrivongse, *Kanmuang thai samai phra narai*［那莱国王时期的泰国政治］。这一事件被称为1688年革命；参见Claude de Beze, *1688, Revolution in Siam*，以及E. W. Hutchinson, *Adventures in Siam in the Seventeenth Century*。

21 Marcel Mauss, *The Gift: Forms and Functions of Exchange in Archaic Societies*.

22 Mary Elizabeth Berry关于"Giving in Asia—A Symposium"的导言，p. 307。

23 19世纪的暹罗贵族也持有这种看法。参见Mongkut, *Prachum prakat ratchakan* 189
thi 4［第四朝公告集］, vol. 4, pp. 158—184；丹隆的介绍见*PP* 4/5, pp. 37—40。对于现代学者来说，成本收益的解释最早出现在1936年；参见［"曼谷时期的西方使节"］，收录于*PP* 34/62, p. 227上的注释。关于这种视角下的更多近期研究，参见Sarasin Viraphol, *Tribute and Profit: Sino-Siamese Trade 1652—1853*，以及Suebsaeng Phrombun, "Sino-Siamese Tributary Relations, 1282—1853"。

24 Mills, *British Malaya*, pp. 31—32.

25 Narathipphongpraphan, *Witthayawannakam*［知识学］, pp. 172—186。作为泰国杰出哲学家，作者在解释新词的时候，参考了国际法并用大英帝国作为模本来定义。因此，ananikhom这个词精确地表示现代意义上的"殖民地"，它所表示的绝对不是前现代暹罗政体中prathetsarat或muangkhun的观念。但是，随着从那时起这些术语的意义等同，以及前现代政体的终结，prathetsarat的观念被殖民地的观念所替代。

26 Wyatt, *Short History of Thailand*, pp. 158—161.

27 这是Tej Bunnag, *Provincial Administration of Siam 1892—1915*中的一种假设。我会在本书的第八章中讨论这个问题。

28 Mills, *British Malaya*, p. 32.

29 同上，pp. 30—39。

30 *Crawfurd Papers*, pp. 38—39.

31 参见James Low, "Retrospect of British Policy in the Strait of Malacca"，收录于*BP* 5, pp. 63—67；这个词出自p. 65。这一文献专门探讨了吉打问题以及租约的有效性。其他一些英国统治者也对这一问题有过论述。另可参见Mills, *British Malaya*, p. 36。

32 *BP* 1, pp. 201, 215—216, 245—247, 257—258, 261, 299—301.

33 Mills, *British Malaya*, p. 156; Hall, *Henry Burney*, p. 155.

34 Hall, *Henry Burney*, pp. 282—283, 298, 494—512。伯尼在这里对协议的解释跟他的对手槟榔屿英国当局的看法针锋相对。

35 参见伯尼协议的Article 12。更多细节可参见Mills, *British Malaya*, pp. 150—153。

36 整个故事可参见*BP* 2/6, pp. 1—35, 118—121。对这一事件的明显亲英观点参见Mills, *British Malaya*, pp. 140—162。

37 ［“曼谷时期的西方使节”］,收录于 *PP* 35/62, p. 152。

38 关于1831年事件, 可参见*BP* 3, pp. 210—287; 关于1838年的尝试, 可参见*BP* 3, pp. 477—530。［Luang Udomsombat通信集］是关于1838年事件的专门记录。另可参见Kobkua, “Dhonburi-Bangkok Political Ideology”, pp. 104—105。

39 Bonney, *Kedah 1771—1821*, chap. 4.

40 Mongkut, *Phraratchahatthalekha phrabatsomdet phrachomklaochaoyuhua*［蒙固王皇室通讯录］,pp. 65—66, 640—641。

41 同上,pp. 633—640。

42 曼谷国家图书馆手稿部, *Chotmaihet r. 4 ch.s. 1225*［第四朝1863年文献］, no. 63,海军司令写给财政大臣的信件,日期为1863年10月5日。

43 Thiphakorawong, *Fourth Reign*, vol. 2, pp. 46—47.

44 同上,pp. 55—57。

45 Mongkut,［皇室通讯录］, pp. 115—116。在这篇文章中各处出现的“暹罗”和
190 “越南”两词是从thai和yuan对应地翻译过来的。

46 Mongkut, “Ruang phaendin khamen pen si phak”［柬埔寨领土划分为四部分］, 见*Prachum phraratchaniphon nai ratchakan thi 4 muat borankhadi*［蒙固王作品集:历史部分］,pp. 91—93。

47 Milton Osborne and David K. Wyatt, “The Abridged Cambodian Chronicle”, pp. 189—197.

48 “Phongsawadan muang saiburi”［吉打编年史］, 收录于*PP* 2/2, pp. 268—299; Sharom Ahmat, “Kedah-Siam Relations, 1821—1905”, pp. 97—117。

49 Thamsook Numnonda, “Negotiations Regarding the Cession of Siamese Malay States 1907—1909”, pp. 227—235.

50 Thiphakorawong, *Fourth Reign*, vol. 2, pp. 78—79, 118—119.

第五章

1 参见Surasakmontri, *Prawatkan khong chomphon chaophraya surasakmontri*［陆军元帅素拉萨门迪自传］, vol. 2, p. 622。

2 James McCarthy, *Surveying and Exploring in Siam*, p. 102, 将这种传统称为"Saesamfai", 意思是相同的。另可参见［McCarthy］, *An Englishman's Siamese Journal 1890—1893*, p. 186。

3 例如, 参见"Phongsawadan chiangrung"以及"Phongsawadan chiangkhaeng"［景洪和清康各自的编年史］, 收录于*PP* 9/9。

4 参见朱拉隆功给巴乍亲王的信, Natthawut Sutthisongkhram and Banchoed Inthuchanyong, *Phrachaoborommawongthoe kromluang prachaksinlapakhom*［Prachaksinlapakhom亲王］, pp. 187—190。

5 Renard, "Delineation of the Kayah States", pp. 81—87.

6 "Phongsawadan muang lai"［莱国编年史］, 收录于*PP* 9/9, p. 45。这一历史是1885年采访莱国当局的暹罗官员所记录下来的。

7 同上, pp. 48—55。

8 同上, pp. 70—99; 关于琅勃拉邦和莱国, 参见pp. 85, 122。

9 "Phongsawadan muang thaeng"［勐天编年史］, 收录于*PP* 9/9, 同时也被莱国编年史所记录。勐天究竟有多长时间是莱国的朝贡国尚不得而知。当然, 莱国在19世纪70年代将贺匪从勐天驱离出去之后, 越南将这块地方给了莱国(参见pp. 50—52, 79—80)。关于神话, 可参见pp. 103—113。

10 Damrong, "Chotmaihet kongthap prap ho"［对军队镇压贺匪的叙述］, 收录于*PP* 14/24, pp. 232—234。

11 "Chotmaihet kieokap khamen lae yuan nai ratchakan thi 3"［关于第三朝时期柬埔寨和越南的文献］, 收录于*PP* 41/67, pp. 255—267。

12 "Tamnan muang phuan"［普安历史］, 收录于*PP* 44/70, pp. 114—130。关于普安惨案的细节性描述, 可参见Kennon Breazeale and Sanit Samuckkarn, *A Culture in Search of Survival: The Phuan of Thailand and Laos*; 后面称为*Phuan*。

13 ［"柬埔寨和越南的文献"］, 收录于*PP* 41/67, p. 275。关于1827至1851年间暹罗对普安人口灭绝行动的完整叙述, 可参见Breazeale and Sanit, *Phuan*, chap. 1。

14 关于权力的本土观念及其所折射的权力领域, 可参见Benedict Anderson, "The

Idea of Power in Javanese Culture”, pp. 22—23。

15 Natthawut Sutthisongkhram,[巴乍亲王],p. 188。

16 这一翻译来自 Winai Pongsripian, “Traditional Thai Historiography”, p. 392。泰语中关于种族的最早的词汇是chat,也可以翻译为民族(nation,意思是出身,而不
191 是一个政治单位)。

17 这段泰语引文取自 Chiraporn Sathapanawatthana, *Wikrittakan r.s. 112*[1893年危机],pp. 411—412;我的译文。信件全文可参见pp. 405—421。

18 Damrong, *Khwamsongcham*[回忆录],pp. 246—247, 264。

19 Battye, “Military, Government, and Society in Siam”, p. 121.

20 Damrong,[回忆录],p. 256。

21 泰文可参见Surasakmontri,[自传],尤其是vols. 2—4,是对这次远征的叙述。英文可参见Breazeale and Sanit, *Phuan*, pp. 47—52以及pt. 1各处;另可参见Andrew D. W. Forbes, “The Struggle for Hegemony in the Nineteenth Century Laos”, pp. 81—88。

22 关于琅勃拉邦命运的分析,参见Breazeale and Sanit, *Phuan*, p. 96,以及Forbes, “Struggle for Hegemony”, pp. 86—88。

23 例如,参见Battye, “Military, Government, and Society in Siam”, p. 257。

24 Surasakmontri,[自传], vol. 2, p. 499。在泰语中,这个词汇是chatkan anakhet。Chatkan这一单词的意思是管理、控制、修理、整顿;我在这里使用动词“确定”(settle)来表达这一单词的广义。

25 同上,pp. 339—340。

26 Surasakmontri,[自传],vol. 3, p. 13。

27 同上,p. 59。

28 Natthawut Sutthisongkhram,[巴乍亲王],pp. 190—191。

29 “Ruang kromluang prachaksinlapakhom sadet pai ratchakan na huamuang laophuan”[关于巴乍亲王在普安地区的行动],收录于*PP* 46/74, pp. 195—198。

30 例如,可参见Surasakmontri,[自传], vol. 2, pp. 264, 389以及vol. 3, pp. 202—203, 290。

31 用泰文所做的,基于泰文文献的,关于在这一前线的边界争端与解决的研究,可参见Nakhon Phannarong, “Kancheracha lae khotoklong rawang ratthaban sayam kap retthaban angkrit kieokap huamuang chaidaen lannathai lae phama samai phrabatsomdet phrachunlachomklaochaoyuhua raya ph.s. 2428—2438”[1885至

1895年间朱拉隆功统治时期暹罗与英国政府关于兰那与缅甸之间边疆城镇的谈判与协议]。英文研究可参见Sao Saimuang Mangrai, *Shan States and the British Annexation*, chap. 10，该研究主要基于英文文献进行。

32 Renard, “Delineation of Kayah States”, p. 90；Sao Saimuang Mongrai, *Shan States*, p. 227；以及Nakhon，[“谈判与协议”]，pp. 314—326。

33 Renard, “Delineation of Kayah States”, p. 90.

34 Sao Saimuang Mongrai, *Shan States*, pp. 229—231.

35 同上，p. 233。

36 同上，pp. 233—234；Renard, “Delineation of Kayah States”, pp. 90—92；以及Nakhon，[“谈判与协议”]，pp. 208—213。

37 参见Chandran Jeshuran, “The Anglo-French Declaration of January 1896 and the Independence of Siam”, pp. 105—126。

38 Battye, “Military, Government, and Society in Siam”，chap. 4.

39 同上，p. 315；Chandran Jeshuran, “The Anglo-French Declaration”。

40 Chandran Jeshuran, “The Anglo-French Declaration”, pp. 108—111.

41 Chaiyan Rajchagool, “The Social and State Formation in Siam 1855—1932”, 192
pp. 24—28.

42 Nakhon，[“谈判与协议”]，pp. 210—211；Amphorn Tangseri, “Withesobai khong phrabatsomdet phrachunlachomklaochaoyuhua thimito maha-amnat yurop”[朱拉隆功国王对欧洲力量的外交政策]，pp. 19—20。

43 Breazeale and Sanit, *Phuan*, p. 93.

44 Auguste Pavie, *Mission Pavie Indochine 1879—1895*, vol. 1, p. 194.

45 同上，vol. 6, pp. 111, 127, 135, 142。

46 Forbes, “Struggle for Hegemony”, p. 88.

47 Pavie, *Mission Pavie*, vol. 6, p. 114.

48 同上，vol. 7, p. 270。

49 Surasakmontri，[自传]，vol. 4, pp. 154—172，尤其是pp. 155—159；另可参见Pavie, *Mission Pavie*, vol. 1, pp. 245—246, 288—289, 290，以及Chiraporn，[1893年危机]，pp. 61—66。

50 Orawan Nopdara, “Kanprapprung kanpokkhrong lae khwamkhatyaeng kap farangset nai monthom udon rawang ph.s. 2436—2453”[1893至1910年乌隆省的行政改革以及与法国的冲突]，p. 118。

51 参见Phra Narongwichit［Luan na Nakhon］, *Chotmaihet r.s. 112*［1893年记录］中对事件的第一手叙述。

第六章

1 Larry Sternstein and John Black, "A Note on Three Polo Maps", pp. 347—349.

2 Paul Wheatley, *The Golden Khersonese*, pt. 2；R. H. Phillimore, "An Early Map of the Malay Peninsula", pp. 175—178；或Salwidhannidhes, "Study of Early Cartography in Thailand", pp. 81—89。

3 R. T. Fell, *Early Maps of South-East Asia*, pp. 71, 73.

4 关于制图学的历史，尤其是欧洲的地图绘制，可参见Leo Bagrow, *History of Cartography*。

5 Fell, *Early Maps of South-East Asia*, pp. 72—75.

6 *Crawfurd Papers*, pp. 9, 11, 71—72. 湄南河河道地图使朝廷对槟榔屿的英国居民提出抗议，因为这幅地图被认为对于皇宫的安全造成威胁。参见"Thut farang samai krung rattanakosin"［曼谷时期的西方使节］，收录于 *PP* 34/62, pp. 254—256。

7 *BP* 1, p. 58.

8 John Crawfurd, *Journal of an Embassy from the Governor-General of India to the Courts of Siam and Cochin China*, vol. 2, p. 199.

9 Edward Said, *Orientalism*, pp. 216—219.

10 Larry Sternstein, "'Low' Maps of Siam", pp. 132—156；以及"Low's Description of the Siamese Empire in 1824", pp. 9—34。

11 Sternstein, "'Low' Maps of Siam", pp. 138—141；引文选自 p. 138。

12 参见 Sir John Bowring, *The Kingdom and People of Siam*, vol. 1 中的地图。

13 Francis Garnier, *La Cochinchine francaise en 1864*.

14 Salmon, *Modern History or the Present State of All Nations*, vol. 1，该书大约写于1724年。本书中的东南亚地图是由一位著名地图绘制家赫尔曼·莫尔（Herman Moll）绘制的。关于安邺"发现"湄公河大转弯之前欧洲人所绘制的暹罗地图的更多例子，可参见一些旅行家的记述，如Simon de la Loubere, *The Kingdom of Siam*；John Crawfurd, *History of the Indian Archipelago* (1820) 以及 *A Descriptive Dictionary of the Indian Islands and Adjacent Countries* (1856)；J. H.

Moor, *Notices of the Indian Archipelago and Adjacent Countries* (1837); F. A. Neale, *Narrative of a Residence at the Capital of the Kingdom of Siam* (1852)。斯特恩斯坦还对劳在1824和1830年试图学习该地区地理并绘制地图做出了精彩论述；关于地图的草图，可参见他的"'Low' Maps of Siam"以及"Low's Description of the Siamese Empire in 1824"。 193

15 例如，参见Crawfurd, *Journal of An Embassy*, vol. 2, pp. 214—215，以及Bowring, *Kingdom and People of Siam*, vol. 1, pp. 1—4。

16 参见［曼谷时期的西方使节］，收录于*PP* 34/62, pp. 254—256。

17 *BP* 1, pp. 199—200.

18 Thiphakorawong, *Fourth Reign*, vol. 1, pp. 136—137, 140.

19 曼谷的国家图书馆手稿部所藏，*Chotmaihet r. 4 ch.s. 1226—1230*［1864—1868第四朝文献集］。

20 Sternstein, "'Low' Maps of Siam", p. 145. Thiphakorawong, *Fourth Reign*, vol. 2, pp. 99—100，所提及的名字是泰语的"Doichok"；斯特恩斯坦确认，那是一个名为Duysart的荷兰人（参见他文章中的n. 12）。

21 Natthawut Sutthisongkhram, *Somdetchaophraya borommahasisuriyawong akkharamaha senabodi*［Sisuriyawong：著名大臣］, vol. 2, pp. 158—159。

22 Maha-ammattayathibodi (Seng), "Kamnoet kantham phaenthi nai prathetthai"［泰国制图术的诞生］, pp. 1—2。

23 同上，pp. 2—3。关于麦卡锡的简要生平，可参见pp. 43—48。

24 印度东部边疆系列三角测量得出的暹罗三角测量图表的例子，可参见McCarthy, *Surveying and Exploring*, chap. 1。

25 关于这些项目的更多细节，可参见McCarthy, *Surveying and Exploring*。

26 Maha-ammattayathibodi，［"制图术的诞生"］, pp. 6, 14—15；以及McCarthy, *Surveying and Exploring*, 前言与pp. 1—3, 117。

27 ［McCarthy］, *An Englishman's Siamese Journal 1890—1893*, pp. 2—3. 出版者并没有给出作者的名称，但在本书第一页就指出这是*Report of a Survey in Siam*的不完整复制版，后者于1895年在伦敦匿名出版并发行。其内容几乎跟McCarthy, *Surveying and Exploring*一模一样，麦卡锡的这本书出版时间稍后。因此，为了参考，我保留了复制版的书名，而把作者确定为麦卡锡。

28 参见"The Royal Survey Department Siam: A Retrospect", p. 19。

29 同上，p. 20; Maha-ammattayathibodi，［"制图术的诞生"］, pp. 5, 8；以及"Phatthanakan

dan kansuksa nai rongrian phaenthi”［制图学校教育的发展］，泰国皇家测量局所编的*Thiraluk khroprop wansathapana 100 pi kromphaenthi thahan 2528*［1985年泰国皇家测量局建立一百周年纪念文集］中的一篇文章，p. 293。但所有这些资料提供的关于课程的信息都很少。

30 David Wyatt, *Politics of Reform in Thailand*, pp. 110, 115，n. 356，在这中间，学校的名称是“皇家测量局学校”（School of Royal Survey Department），但没有关于它的任何论述。Warunee Osatharom, “Kansuksa nai sangkhomthai ph.s. 2411—2475”［1868—1932泰国社会中的教育］是对泰国现代教育史的最好研究之一，但对此也没有提及。

31 关于该测量局历史的粗略但很有帮助的记录，参见“Retrospect”（参见上文注释
194 28）。这一文献的作者可能是Ronald W. Giblin，他从1901至1909年领导测量局。关于测量局历史的唯一记录是［纪念文集］，但不幸的是，这份官方历史提供的信息对我的研究没有帮助。

32 Tej Bunnag, *Provincial Administration of Siam 1892—1915*, pp. 1—2.

33 这一体系的例子可见于那些成为泰国东北地区的佬人城镇案例；参见“Phongsawadan huamuang isan”［东北城镇史］，收录于*PP* 3/4，尤其是pp. 359—360, 363—364, 394—395，有一些明确的事例。另可参见Toem Wiphakphotchanakit, *Prawattisat isan*［东北史］；以及Orawan Nopdara, “Kanprapprung kanpokkhrong lae khwamkhatyaeng kap farangset nai monthon udon rawang ph.s. 2436—2453”［1893至1910年乌隆省的行政改革以及与法国的冲突］，pp. 118—122。

34 Orawan Nopdara，［“乌隆省的改革”］，pp. 127, 176—180。

35 ［“东北城镇史”］，p. 370。

36 Chiraporn Sathapanawatthana，［1893年危机］，pp. 41—46, 67。

37 McCarthy, *Surveying and Exploring*, pp. 18—77. Chiraporn，［1893年危机］，pp. 44—45中所给出的这一代表团的数据是不准确的。

38 Surasakmontri，［自传］，vol. 2, p. 332。

39 同上，vol. 3, p. 234。

40 Battye, “Military, Government, and Society in Siam”, pp. 319—350. 他认为，当时的暹罗统治者已经是新的一代。在接受西式教育之后，他们信奉原则，希望被西方对手平等对待，并拒绝被恐吓。他们坚信这些领土属于他们，因为暹罗是直接的宗主国。因此他们准备为原则与领土而战。尽管意识到了模糊边境的问题，朱拉隆功还是决定必须采取包括军队在内的任何可能手段来重新捍卫他

的尊严。然而，这些相当理想主义和冲动的年轻人试图对传统制度进行迅速改革的意愿，以及在国际舞台上展现他们国家繁荣伟大的强烈愿望，跟真实的力量并不相符。暹罗在军事和政治上并没有做好充分准备。暹罗军队的战斗力很弱。步兵团主要驻扎在曼谷，在外省的只是"散兵游勇"，军队还不成熟；大炮和骑兵都是用于庆典的，而不是为了作战；海军军官主要是丹麦人，也没有做好战争准备。军队处于一种过渡阶段，正从一种传统的劳役军队向一支职业军队转变，而后者的引进在很大程度上恰恰是为了庆典的目的。此外，大多数战斗军队由战俘组成，那些诸族部众曾经反抗暹罗，但被击败了。广大农民仍然只知道古代的战争和武器模式，而对于爱国或反殖民战争一无所知。与法国的冲突所涉及的那些地方，他们中的大多数人根本没有听说过。用Battye的话来说，"从上到下，在暹罗反抗法国的军事准备中到处都弥漫着时代的错置"（p. 340）。

41 McCarthy, *Surveying and Exploring*, pp. 72—73.

42 Henri Mouhot, *Travels in the Central Parts of Indo-China (Siam), Cambodia, and Laos*.

43 关于这次悲剧性探险的优秀论述，可参见Milton Osborne, *River Road to China: The Mekhong River Expedition 1866—1873*。

44 Surasakmontri，[自传]，vol. 2, p. 470。

45 同上，pp. 468—470；Pavie, *Mission Pavie*, vol. 1, pp. 199—200, 246；vol. 2, p. 101；vol. 6, p. 113；以及Chiraporn，[1893年危机]，pp. 28—29。

46 Pavie, *Mission Pavie*, vol. 6, p. 37.

47 关于请求与回复，参见Surasakmontri，[自传]，vol. 2, pp. 365—372。所引用的 195
声明分别见pp. 372, 365。

48 引自Breazeale and Sanit, *Phuan*, p. 74。

49 Surasakmontri，[自传]，vol. 4, pp. 154—155。

50 Pavie, *Mission Pavie*, vol. 7, p. 46，以及vol. 6, pp. 51—52。

51 概括自"Retrospect", pp. 20—23。

52 帕维声称，素拉萨门迪带着麦卡锡的地图跟他争论。然而，由于一种未说明的原因，素拉萨门迪没有将其打开。参见Pavie, *Mission Pavie*, vol. 7, p. 67。

53 George N. Curzon, "The Siamese Boundary Question", pp. 34—55.

54 在我撰写博士论文的时候，我也没有看过麦卡锡的原始地图。因此我详细讨论了为何1985年的复制品并不是1887年地图，而是1899年或者更晚的地图的复制品；参见Thongchai Winichakul, “Siam Mapped”（论文）, pp. 297—308。相关信息，以及来自大英博物馆所藏地图的一幅复制品，要感谢Andrew Turton以及Kennon Breazeale。

55 他的地图和演讲见*Proceedings of the Royal Geographic Society*, new series 10 (March 1888): 117—134；地图在p.188正面。

56 Chiraporn,［1893年危机］,pp. 47—49；Pavie, *Mission Pavie*, vol. 1, p. 224。

57 Chiraporn,［1893年危机］,pp. 72, 77—81, 92—93, 119—128；Pavie, *Mission Pavie*, vol. 1, p. 325；vol. 2, pp. 86, 214。

58 例如，可参见Surasakmontri,［自传］,vol. 2, p. 444。在1886年年初，有一次素拉萨门迪抱怨测量局所绘制的地图太小太粗略：“它无法用于行军。它只是一幅估测地图。”

59 Breazeale and Sanit, *Phuan*, pp. 74, 89—92, 95—98, 116.

60 ［McCarthy］, *An Englishman's Siamese Journal*是对他在1890至1893年间工作的专门叙述；参见该书pp. 146—147或他的*Surveying and Exploring*一书的p. 175中来自曼谷的命令，这些命令提供了待确定现代边界的地区的详细信息。关于这一边疆的一个三角测量图表收录于*Surveying and Exploring*, chap. 1。

第七章

1 “Retrospect”, p. 23.或许这就是声称是麦卡锡1887年地图复制品的1985年地图的原本。

2 参见地图8附随的小册子［泰国地图绘制的发展］，或者我的学位论文“Siam Mapped”中的图像6.18。

3 关于暹罗与英属缅甸、暹罗与法属印度支那、暹罗与英属马来之间特定边界协议的细节，可参见J. R. V. Prescott, *Map of Mainland Asia by Treaty*, pp. 382—408, 418—446，以及*Frontiers of Asia and Southeast Asia*, pp. 54—59。

4 ［泰国地图绘制的发展］,pp. 8—9。

5 Robert Sack, *Human Territoriality*, p. 74.

6 Benedict Anderson, *Imagined Communities*, pp. 131—132.

7 J. R. V. Prescott, *Boundaries and Frontiers*, chap. 1.

8 Thepphasatsathit, *Phumisat lem 1*［地理学 1］,p. 95。

9 Salwidhannidhes, *Tamra phichika-phumisat*[自然地理学课本]。

10 Clifford Geertz, "The Integrative Revolution", pp. 105—157. 196

11 Shelley Errington, "The Place of Regalia in Luwu", p. 228.

12 *Ramakiam*, vol. 2, p. 73.

13 Khachorn Sukhabhanij, *Khomun prawattisat samai bangkok*[曼谷时期的历史记载],p. 252。

14 Eiji Murashima, "The Origin of Modern Official State Ideology in Thailand", pp. 80—96; Kullada Kesboonchoo, "Official Nationalism Under King Chulalongkorn"; 以及"Official Nationalism Under King Vajiravudh", pp. 107—120。关于官方民族主义的观点,参见Anderson, *Imagined Communities*, chap. 7。

15 有意思的是,更为常用的词语应该是prathetchat。但是泰国现任国王普密蓬在他的一些讲话中,更喜欢用chatprathet这个词。

16 Pallegoix, *Dictionarium*, pp. 129, 175—176.另可对应地参见Pallegoix, *Siamese French English Dictionary*, pp. 178, 192—193,除了最后两个条目被忽略之外,两者实际上是相同的。

17 Bradley, *Nangsu akkharaphithansap: Dictionary of Siamese Language*, pp. 798, 806; 我的译文。

18 Prasert-aksonnit et al., *Photchananukrom lamdap lae plae sap thichai nai nangsu thai*[泰语文学词汇辞典],pp. 579, 584; 我的译文。

19 Samuel J. Smith, *A Comprehensive Anglo-Siamese Dictionary*, p. 1028.

20 同上,p. 90; 我的译文。

21 Somdet Phra Wannarat, *Sangkhitiyawong*[佛教法会纪事],pp. 370, 381。

22 参见*Phraratchaphongsawadan chabap phraratchahatthalekha*[皇家纪事:皇家手迹校订本], vol, 1, p. 226; *Phraratchaphongsawadan krung si-ayutthaya chabap phan chanthanumat*[阿瑜陀耶王朝皇家纪事:Phan Chanthanumet校订本], vol. 1 (*PP* 38/64), p. 174; *Phraratchaphongsawadan krung si-ayutthaya chabap chakkraphatdiphong (chat)*[阿瑜陀耶王朝皇家纪事:Chakkraphatdiphong (Chat)校订本], vol. 1, p. 170; 以及*Phraratchaphongsawadan krung si-ayutthaya chabap phra phanarat*[阿瑜陀耶王朝皇家纪事:Phra Phanarat校订本],p. 140。

23 Thawi Muktharakosa, *Phramahathiraratchao*[瓦栖拉兀国王],p. 593。

24 David Morell and Chai-anan Samudavanija, *Political Conflict in Thailand*, pp. 244—246; John S. Girling, *Thailand: Society and Politics*, pp. 211—214.

第八章

1 Chandran Jeshuran, “The Anglo-French Declaration of January 1896 and the Independence of Siam”, pp. 108—111.

2 Battye, “Military, Government, and Society in Siam”, p. 369.

3 同上,p. 376。

4 全诗的译文可参见 James N. Mosel, “A Poetic Translation from the Siamese: Prince Damrong’s Reply in Verse to Rama V”, pp. 103—111。

5 Battye, “Military, Government, and Society in Siam”, p. 396.

6 在泰国历史中,一种典型的路径是Nithi Aeusrivongse, *Prawattisat rattanakosin nai phraratchaphongsawadan ayutthaya*[在阿瑜陀耶王朝记录中的曼谷历史]。

7 关于当时的连续性/断裂性,可参见David Wyatt, “The ‘Subtle Revolution’ of King Rama I of Siam”, pp. 9—52; Nithi Aeusrivongse, *Pakkai lae bairua*[羽毛与船帆],尤其是文章“Watthanatham kradumphi nai samai ton rattanakosin”[曼谷时代早期的布尔乔亚文化]; 另可参见Klaus Wenk, *The Restoration of Thailand Under Rama I 1782—1809*。关于缓解紧张局势的迫切需要,参见Craig Reynolds,
197 “Religious Historical Writing and the Legitimation of the First Bangkok Reign”, pp. 90—107。

8 Craig Reynolds, “The Plot of Thai History: Theory and Practice”, pp. 318—325.

9 Rong Sayamanonda, *A History of Thailand*, pp. 135及其后。

10 Khachorn Sukhabhanij, *Khomun prawattisat samai bangkok*[曼谷时期的历史叙述],pp. 240—244。

11 在用泰语写就的最著名的作品中,有Chiraporn,[1893年危机]以及Suwit Thirasasawat, *Khwamsamphan thai-farangset r.s. 112—126: kansiadindaen fangkhwa maenamkhong*[1893—1907法泰关系:湄公河右岸的沦丧]。同样的情节和故事成为学校教科书中常见的例子;关于例子,可参见Pharadi Mahakhan, *Prawattisat thai samaimai*[泰国现代史],pp. 164—165。

12 Wyatt, *A Short History*, pp. 201—208;引文选自p. 204。

13 同上,pp. 203—204,黑体为笔者所加;在本章后面,我会探讨词语如何引导我们的观点并造成情感影响。

14 Khachorn Sukhabhanij,[曼谷时期的历史叙述],p. 244。

15 Prince Damrong and Phraya Rajasena, *Thesaphiban*［*thesaphiban*省级行政体制］, p. 7。

16 Tej Bunnag, *Provincial Administration of Siam 1892—1915*, p. v.

17 同上，pp. 17—19。

18 同上，p. 249。

19 这种传统的大多数研究可见于泰国很多大学的硕士论文。例子可参见 Wutthichai Munlasin, ed., *Monthon thesaphiban: wikhroh priapthiap*［*thesaphiban*省级行政体制：比较研究］。

20 Tej Bunnag, "Kanpokkhrong baep thesaphiban pen rabop patiwat ru wiwatthanakan"［*thesaphiban*省级行政体制是革命还是演变？］。

21 Tej Bunnag, *Provincial Administration*, p. 261；黑体为笔者所加。这段文字是该书的最后一段。

22 Tej Bunnag, *Khabot r.s. 121*［1902年反叛］。

23 Khachorn Sukhabhanij，［曼谷时期的历史叙述］，pp. 232—233。

24 Edward Said, *Orientalism*, pp. 213—216；引文选自p. 213。关于寇仁勋爵在英国殖民主义中的重要地位，可参见Chandran Jeshuran, *The Contest for Siam 1889—1902*。

25 Chiraporn，［1893年危机］和Suwit，［法泰关系］都在论述中利用了这些文章与地图，似乎这些文章和地图是同情暹罗的反殖民材料或声明。此外，在他们引用这幅地图时，寇松所使用的彩色粗线，亦即代表不同阐释中近似于边界线的彩线，被用点和破折号（‥ ‥ ‥）替代了。或许彩线对他们来说不正式不可信；制图惯例对于让地图显得科学和学术而言是必要的。

26 正如本尼迪克特·安德森所指出的，暹罗君主的图像常常出现在暹罗邻国的其他广受欢迎的民族主义领袖旁边；参见"Studies of the Thai State: The State of Thai Studies", p. 198。

27 参见Thamrongsak Phetlert-anan, "Kanriakrong dindaen khun ph.s. 2483"［1940年归还领土的要求］，pp. 28—65。

28 Thamsook Numnonda, *Thailand and the Japanese Presence 1941—1945*, chap. 2.

29 同上；关于这一事件的众多政府文献的译文，参见Thak Chaloemtiarana, ed., 198
Thai Politics: Extracts and Documents 1932—1957, chap. 2。

30 E. Thadeus Flood, "The 1940 Franco-Thai Border Dispute and Phibuun Songkhraam's Commitment to Japan", pp. 304—325.

31 这幅地图选自Thongbai Taengnoi, *Phaenthi phumisat prayok matthayomsuksa tonton lae tonplai*［初级与高级中学地理学地图集］, p. 39。斯特恩斯坦将这幅地图的名称译为"泰国边界的演变"(Evolution of the Boundary of Thailand), 并将最初制作日期确定为1940年; 参见"A Catalogue of Maps of Thailand in the Museum of the Royal Thai Survey Department, Bangkok", p. 56。实际上, 这幅地图的更早版本制作于1935年, 跟后来的地图有很大的不同; 这一地图可参见Thamrongsak,［"归还领土的要求"］, p. 54。但1940年版本的地图广为流行。

32 参见Thamrongsak,［"归还领土的要求"］, pp. 51—62, 地图可参见pp. 54, 56; 另可参见Phayont Thimcharoen, "Naewphromdaen rawang sayam kap indochin khong farangset"［暹罗与法属印度支那之间的边界］, p. 26。

33 参见Minton Goldman, "Franco-British Rivalry over Siam", p. 226。

34 参见Waytt, *A Short History*, p. 207。另可参见D. G. E. Hall, *A History of South East Asia*, p. 729。

35 Sir Josiah Crosby, *Siam: The Crossroads*, pp. 113—114. Flood, "The 1940 Franco-Thai Border Dispute"讲述了一个稍有不同的故事: 他说克罗斯比对暹罗的请求表示同情, 但由于美国在此事上对英国政策施加的影响, 他无法向暹罗表达官方同情态度。

36 Konthi Supphamongkol, *Kanwithesobai khong thai*［泰国外交政策］, p. 24。

37 同上。关于Vanit Pananonda这个人以及銮披汶政府中亲日集团的角色, 参见Flood, "The 1940 Franco-Thai Border Dispute", pp. 312—313, 317, 322—324, 以及Thamsook Numnonda, *Thailand and Japanese Presence*, pp. 115—116, chaps. 1, 3各处。关于日本人对此人的叙述, 参见Benjamin Batson and Shimizu Hajime, eds., *The Tragedy of Wanit*。

38 Royal Thai Survey Department,［泰国制图技术的发展］, pp. 13—14。而这些图像同样来自Thongbai Taengnoi,［地理地图集］, 分别见pp. 27, 29, 31, 33, 35, 37, 几乎跟1935—1936最初版本一模一样。

39 Larry Sternstein, "An Historical Atlas of Thailand", p. 7; 斜体为斯特恩斯坦的强调, 尽管他在文章的标题中使用的是"an"。值得注意的是, 他的研究并没有包括我列表中的第一幅地图。因此在他的研究中只有**五**幅地图, 尽管官方是六幅地图组成的套图。

40 但斯特恩斯坦将这些地图称为"东南亚大陆的自然状况与政治形势", 因此他将每幅地图的标题用复数标示为"某某时期的各个王国与城市"。

41 Royal Thai Survey Deaprtment,[制图技术的发展],p. 13指出,在1935年的初版中它被称为“农些王国”(the kingdom of Nongsae),据信这就是南诏都城的名称。然而,在斯特恩斯坦的文章中,这幅地图被专门看成公元748年南诏国王阁逻凤在位期间的王国范围。

42 在通拜地图集的1986年版本p. 31,根据近期的历史知识,地图上这一朝的时限变为佛诞1822—1843(公元1279—1300)。但他没有更新p. 30上与地图相对的文字。

43 Sternstein, “Historical Atlas”, p. 20.

44 Somkiat Wanthana, “The Politics of Modern Thai Historiography”, p. 341. 199

45 斯特恩斯坦做了这一评述,并认为由于这一缺陷,每幅地图都应该分别考虑;参见“Historical Atlas”, p. 7。我认为,地图的功能在于它们作为套图的整体性,而不在于单个地图。

46 关于他的戏剧,参见Pra-onrat Buranamat, *Luang wichitwathakan kap lakhon prawattisat*[銮威集与历史剧],尤其是chap. 4。下文对銮威集戏剧的叙述主要来自这一文献。关于他的历史作品可参见Kohkua Suwannathat-phian, “Kankhian prawattisat baep chatniyom: phitcharana luang wichitwathakan”[民族主义者的历史编纂学:论銮威集],pp. 149—180;以及Charnvit Kasetsiri, “Thai Historiography from Ancient Times to the Modern Period”, pp. 156—170。关于銮威集历史观的杰出研究可参见Somkiat Wanthana, *Politics of Historiography*, chap. 4。关于一些歌曲及其英文翻译参见Thak Chaloemtiarana, ed., *Thai Politics*, pp. 317—322。一些歌曲已经在军事行动中推广,要么在和平时期,要么在政变当中。

47 “Phra naresuan prakat itsaraphap”[纳黎萱国王宣布独立],收录于Luang Wichitwathakan, *Wichitsan*[銮威集选集],vol. 1, p. 125。

48 泰文记录从未提到过这次袭击。缅甸的记载提到过,但他们称这次行动没有成功。銮威集的戏剧略去了这次袭击的细节与结果。

49 Pra-onrat将这一片段看成戏剧的高潮,她批评作者没有将宣告独立设置成高潮(参见[銮威集与历史剧],p. 168)。在我看来,这一片段只是一个额外的奇迹;宣告独立的非凡时刻确实是全剧的高潮。

50 Pra-onrat,[銮威集与历史剧],pp. 171—178。

51 同上,pp. 207—212。

52 同上,pp. 79—80。

53 Edmund Leach, *Genesis as Myth and Other Essays*, p. 9.

54 King Chulalongkorn, "Samakhom supsuan khongboran nai prathetsayam"［暹罗的考古学会］, pp. 45—46；全文见pp. 42—46。

55 Damrong, "Laksana kanpokkhrong prathetsayam tae boran"［古代的暹罗政府］, p. 6。

56 这种时代错位的历史视角对于其他国家的过去和英雄来说可能也是正确的，例如阿努律陀和江喜陀时代的蒲甘，以及Saiyasettha时代的澜沧。

57 Thongchai Winichakul, "Phurai nai prawattisat thai: karani phra mahathammaracha"［泰国历史中的恶棍：阿瑜陀耶的Mahathammaracha国王事例］, pp. 173—196。

58 这一短语是一部现代泰国历史文学中最有力、最著名的作品的名称。这部作品最早由丹隆在1917年写成，名称在*PP*, pt. 6中为"Phongsawadan ruang rao rop phama"［我们与缅甸战争的记录］。随后在1920年的重印本中，rao（我们）一词被改为Thai（泰人、泰国）（参见*PP* 5/6, 6/6, 7/6）。在后来的重印本中，被简称为Thai rop phama［泰国反抗缅甸］。这种视角之下关于过去的主题与结构在1911年也被丹隆引入；参见*Sadaeng banyai phongsawadan sayam*［暹罗史演讲录］。

59 参见Lorraine Gesick, *In the Land of Lady White Blood: Southern Thailand and the*
200 *Meaning of History*，这是一部非常令人兴奋的民族志历史，是科学史、国家史无法完全涵盖的地区历史领域内的一次旅行。我也略微触及这一领域，采用这本书中的地理学方式，以另一种研究方法，考察新型历史的出现。参见Thongchai Winichakul , "Siam Mapped"（论文）, pp. 333—338。

结　语

1 Edmund Leach, "The Frontiers of Burma", pp. 49—51.

2 ［McCarthy］, *An Englishman's Siamese Journal 1890—1893*, pp. 185—186；以及*Surveying and Exploring*, pp. 101—102。

3 Chiraporn,［1893年危机］, pp. 316—318。

4 同上, p. 318；另可参见Piyachat Pitawan, *Rabopphrai nai sangkhomthai ph.s. 2411—2453*［1868—1910泰国社会中的庶民制度］, pp. 72, 75, 133—136。

5 Piyachat,［庶民制度］, pp. 145—156。

6 Toem Wiphakphotchanakit, *Prawattisat isan*［东北历史］, vol. 2, p. 531. Toem并没

有详细说明这一法令的年份，但间接地提到它晚于1899年。Chiraporn，[1893年危机]，p. 319，他引用了Toem一书中的内容，指出这一命令是在1893年危机之后的几年内颁发的。但在各个研究中，都没有提到一手资料来源。

7 Thak Chaloemtiarana, ed., *Thai Politics*, pp. 246—247.

8 Charles F. Keyes, *Isan: Regionalism in Northeastern Thailand*, pp. 2—3, 60—61.

9 参见David Streckfuss, "Creating 'The Thai': The Emergence of Indigenous Nationalism in Non-colonial Siam 1850—1980."修订版即将由威斯康星大学麦迪逊分校东南亚研究中心出版。

10 这甚至在今天还被认为是泰国历史学界的一个主要问题；参见Winai Pongsripian, ed., *Panha nai prawattisatthai*[泰国历史中的问题]，p. 3。

11 H. L. Shorto, "A Mon Genealogy of Kings", p. 64.

12 Khachorn Sukhabhanij, "Thanandon phrai"[庶民身份]，pp. 69, 71。这篇文章初版于1960年，作为泰国史的经典作品随后多次重印。事实上，作者为这篇文章加的英文题目是"Freeman Status"（自由人身份），并在文中就phrai为何不是农奴而是自由人做了解释。他所批评的马克思主义者的论述指的是Jit Phoumisak, *Chomna sakdina thai nai patchuban*一书，该书最初出版于1957年；参见Craig J. Reynolds, *Thai Radical Discourse: The Real Face of Thai Feudalism Today*。

13 Khachorn, "Thanandon phrai", p. 90.

14 来自"Thanandon phrai"1976年重印本的导言。

15 Vella, *Chaiyo!*, pp. 29—31.

16 整段引文摘自John S. Girling, *Thailand: Society and Politics*, p. 215，该文译自1976年12月2至8日的《暹罗纪事》(*Sayamchotmaihet*)杂志。

17 Likhit Dhiravegin, "Nationalism and the State in Thailand".

18 图像20取自*Inside Asia* 7 (Feb.—Mar. 1986): 15；照片由Conrad Taylor拍摄。

19 Charles F. Keyes, "The Case of the Purloined Lintel", pp. 261—292.

20 参见Chawi-ngam Macharoen, *Thong thai*[泰国国旗]。

21 Chamun Amondarunarak [Chaem Sunthornwet], *Phraratchakaraniyakit samkhan nai phrabatsomdet phramongkutklaochaoyuhua*[瓦栖拉兀的重要贡献]，vol. 6, pp. 8—30。

22 参见国家档案馆1935至1936年间一些省份的宪法年度庆典的众多文件，内政 201
部（*Mo. Tho.*），2.2.13/2, 2.2.13/7；5.14/1, 5.14/49。有一次，它被放置在传统上用

来表现须弥山的复制品的顶部。

23 Khru ngoen[pseud.], *Phlengthai tamnaiprawat*[泰国歌曲：历史背景], pp. 1—22。

24 Fine Arts Department, comp., *Khamchichaeng ruang kanchai phleng kiattiyot lae kret khwamru ruang dontri thai*[赞歌使用指南以及泰国音乐的各种知识], pp. 1—2。

25 参见Chawi-ngam,[泰国国旗], pp. 9—17, 当中有关于国旗的所有法令与官方规定列表，其中包括在十月大屠杀不久后，为增强对于国家符号的意识，而在1976年12月修订的最新规定的全部细节。

26 关于这一信息，我要向目前正在对国家安全话语进行研究的David Streckfuss深表谢意。

术语表

由于本书涉及术语的意义转变，下面所列的定义包括相关的当前意义、书面意义以及/或者传统用法。

adharma	邪恶的、坏的、恶棍
ana-	权力、权威
anachak	王国;【字面】皇权
anakhet	领土、某一力量控制下的区域、边界;【字面】某一力量控制下的有限区域
ananikhom	殖民地
baht	【传统】衡量时间的一个传统单位，等于6分钟; 10 baht = 1 mong(小时)
banmuang	国家;【字面】乡镇
Bunga mas(马来语)	作为臣服象征的金银树;【字面】金树
cakravatin(梵语)	(佛教王权观念中的)帝王、转轮圣王
chaomuang	某一城镇的统治者;【字面】城主
chat	民族、国家;【字面】与【传统】出生、天生的共性、天生的本质或特性
chatprathet	民族、国家
Chomputhawip	印度教—佛教宇宙观中人类所生存的南部大陆

daen	区域、范围
Dawadung	印度教—佛教宇宙观中萨迦或因陀罗所在的天域
dharma（梵语）	优点、美好的
dindaen	领土、区域
ekkalak	认同、共同特征
ekkarat	独立；【传统】最高的国王，位于其他人之上
farang	西方人
hon	星相家
huamuang	省级城镇；【字面】王国内部的依附国
itsaraphap	独立；【传统】最高权力、最高地位、领主地位
khaek	马来、南亚（印度、巴基斯坦、孟加拉、斯里兰卡）以及中东（阿拉伯、波斯和其他地区）诸族民众；穆斯林
khanthasima	领土、权力范围
khet	某一范围或区域的界限、线、边界
khetdaen	边界、界限、有限范围
khopkhanthasima	有限领土、有限的权力范围
khopkhet	界限、边界、线、有限性
khwampenthai	泰国性
krung	城市、大城市
Krungthep	曼谷；【字面】天使或神祇之城
lipda	衡量角度的一个传统单位，等于1分；60 philipda = 1 lipda, 60 lipda = 1 ongsa
lok	地球、世界、全球
mong	衡量时间的一个传统单位，等于1小时
muang	城镇、城市、国家；关于所统治的空间单位的一种泛化术语
muangkhum	附庸、纳贡的城镇、依附国，如今也指一块殖民地
naga	神话中生活在海洋或地下的蛇状生物
nat	孟人和缅人文化中的本土神灵或超自然生物
ongsa	衡量角度的一个传统单位，等于1度；1 ongsa = 60 lipda
phaenthi	地图
phama	缅甸、缅人、缅甸人
philip (philipda)	衡量角度的一个传统单位，等于1秒；60 philipda = 1 lipda

phongsawadan	编年史
phrai	农奴、农奴制、泰国传统社会中的一种奴役关系
phum	土地、世界、空间、范围
phumanithet	【传统】地理学;【字面】对土地或世界的描述;现在已不使用
phumisat	(所有意义上)地理学;【字面】关于土地或世界的科学
prathet	民族、国家;【传统】地区、地点;对一片没有划定权力或界限的不明土地的一种通用术语
prathetchat	民族、国家
prathetsarat	纳贡的君主和王国
samfaifa	在多个领主之下的朝贡国;【字面】在三片天空(三个领主)之下
sangha(巴利语)	佛教秩序
Sayam	暹罗
sima	用以标记一片神圣区域的圣石
songfaifa	在多个领主之下的朝贡国;【字面】在两片天空(两个领主)之下
Songkran	四月中旬的泰国新年
suai	朝贡
sumsam	疏忽
Suwannaphum	过去用来指称如今东南亚大陆的术语;【字面】金色大地
tamkon farang	对西方人亦步亦趋
tamnan	关于过去的传说、神话、故事
then	假僧人
thesaphiban	从1890年至今的新省府行政体系的名称;【字面】对领土的保护或控制
thewada	神祇、天使
Traiphum	三界宇宙学;【字面】三界
Yuan	越南、越南人(因其贬义色彩,因此在泰语中是一种常用的却非官方的术语)

参考文献

Adisak Thongbun. "Wan witthayasat haeng chat kap phrabida haeng witthayasat thai" [National Science Day and the father of Thai science]. *Warasan ratchabanditsathan* [Journal of the Royal Institute] 9, no. 4 (July—Sept. 1984): 3—4.

Ahmat, Sharom. "Kedah-Siam Relations 1821—1905." *Journal of the Siam Society* 59, pt. 1 (Jan. 1971): 97—117.

Akin Rabibhadana. *The Organization of Thai Society in the Early Bangkok Period, 1782—1873*. Southeast Asia Program, Data Paper 74. Ithaca: Cornell University, 1969.

Alabaster, Henry. *The Modern Buddhist: Being the Views of a Siamese Minister of State on His Own and Other Religions*. London: Trubner & Co., 1870.

Alkire, William H. "Concepts of Order in Southeast Asia and Micronesia." *Comparative Studies in Society and History* 14 (1972): 484—493.

Amondarunarak, Chamun [Chaem Sunthornwet]. *Phraratchakaraniyakit samkhan nai phrabatsomdet phramongkutklaochaoyuhua* [The significant contributions of King Vajiravudh]. 8 vols. Bangkok: Khurusapha, 1968—1970.

Amphorn Tangseri. "Withesobai khong phrabatsomdet phrachunlachomklaochaoyuhua thimito maha-amnat yurop" [King Chulalongkorn's foreign policy toward the European powers). M.A. thesis, Chulalongkorn University, 1980.

Anderson, Benedict. "The Idea of Power in Javanese Culture." In *Culture and Politics in*

Indonesia, ed. Clair Holt. Ithaca: Cornell University Press, 1972.

——. "Studies of the Thai State: The State of Thai Studies." In *The Study of Thailand: Analyses of Knowledge, Approaches, and Prospects in Anthropology, Art History, Economics, History and Political Science*, ed. Elizer B. Ayal. Papers in International Studies, Southeast Asian Series, no. 54. Athens: Ohio University, 1978.

——. *Imagined Communities: Reflections on the Origin and Spread of Nationalism*. 2nd ed. London: Verso, 1991.

Aphichat Thongyoo. *Watthanatham kap chumchon: thangluakmai khong nganphatthana* [Culture and local community: an alternative for development works]. Bangkok: Catholic Council for Development, 1984.

Ayusawa, Shintaro. "The Types of World Map Made in Japan's Age of National Isolation." *Imago Mundi* 10 (1953): 123—128.

Bagrow, Leo. *History of Cartography*. Revised by Robert A. Skelton. London: C. A. Watts & Co., 1964.

Barth, Fredrik, ed. *Ethnic Groups and Boundaries: The Social Organization of Cultural Difference*. Bergen: Universitetsforlaget; London: Allen & Unwin, 1969.

Batson, Benjamin, and Shimizu Hajime, eds. *The Tragedy of Wanit: A Japanese Account of Wartime Thai Politics*. Special Publication Series, no. 1. Singapore: Journal of Southeast Asian Studies, 1990.

Battye, Noel A. "The Military, Government, and Society in Siam, 1868—1910: Politics and Military Reform During the Reign of King Chulalongkorn." Ph.D. dissertation, Cornell University, 1974.

Beze, Claude de. *The 1688 Revolution in Siam*. Translated by E. W. Hutchinson. Hong Kong, 1968.

Boisselier, Jean. *Thai Painting*. Translated by Janet Seligman. Tokyo: Kodansha International, 1976.

Bonney, R. *Kedah 1771—1821: The Search for Security and Independence*. London: Oxford University Press, 1971.

Bowring, Sir John. *The Kingdom and People of Siam*. 2 vols. London, 1857. Reprint. Kuala Lumpur: Oxford University Press, 1969.

Bradley, Dan Beach. *Nangsu akkharaphithansap: Dictionary of the Siamese Language*. In Thai. Bangkok, 1873. Reprint. Bangkok: Khurusapha, 1971.

——. *Abstract of the Journal of Reverend Dan Beach Bradley, M.D., Medical Missionary in Siam 1835—1873*. Edited by George H. Feltus. Cleveland: Multigraph Department of the Pilgrim Church, 1936.

Bradley, William L. "Prince Mongkut and Jesse Caswell." *Journal of the Siam Society* 54, pt. 1 (Jan. 1966): 29—41.

——. *Siam Then: The Foreign Colony in Bangkok Before and After Anna*. Pasadena: William Carey Library, 1981.

Brailey, Nigel J. "Chiengmai and the Inception of an Administrative Centralization Policy in Siam." *South East Asian Studies* 11, no. 3 (Dec. 1973): 299—330 and no. 4 (Mar. 1974): 439—469.

Breazeale, Kennon, and Sanit Samuckkarn. *A Culture in Search of Survival: The Phuan of Thailand and Laos*. Monograph Series, no. 31. New Haven: Yale University Southeast Asia Studies, 1988.

Burghart, Richard. "The Formation of the Concept of Nation-State in Nepal." *Journal of Asian Studies* 44 (1984): 101—125.

The Burney Papers. 5 vols. in 6. Bangkok: Vajiranana National Library, 1910—1914.

Chaen Patchusanon, Admiral. "Suriyupparakha temkhrat ph.s. 2411" [The full solar eclipse of 1868]. *Nawikkasat* 62, no. 11 (Nov. 1979): 124—141.

Chaiwat Satha-anan and Sombat Chanthornwong, eds. *Yumuangthai* [Living in Thailand]. Essays in honor of Professor Saneh Chamarik. Bangkok: Thammasat University Press, 1987.

Chaiyan Rajchagool. "The Social and State Formation in Siam 1855—1932." Ph.D. thesis, University of Manchester, 1984.

Chakkawatthipani. Bangkok: Fine Arts Department, 1980.

Chamroen Saengduangkhae. *Lokkathat chaothai phaktai thi prakot nai phlengklomdek* [The worldview of the Southern Thai as it appears in nursery rhymes]. Center for the Promotion of Language and Culture of the Southern Thai Region. Songkhla: Sri Nakharinwirot University, 1978.

Chandler, David P. "Maps for the Ancestors: Sacralized Topography and Echoes of Angkor in Two Cambodian Texts." *Journal of the Siam Society* 64, pt. 2 (July 1976): 170—187.

——. *A History of Cambodia*. Westview Profiles. Nations of Contemporary Asia. Boulder:

Westview Press, 1983.

Chandran Jeshuran. "The Anglo-French Declaration of January 1896 and the Independence of Siam." *Journal of the Siam Society* 28, pt. 2 (July 1970): 105—126.

——. *The Contest for Siam 1889—1902: A Study in Diplomatic Rivalry*. Kuala Lumpur: Penerbit Universiti Kebangsaan Malaysia, 1977.

Chariyawan Apornrat. "Panha khong ratthabanthai nai ratchasamai phrabatsomdet phrachunlachomklaochaoyuhua thikieokap khon-esia naibangkhap angkrit lae farangset"[Problems facing the Thai government in the reign of King Chulalongkorn concerning the Asian subjects of Britain and France]. M.A. (History) thesis, Chulalongkorn University, 1982.

Charnvit Kasetsiri. "Thai Historiography from Ancient Times to the Modern Period." In *Perceptions of the Past in Southeast Asia*, eds. Anthony Reid and David Marr. Asian Studies Association of Australia, Southeast Asia Publication Series, no. 4. Singapore: Heinemann Educational Books (Asia), 1979.

Charuwan Thammawat. *Lokkathat thangkanmuang chak wannakam isan*[Political perceptions from the literature of the northeast]. Publications of the Social Science Association of Thailand. Bangkok: Saengrungkanphim, 1980.

Chawi-ngam Macharoen. *Thongthai*[Thai flags]. Bangkok: Fine Arts Department, 1977.

Chirapha Phasitpratya. "Kansadetsawankhot khong phrabatsomdet phrachomklaochaoyuhua"[The death of King Mongkut]. *Warasanmanutsat*[Journal of Humanities]2, no. 3 (July—Sept. 1971): 35—50.

Chiraporn Sathapanawatthana. *Wikrittakan r.s. 112*[The 1893 crisis]. Bangkok: Sri Nakharinwirot University (Prasanmit), 1980.

Chulalongkorn, King. "Samakhom supsuan khongboran nai prathetsayam"[The Antiquarian Society in Siam]. *Sinlapakorn* 12, no. 2 (July 1968): 42—46.

Commission for National Identity. *Ekkalak khong chat*[National identity]. Bangkok: Graphic Arts Publishing, 1983.

Cook, Nerida. "A Tale of Two City Pillars: Mongkut and Thai Astrology on the Eve of Modernization." In *Patterns and Illusions: Thai History and Thought*, eds. Gehan Wijeyewardene and E. C. Chapman. Canberra: the Richard Davis Fund and Department of Anthropology, Australian National University; Singapore: Institute of Southeast Asian Studies, 1992.

Crawfurd, John. *History of the Indian Archipelago*. 3 vols. Edinburgh, 1820.

——. *Journal of an Embassy from the Governor-General of India to the Courts of Siam and Cochin China*. 2 vols. 2nd ed. London, 1830. Oxford in Asia Historical Reprints. Kuala Lumpur: Oxford University Press, 1967.

——. *A Descriptive Dictionary of the Indian Islands and Adjacent Countries*. London, 1856. Oxford in Asia Historical Reprints. Kuala Lumpur: Oxford University Press, 1971.

The Crawfurd Papers. Bangkok: Vajiranana National Library, 1915. Oxford in Asia Historical Reprints. Kuala Lumpur: Oxford University Press, 1967.

Crosby, Sir Josiah. *Siam: The Crossroads*. London: Holis & Carter, ca. 1945.

Curzon, George N. "The Siamese Boundary Question." *Nineteenth Century* 28, no. 197 (July 1893): 34—35.

Damrong Rajanubhap, Prince. *Prachum phraniphon bettalet* [Collection of miscellaneous essays]. Bangkok: Khurusapha, 1961.

——. *Nithanborankhadi* [Historical anecdotes]. 13th printing. Bangkok: Bannakhan, 1966.

——. *Khwamsongcham* [Recollections]. Bangkok: Khlangwitthaya, 1974.

——. "Laksana kanpokkhrong prathetsayam tae boran" [The Siamese government in ancient times]. In *Prawattisat lae kanmuang* [History and politics]. A textbook for the general studies course Thai Civilization. Bangkok: Thammasat University, 1975.

——. *Sadaeng banyai phongsawadan sayam* [Lectures on Siam's history]. n.p., n.d.

Damrong Rajanubhap, Prince, and Rajasena, Phraya. *Thesaphiban* [The *thesaphiban* system of provincial administration]. Cremation volume for Phraya Atthakrawisunthorn (Sanguan Satarat). Bangkok: Fine Arts Department, 1960.

Dhaninivat, Prince. *Collected Articles by H. H. Prince Dhaninivat*. Bangkok: Siam Society, 1969.

East, W. Gordon, and Prescott, J. R. V. *Our Fragmented World: An Introduction to Political Geography*. New York: Macmillan, 1975.

Emmerson, Donald K. "'Southeast Asia': What's in a Name." *Journal of Southeast Asian Studies* 15 (1984): 1—21.

Errington, Shelly. "The Place of Regalia in Luwu." In *Centers, Symbols, and Hierarchies*, ed. Lorraine Gesick. New Haven: Yale University, 1983.

——. *Meaning and Power in Southeast Asian Realm*. Princeton: Princeton University Press, 1989.

Fell, R. T. *Early Maps of South-East Aisa*. Images of Asia Series. Singapore: Oxford University Press, 1988.

Feltus, George Haws. *Samuel Reynolds House of Siam, Pioneer Medical Missionary, 1847—1876*. New York: Revell, 1924. Translated into Thai anonymously as *Dr. renon hao mofarang samratchakan*[Dr. Reynolds House, a Western medical doctor in three reigns]. Bangkok: Christian Council of Thailand, Suriyaban, 1982.

Fine Arts Department, comp. *Prachum chotmaihet ruang suriyupparakha nai ratchakan thi 4 lae ruang ratchakan thi 4 songprachuan lae sawankhot*[Collected documents on the solar eclipse in the fourth reign and on the illness and death of King Mongkut]. Cremation volume for Luang Chamdoemphadetsuk. Bangkok, 1971.

——. *Khamchichaeng ruang kanchai phleng kiattiyot lae kret khwamru ruang dontri thai*[Guideline for the use of honorable songs and miscellaneous knowledge of Thai music]. Cremation volume for Sawang Phanthummasen. Bangkok, 1973.

Flood, E. Thadeus. "The 1940 Franco-Thai Border Dispute and Phibuun Songkhraam's Commitment to Japan." *Journal of Southeast Asian History* 10 (1969): 304—325.

Forbes, Andrew D. W. "The Struggle for Hegemony in the Nineteenth Century Laos: The Third Siamese Military Expedition to the Northeast (1885—1887)." In *Proceedings of the International Conference on Thai Studies, Australian National University, Canberra, 1987*. Vol. 3, pt. 1. Canberra, 1987.

Garnier, Francis. *La Cochinchine francaise en 1864*. Paris: Challamel aine, 1864.

Gawin Chutima. *The Rise and Fall of the Communist Party of Thailand (1973—1987)*. Centre of South-East Asian Studies, Occasional Paper no. 12. Canterbury: University of Kent at Canterbury, 1990.

Geertz, Clifford. "The Integrative Revolution: Primordial Sentiments and Civil Politics in the New States." In *Old Societies and New States*, ed. Clifford Geertz. New York: Free Press, 1963.

Gesick, Lorraine. "Kingship and Political Integration in Traditional Siam 1767—1824." Ph.D. dissertation, Cornell University, 1976.

——, ed. *Centers, Symbols, and Hierarchies: Essays on the Classical States of Southeast Asia*. Southeast Asia Studies, Monograph Series, no. 26. New Haven: Yale University,

1983.
——. "Reading Landscape: Reflections on a Sacred Site in South Thailand." *Journal of the Siam Society* 73, pts. 1—2 (1985): 157—162.
——. *In the Land of Lady White Blood: Southern Thailand and the Meaning of History*. Ithaca: Cornell Southeast Asia Program, forthcoming.
Giddens, Anthony. *The Nation-State and Violence*. Contemporary Critique of Historical Materialism. Vol. 2. Cambridge, England: Polity Press, 1985.
Girling, John S. *Thailand: Society and Politics*. Ithaca: Cornell University Press, 1981.
"Giving in Asia—A Symposium." *Journal of Asian Studies* 46 (1987): 305—379.
Goldman, Minton F. "Franco-British Rivalry over Siam, 1896—1904." *Journal of Southeast Asian Studies* 3 (1972): 210—228.
Haas, Mary R. *Thai-English Student's Dictionary*. London: Oxford University Press, 1964.
Hagesteijn, Renee. *Circles of Kings: Political Dynamics in Early Continental Southeast Asia*. Dordrecht and Providence: Foris, 1989.
Hall, D. G. E., ed. *Historians of South East Asia*. London: Oxford University Press, 1961.
——. *Henry Burney: A Political Biography*. London: Oxford University Press, 1974.
——. *A History of South East Asia*. 4th ed. New York: St. Martin's Press, 1981.
Hall, Kenneth R., and Whitmore, John K., eds. *Explorations in Early Southeast Asia History: The Origins of Southeast Asian Statecraft*. Ann Arbor: Center for Southeast Asian Studies, University of Michigan, 1976.
Hawkes, Terrence. *Structuralism and Semiotics*. New Accent Series. London: Methuen, 1982.
Heine-Geldern, Robert. *Conceptions of State and Kingship in Southeast Asia*. Data Paper 18, Southeast Asia Program. Ithaca: Cornell University Press, 1956.
Hobart, Mark, and Taylor, Robert, eds. *Context, Meaning and Power in Southeast Asia*. Southeast Asia Program. Ithaca: Cornell University Press, 1986.
Hong Lysa. *Thailand in the Nineteenth Century: Evolution of the Economy and Society*. Singapore: Institute of Southeast Asian Studies, 1984.
Hutchinson, E. W. *Adventurers in Siam in the Seventeenth Century*. London, 1940.
Jackson, Peter. *Buddhism, Legitimation and Conflict: The Political Functions of Urban Thai Buddhism*. Singapore: Institute of Southeast Asian Studies, 1989.
[Johnson, W. G.] *Phumisat sayam (samrap rongrian thai)* [Geography of Sian (for Thai

schools)]. Bangkok, 1900.

——. *Phumisat sayam (samrap chan prathom suksa)*[Geography of Siam (for primary schools)]. 4th ed. Bangkok: Department of Education, 1907.

Kanok Wongtra-ngan. *Khokhit chak krungsi-ayutthaya*[Lessons from the Ayudhya kingdom]. Office for the Promotion of National Identity, Secretariat Office of the Prime Minister. Bangkok, 1984.

Keates, J. S. *Understanding Maps*. New York: Wiley, 1982.

Kedourie, Elie. *Nationalism*. 3rd ed. London: Hutchinson, 1966.

Kennedy, Victor. "An Indigenous Early Nineteenth Century Map of Central and Northeast Thailand." In *In Memoriam Phya Anuman Rajadhon*, eds. Tej Bunnag and Michael Smithies. Bangkok: Siam Society, 1970.

Keyes, Charles F. *Isan: Regionalism in Northeastern Thailand*. Cornell Thailand Project Interim Report Series, no. 10. Southeast Asia Program, Data Paper 65. Ithaca: Cornell University, 1967.

——. "Buddhist Pilgrimage Centers and the Twelve Year Cycle: Northern Thai Moral Orders in Space and Time." *History of Religion* 15 (1975):71—89.

——. "Political Crisis and Militant Buddhism in Contemporary Thailand." In *Religion and Legitimation of Power in Thailand, Laos and Burma*, ed. Bardwell L. Smith. Chambersburg, Pa.: Anima Books, 1978.

——, ed. *Ethnic Adaptation and Identity: The Karen on the Thai Frontier with Burma*. Philadelphia: Institution of the Study of Human Issues, 1979.

——. *Thailand: Buddhist Kingdom as Modern Nation-State*. Westview Profiles. Nations of Contemporary Asia. Boulder: Westview Press, 1987.

——. "The Case of the Purloined Lintel: The Politics of a Khmer Shrine as a Thai National Heritage." In *National Identity and Its Defense: Thailand 1939—1984*, ed. Craig J. Reynolds. Monash Papers on Southeast Asia, no. 25. Melbourne: Aristoc Press, 1991.

Khachorn Sukhabhanij. "Thanandon phrai"[The Phrai status]. In *Prawattisat lae kanmuang*[History and politics]. A textbook for the general studies course Thai Civilization. Bangkok: Thammasat University Printing, 1975. Reprinted as a separate book with new introduction. Bangkok: Sri Nakharinwirot University (Prasanmit), 1976.

——. *Khomun prawattisat samai bangkok* [Historical accounts of the Bangkok period]. Bangkok: Department of History, Sri Nakharinwirot University (Prasanmit), 1981.

Khaimuk Milinthalek et al. *Nangsu prachum phongsawadan: bannanithat lae datchani khonruang* [Abstracts of the Collected Chronicles with subject and title index]. Cremation volume for Nang Thepphusit (Mian Milinthalek). Bangkok: Fine Arts Department, 1977.

Khru ngoen [pseud.] *Phlengthai tamnaiprawat* [Thai songs: historical background]. Bangkok: Bannakit, 1981.

Kobkua Suwannathat-Pian. "Kankhian prawattisat baep chatniyom: phitcharana luang wichitwathakan" [Nationalist historiography: considering Luang Wichtwathakan]. *Warasanthammasat* [Journal of Thammasat University] 6, no. 1 (June—Sept. 1976): 149—180.

——. "The Dhonburi-Bangkok Political Ideology and Its Effects upon Thai-Malay Relations 1767—1851." In *Proceedings of the International Conference on Thai Studies, Australian National University, Canberra, 1987*. Vol. 3, pt. 1. Canberra, 1987.

Kolacny, A. "Cartographic Information: A Fundamental Concept and Term in Modern Geography." *Cartographic Journal* 6, no. 1 (June 1969): 47—49.

Konthi Supphamongkol. *Kanwithesobai khong thai* [Thai foreign policy]. Bangkok: Thammasat University Press, 1984.

Kromkhotsanakan [Department of Public Relations]. *Khumu phonlamuang* [Handbook for citizens]. Bangkok: Aksonnit, 1936.

——. *Khetdaen khong rat* [The state's boundary]. Bangkok: Phanitsupphaphon Printing, 1940.

——. *Pramuan watthanatham haengchat* [A collection on national culture]. Bangkok, 1943.

Kullada Kesboonchoo. "Official Nationalism Under King Chulalongkorn." Paper presented at the International Conference on Thai Studies, Bangkok, August 1984.

——. "Official Nationalism Under King Vajiravudh." In *Proceedings of the International Conference on Thai Studies, Australian National University, Canberra, 1987*. Vol. 3, pt. 1. Canberra, 1987.

La Loubere, Simon de. *The Kingdom of Siam.* Oxford in Asia Historical Reprints. Kuala

Lumpur: Oxford University Press, 1969.

Landes, David. *Revolution in Time: Clocks and the Making of the Modern World*. Cambridge: Harvard University Press, 1983.

La o thong Ammarinrat. "Kansongnakrian paisuksato tangprathet tangtae ph.s. 2411—2475" [Sponsorship of students studying abroad during 1868—1932]. M.A. thesis, Chulalongkorn University, 1979.

Leach, Edmund. *Political Systems of Highland Burma: A Study of Kachin Social Structure*. London School of Economics Monographs on Social Anthropology, no. 44. London, 1954. Reprint. London, 1970.

——. "The Frontiers of Burma." *Comparative Studies in Society and History* 3, no. 1 (Oct. 1960): 49—68.

——. *Genesis as Myth and Other Essays*. London: Jonathan Cape, 1969.

Lee Yong Leng. *The Razor's Edge: Boundaries and Boundary Disputes in Southeast Asia*. Research Notes and Discussion Papers, no. 15. Singapore: Institute of Southeast Asian Studies, 1980.

Lieberman, Victor. *Burmese Administrative Cycles: Anarchy and Conquest, c. 1580—1760*. Princeton: Princeton University Press, 1984.

Likhit Dhiravegin. "Nationalism and the State in Thailand." Paper for the Regional Workshop on Minorities in Buddhist Politics, Thai Studies Program, Chulalongkorn University, June 1985.

Lithai, King. *Traiphum phraruang* [Three worlds according to King Ruang]. Rev. ed. Bangkok: Fine Arts Department, 1983.

Lokkabanyat. Bangkok: Fine Arts Department, 1985.

Maha-ammattayathibodi (Seng), Phraya. *Kamnoet kromphaenthi* [Establishment of the Royal Survey Department]. Cremation volume for Phraya Maha-ammattayathibodi (Seng). Bangkok, 1956.

——. "Kamnoet kantham phaenthi nai prathetthai" [The birth of mapping in Thailand]. *Warasan phaenthi: chabap phiset* [Journal of Mapping: special issue]. Bangkok: Royal Survey Department, 1983.

Marr, David G., and Milner, A. C., eds. *Southeast Asia in the 9th to 14th Century*. Singapore: Institute of Southeast Asian Studies; Canberra: Research School of Pacific Studies, Australian National University, 1986.

Mauss, Marcel. *The Gift: Forms and Functions of Exchange in Archaic Societies*. New York: Norton Library, 1967.

McAleavy, Henry. *Black Flags in Vietnam*. London: Allen & Unwin, 1968.

McCarthy, James. "Siam." In *Proceedings of the Royal Geographic Society*. New Series 10 (Mar. 1888): 117—134.

——. *Surveying and Exploring in Siam*. London: John Murray, 1902.

[McCarthy, James] *An Englishman's Siamese Journal 1890—1893*. London, ca. 1895. Reprint. Bangkok: Siam Media International Books, n.d.

McFarland, George B. *Thai-English Dictionary*. Stanford: Stanford University Press, 1944.

McFarland, S. G. *An English-Siamese Dictionary*. Revised and enlarged by G. B. McFarland. Bangkok: American Presbyterian Mission Press, 1903.

Mills, J. V. "Chinese Coastal Maps." *Imago Mundi* 11 (1953): 151—168.

Mills, L. A. *British Malaya 1824—67*. Introduction by D. K. Bassett. London: Oxford University Press, 1966.

Moertono, Soemarsaid. *State and Statecraft in Old Java: A Study of the Later Mataram Period, 16th to 19th Century*. Monograph Series, no. 43. Modern Indonesia Project Publications. Ithaca: Cornell University, 1968.

Mom Rachothai. *Nirat london* [Poetry on the way to London]. Cremation volume for Chamnan Chipphiphop. Bangkok, 1962.

Mongkut, King. *Prachum prakat ratchakan thi 4* [Collected proclamations of the fourth reign]. 4 vols. Bangkok: Khurusapha, 1960—1961.

——. *Phraboromrachathibai athikkamat athikkawan lae pakkhananawithi* [Royal explanations of the intercalated months and days and methods of calculating phases of the month]. Bangkok: Mahamakut Royal College, 1968.

——. *Prachum phraratchaniphon nai ratchakan thi 4 muat borankhadi* [Collected writings of King Mongkut: history section]. Cremation volume for Phra Thammadilok. Bangkok, 1973.

——. *Phraratchahatthalekha phrabatsomdet phrachomklaochaoyuhua* [Royal correspondence of King Mongkut]. Bangkok: Mahamakut Royal College, 1978.

Monkhouse, F. J. *A Dictionary of Geography*. London: Edward Arnold, 1965.

Moor, J. H. *Notices of the Indian Archipelago and Adjacent Countries*. Singapore, 1837.

Reprint. London: Frank Cass & Co., 1968.

Morell, David, and Chai-anan Samudavanija. *Political Conflict in Thailand: Reform, Reaction, Revolution*. Cambridge, Mass.: Oelgeschlager, Gunn & Hain, 1981.

Mosel, James N. "A Poetic Translation from the Siamese. Prince Damrong's Reply in Verse to Rama V." *Journal of the Siam Society* 47, pt. 1 (Jan. 1959): 103—111.

Mouhot, Henri. *Diary: Travels in the Central Parts of Indo-China (Siam), Cambodia, and Laos during 1858—1861*. 2 vols. London, 1864.

Muir, Richard. *Modern Political Geography*. London: Macmillan, 1975.

Murashima, Eiji. "The Origin of Modern Official State Ideology in Thailand." *Journal of Southeast Asian Studies* 19 (1988): 80—96.

Nakamura, Hiroshi. "Old Chinese World Maps Preserved by the Koreans." *Imago Mundi* 4 (1947): 3—22.

Nakhon Phannarong. "Kancheracha lae khotoklong rawang ratthaban sayam kap rattha ban angkrit kieokap huamuang chaidaen lannathai lae phama samai phrabatsomdet phrachunlachomklaochaoyuhua raya ph.s. 2428—2438" [Negotiations and agreements between the Siamese and British governments concerning the frontier towns between Lanna and Burma in the reign of King Chulalongkorn during 1885—1895]. M.Ed. thesis, Education College (Prasanmit), 1973.

Nangnopphamat ru tamrap thao sichulalak [Lady Nopphamat or a treatise of Thao Sichulalak]. Cremation volume for Thompat Chatamara. Bangkok, 1963.

Narathipphongpraphan, Major General Prince. *Witthayawannakam* [A literature for knowledge]. Bangkok: Phraephitthaya, 1971.

Naritsaranuwattiwong, Prince. *Banthuk khwamru ruangtangtang* [Notes on diverse knowledge]. 5 vols. Bangkok: Social Science Association of Thailand, 1963.

Narongwichit, Phra [Luan na Nakhon]. *Chotmaihet r.s. 112* [Notes on the year 1893]. Cremation volume for Phra Aphirak-amphonsathan (Thuk Khemasunthon). Bangkok, 1940.

Natthawut Sutthisongkhram. *Somdetchaophraya borommahasisuriyawong akkharamahasenabodi* [Sisuriyawong: the great minister]. 2 vols. Bangkok: Phraephitthaya, 1973.

——. *Phraprawat lae ngansamkhan khong kromluang wongsathiratsanit* [A biography of Prince Wongsathiratsanit and his important contributions]. Bangkok: Rungruangsan, 1981.

Natthawut Sutthisongkhram and Banchoed Inthuchanyong. *Phrachaoborommawongthoe kromluang prachaksinlapakhom* [Prince Prachaksinlapakhom]. Bangkok: Watcharin Publishing, 1980.

Neale, Frederick A. *Narrative of a Residence at the Capital of the Kingdom of Siam*. London: Office of the National Illustrated Library, 1852.

Nithi Aeusrivongse. *Kanmuang thai samai phra narai* [Thai politics in the reign of King Narai]. Bangkok: Thai Khadi Research Institute, 1980.

——. *Prawattisat rattanakosin nai phraratchaphongsawadan ayutthaya* [Bangkok's history in the royal chronicles of Ayudhya]. Bangkok: Bannakit, 1984.

——. *Pakkai lae bairua* [A quill and a sail]. Bangkok: Ammarin Printing, 1984.

——. *Kanmuang thai samai phrachao krung thonburi* [Thai politics in the reign of King Taksin]. Bangkok: Sinlapawatthanatham Publishing, 1986.

——. "Nakhonsithammarat nai ratcha-anachak Ayutthaya" [Nakhonsithammarat in the kingdom of Ayudhya]. In *Yumuangthai*, eds. Chaiwat Satha-anan and Sombat Chanthornwong. Bangkok, 1987.

Orawan Nopdara. "Kanprapprung kanpokkhrong lae khwamkhatyaeng kap farangset nai monthonudon rawang ph.s. 2436—2453" [The reform of administration and conflicts with France in Udon Province during 1893—1910]. M.Ed. thesis, Sri Nakharinwirot University (Prasanmit), 1977.

Osborne, Milton E. *River Road to China: The Mekhong River Expedition 1866—1873*. London: George Allen & Unwin, 1975.

Osborne, Milton, and Wyatt, David K. "The Abridged Cambodian Chronicle: A Thai Version of Cambodian History." *France-Asie* 22, no. 193 (1968): 189—197.

Pallegoix, D. J. B. *Dictionarium linguage Thai sive Siamensis interpretatione Latina, Gallica et Anglica*. (With the title in Thai: *Sappha-phachana phasathai*.) Paris, 1854.

——. *Siamese French English Dictionary*. (With the title in Thai: *Sariphot phasathai*.) Extended and revised from Pallegoix's *Dictionarium* by Reverend J. L. Vey. Bangkok: Printing Office of the Catholic Mission, 1896.

Panya Borisut. *Lokkathat khong khonthai wikhro chak wannakhadi khamson samai sukhothai* [The worldview of Thai people: an analysis of teaching literature from the Sukhothai period]. Bangkok: Odeon Store, 1980.

Pavie, Auguste. *Mission Pavie Indochine 1879—1895: geographie et voyages*. 7 vols.

Paris: E. Leroux, 1900—1919.

Pharadi Mahakhan. *Prawattisat thai samaimai* [History of Modern Thailand]. Department of History, Sri Nakharinwirot University (Bangsaen). Bangkok: Sinlapabannakhan, 1983.

Phayon Thimcharoen. "Naewphromdaen rawang sayam kap indochin khong farangset" [The boundaries between Siam and French Indochina]. *Warasan phaenthi* [Journal of Mapping] 26, no. 3 (Jan.—Mar. 1984): 5—29 and no. 4 (Apr.—June 1984): 64—93.

Phillimore, R. H. "An Early Map of the Malay Peninsula." *Imago Mundi* 13 (1956):175—178.

Photchananukrom chabap ratchabandityasathan [Thai dictionary: Royal Institute edition]. Bangkok, 1950.

Phraratchaphongsawadan chabap phraratchahatthalekha [The royal chronicle: Royal Autograph recension]. 2 vols. Bangkok: Khlangwitthaya, 1973.

Phraratchaphongsawadan krung si-ayutthaya chabap chakkraphatdiphong (chat) [The royal chronicle of Ayudhya: Chakkraphatdiphong (Chat) recension]. 2 vols. Bangkok: Khurusapha, 1961.

Phraratchaphongsawadan krung si-ayutthaya chabap phan chanthanumat [The royal chronicle of Ayudhya: Phan Chanthanumat recension]. 2 vols. (*PP* 38/64 and 39/64.) Bangkok: Khurusapha, 1969.

Phraratchaphongsawadan krung si-ayutthaya chabap phra phanarat [The royal chronicle of Ayudhya: Phra Phanarat recension]. Bangkok: Khlangwitthaya, 1971.

Phua phaendin thai [For the Thai land]. 3 vols. Office of General Information, Supreme Command of the Armed Force, Ministry of Defense, Bangkok, 1986—.

Piyachat Pitawan. *Rabopphrai nai sangkhomthai ph.s. 2411—2453* [The Phrai system in Thai society 1868—1910]. Bangkok: Thammasat University Press, 1983.

Pornpirom Iamtham. "Social Origin and the Development of the Communist Party of Thailand." Master of Development Studies dissertation, Institute of Social Studies, The Hague, 1982.

Pracha pasannathammo, Phra. "Than phuutthathat kap kanpatiwat watthanatham" [Buddhadasa Bhikku and cultural revolution]. *Pacharaysan* 10, no. 1 (1983): 51—81.

Prachum phongsawadan [Collected chronicles]. 50 vols. Khurusapha edition. Bangkok: Khurusapha, 1963—1970.

Pra-onrat Buranamat. *Luang wichitwathakan kap lakhon prawattisat* [Luang Wichitwathakan and historical plays]. Bangkok: Thammasat University Press, 1985.

Prasert-aksonnit, Khun [Phae Talalak] et al. *Photchananukrom lamdap lae plae sap thichai nai nangsu thai* [Dictionary of vocabularies used in Thai literature]. Bangkok: Department of Education, 1891.

Prayoon Uluchata [Phluluang]. "Phrachomklao kap horasat thai" [King Mongkut and Thai astrology]. *Sangkhomsatparithat* 6, no. 2 (Sept.—Nov. 1968): 43—51.

——. *Horasat* [Astrology]. Bangkok: Odeon Store, 1973.

Prescott, J. R. V. *Map of Mainland Asia by Treaty*. Carlton: Melbourne University Press, 1975.

——. *Frontiers of Asia and Southeast Asia*. Carlton: Melbourne University Press, 1977.

——. *Boundaries and Frontiers*. London: Croom Helm, 1978.

Pridi Bhanomyong. "Khwampenma khong chu 'prathetsayam' kap 'prathetthai'" [Historical background of the names "Siam" and "Thailand"]. In *Thai ru sayam* [Thailand or Siam], ed. Suphot Dantrakul. Nonthaburi (Thailand): Santitham, 1985.

Proceedings of the International Conference on Thai Studies, Australian National University, Canberra, 1987. 3 vols. Canberra: Australian National University, 1987.

Prudhisan Jumbala. "Interest and Pressure Groups." In *Government and Politics of Thailand*, ed. Somsakdi Xuto. Kuala Lumpur: Oxford University Press, 1987.

Pruess, James B. "Merit-Seeking in Public: Buddhist Pilgrimage in Northeastern Thailand." *Journal of the Siam Society* 64, pt. 1 (Jan. 1976): 169—206.

Prungsri Vallibhotama et al., eds. *Sarupphon kansammana ruang traiphum phra ruang* [Summary of the seminar on Traiphum Phra Ruang]. Published on the occasion of the celebration of the 700th year of Thai script. Bangkok: Fine Arts Department, 1983.

Rai-ngan kansammana ruang ekkalak khong chat kap kanphatthana [Report of the seminar on national identity and development]. Commission for National Identity, Office of the Prime Minister. Bangkok, 1985.

Ramakian. 2 vols. Bangkok: Khlangwitthaya, 1964.

Rawi Bhawilai. "Suriyupparakha 18 singhakhom 2411" [The eclipse on 18 August 1868]. *Sangkhomsatparithat* 6, no. 2 (Sept.—Nov. 1968): 26—34.

Reid, Anthony, and Marr, David, eds. *Perceptions of the Past in Southeast Asia*. Asian

Studies Association of Australia, Southeast Asia Publication Series, no. 4. Singapore: Heinemann Educational Books (Asia), 1979.

Renard, Ronald D. "The Delineation of the Kayah States Frontiers with Thailand: 1809—1894." *Journal of Southeast Asian Studies* 18 (1987): 81—92.

Reynolds, Craig J. "The Buddhist Monkhood in Nineteenth Century Thailand." Ph.D. dissertation, Cornell University, 1973.

——. "Buddhist Cosmography in Thai History with Special Reference to Nineteenth-Century Culture Change." *Journal of Asian Studies* 35 (1976): 203—220.

——. "Religious Historical Writing and the Legitimation of the First Bangkok Reign." In *Perceptions of the Past in Southeast Asia*, eds. Anthony Reid and David Marr. Singapore: Heinemann Educational Books (Asia), 1979.

——. "The Plot of Thai History: Theory and Practice." In *Patterns and Illusions: Thai History and Thought*, eds. Gehan Wijeyewardene and E. C. Chapman. Canberra: the Richard Davis Fund and Department of Anthropology, Australian National University; Singapore: Institute of Southeast Asian Studies, 1992.

——. *Thai Radical Discourse: The Real Face of Thai Feudalism Today*. Ithaca: Cornell Southeast Asia Program, 1987.

Reynolds, Craig J. and Hong, Lysa. "Marxism in Thai Historical Studies." *Journal of Asian Studies* 43 (1983): 77—104.

Reynolds, Frank E. "Buddhism as Universal Religion and as Civic Religion: Some Observations on a Recent Tour of Buddhist Centers in Central Thailand." In *Religion and Legitimation of Power in Thailand, Laos and Burma*, ed. Bardwell L. Smith. Chambersburg, Pa.: Anima Books, 1978.

Reynolds, Frank E., and Reynolds, Mani B. *Three Worlds According to King Ruang: A Thai Buddhist Cosmology*. Berkeley: University of California Press, 1982.

Robinson, Arthur H., and Petchenik, Barbara B. *The Nature of Maps*. Chicago: University of Chicago Press, 1976.

Rong Sayamanonda. *A History of Thailand*. Bangkok: Thaiwatthanaphanit, 1977.

"Royal Survey Department Siam: A Retrospect." In [*Journal of Mapping: Special issue*]: 18—26.

Royal Thai Survey Department. *Wiwatthanakan thang phaenthi nai prathetthai* [Development of mapping in Thailand]. A booklet for the Ministry of Defense exhibition for the bicentenary of Bangkok. Bangkok, 1982.

——. *Warasan phaenthi: chabap phiset* [Journal of mapping: special issue] 24—25 (July 1981—June 1983).

——. *Thiraluk khroprop wansathapana 100 pi kromphaenthi thahan 2528* [Commemoration volume for the centenary of the foundation of the Royal Thai Survey Department 1985]. Bangkok, 1985.

Sack, Robert D. *Human Territoriality: Its Theory and History.* Cambridge, N. Y.: Cambridge University Press, 1986.

Said, Edward. *Orientalism*. London: Routledge & Kegan Paul, 1978.

Salwidhannidhes, Major Luang. *Tamra phichika-phumisat* [A text on physical geography]. Bangkok: Ministry of Defense, 1918.

Salwidhannidhes, Lt. Gen. Phraya. "Study of Early Cartography in Thailand." *Journal of the Siam Society* 50, pt. 2 (Dec. 1962): 81—89.

Sa-nga Luchaphatthanaphon, ed. *Wikrittakan ekkalakthai* [The crisis of Thai identity]. Bangkok: Pacharayasan, 1981.

Sangkhomsat chabap lokkathat chaolanna [Journal of social science: on the worldview of Lanna people] 6, no. 2 (Oct. 1983—Mar. 1984).

Sa-nguan Ankhong. *Singraek nai muangthai* [First things in Thailand]. 3 vols. Rev. ed. Bangkok: Phraephitthaya, 1971.

Santisuk Sophonsiri. "Ratthai kap chakkrawatniyom" [The Thai state and imperialism]. *Pacharayasan* 12, no. 2 (Mar.—Apr. 1985): 15—35.

Sao Saimuang Mangrai. *Shan States and the British Annexation*. Southeast Asia Program, Data Paper 57. Ithaca: Cornell University, 1965.

Saowapha Phaithayawat. "Lokkathat khong khonthai samai ton rattanakosin 2325 2416" [The worldview of Thai people in the early Bangkok period]. *Warasan prawattisat* [Journal of history] 7, no. 1 (Jan.—Apr. 1982): 1—41.

Sarasin Viraphol. *Tribute and Profit: Sino-Siamese Trade 1652—1853*. Cambridge, Mass.: Harvard University Press, 1977.

Sawan Suwannachot. *Prathetthai kap panha muang chanthaburi lae trat thi farangset yutkhrong rawangpi ph.s. 2436—2449* [Thailand and the problems of Chanthaburi and Trad under the French occupation of 1893—1906]. Bangkok: Teacher Training Department, 1976.

Seksan Prasertkul. Review of *Thailand: Society and Politics*, by John Girling. (In Thai.) *Aksonsat (Sinlapakorn University)* 6, nos. 1—2 (1983): 399—406.

Shorto, H. L. "A Mon Genealogy of Kings: Observation on Nidana Arambhakatha." In *Historians of South East Asia*, ed. D. G. E. Hall. Oxford: Oxford University Press, 1961.

——. "The 32 Myos in the Medieval Mon Kingdom." *Bulletin of the School of Oriental and African Studies* 26 (1963): 572—591.

——. "The Dewatau Sotapan: A Mon Prototype of the 37 Nats." *Bulletin of the School of Oriental and African Studies* 30 (1967): 127—141.

Sirilak Sakkriangkrai, ed. *Phraya suriyanuwat (koet bunnak) naksetthasat khonraek khong muangthai* [Phraya Suriyanuwat (Koed Bunnag): the first economist of Thailand]. Bangkok: Thaiwatthanaphanit, 1980.

Sit But-in. *Lokkathat chaothai Lanna* [The worldview of Lanna Thai people]. Chiangmai: Chiangmai Book Center, 1980.

Smith, Bardwell L., ed. *Religion and Legitimation of Power in Thailand, Laos and Burma*. Chambersburg, Pa.: Anima Books, 1978.

Smith, Samuel J. *A Comprehensive Anglo-Siamese Dictionary*. (With the Thai title *Khamphi sappha-photchananuyok*.) Bangkok: Bangkholaem Press, 1899.

Solomon, Robert L. "Boundary Concepts and Practices in Southeast Asia." *World Politics* 23 (1970): 1—23.

Somjai Phairotthirarat. "The Historical Writings of Chao Phraya Thiphakorawong." Ph.D. dissertation, University of Northern Illinois, 1983.

Somkiat Wanthana. "Rat somburanayasit nai sayam 2435—2475" [The absolutist state in Siam 1892—1932]. Paper presented at the annual conference of the Social Science Association of Thailand, Bangkok, 1982.

——. "The Politics of Modern Thai Historiography." Ph.D. dissertation, Monash University, 1986.

Somsakdi Xuto, ed. *Government and Politics of Thailand*. Kuala Lumpur: Oxford University Press, 1987.

Srisuporn Chuangsakul. "Khwamplianplaeng khong khanasong: suksa karani thammayuttikanikai (ph.s. 2368—2464)" [Development of the *sangha*: the case of the Thammayut sect (1825—1921)]. M.A. thesis, Chulalongkorn University, 1987.

Sternstein, Larry. "An Historical Atlas of Thailand." *Journal of the Siam Society* 52, pt. 1 (Apr. 1964): 7—20.

——. "A Catalogue of Maps of Thailand in the Museum of the Royal Thai Survey Department, Bangkok." *Journal of the Siam Society* 56, pt. 1 (Jan. 1968): 47—99.

——. *Portrait of Bangkok*. Bangkok: Bangkok Metropolitan Administration, 1982.

——. "'Low' Maps of Siam." *Journal of the Siam Society* 73, pt. 1 (1985): 132—156.

——. "Low's Description of the Siamese Empire in 1824." *Journal of the Siam Society* 78, pt. 1 (1990): 9—34.

Sternstein, Larry, and Black, John. "A Note on Three Polo Maps." In *Felicitation Volumes of Southeast Asian Studies Presented to His Highness Prince Dhaninivat Kromamun Bidyalabh Bridhyakorn*. Vol. 2. Bangkok: Siam Society, 1965.

Streckfuss, David. "Creating 'The Thai': The Emergence of Indigenous Nationalism in Neo-colonial Siam 1850—1980." M.A. thesis, University of Wisconsin-Madison, 1987.

Suebsaeng Phrombun. "Sino-Siamese Tributary Relations, 1282—1853." Ph.D. dissertation, University of Wisconsin-Madison, 1971.

Sulak Sivaraksa. "Chotmai chak wako" [A letter from Wako]. *Sangkhomsatparithat* 6, no. 2 (1968): 36—41.

——. *Religion and Development*. Bangkok: Thai Inter-Religious Commission for Development, 1981.

——. *Siam in Crisis*. 2nd ed. Bangkok: Thai Inter-Religious Commission for Development, 1990.

——. *Seeds of Peace: A Buddhist Vision for Renewing Society*. Preface by Thich Nhat Hanh. Berkeley: Parallax Press, 1992.

Sumalee Weerawong, Lt. Comm., trans. "Muangthai plai samai ayutthaya" [Siam in the late Ayudhya period]. From *Modern History of the Present State of All Nations*, vol. 1 (by Salmon), ca. 1724. *Warasan phaenthi* [Journal of mapping] 27, no. 3 (Jan.—Mar. 1985): 99—111 and no. 4 (Apr.—June 1985): 60—70.

Sunait Chutintaranond. "Cakravatin: the Ideology of Traditional Warfare in Siam and Burma, 1548—1605." Ph.D. dissertation, Cornell University, 1990.

Suphaphan na Bangchang. "Wannakam lokkasat nai phutthasatsana therawat" [The literature on cosmology in Theravada Buddhism]. Paper presented at the conference on the Literature on Cosmology and the Proverbs of Phra Ruang, Graduate Program, Department of Thai Language, Chulalongkorn University, 1984.

Surasakmontri, Field Marshal Chaophraya. *Prawatkan khong chomphon chaophraya surasakmontri* [Autobiography of Field Marshal Chaophraya Surasakmontri). 4 vols. Bangkok: Khurusapha, 1961.

Sutthiwong Phongphaibun, ed. *Lokkathat thai phaktai* [The worldview of the Southern Thai]. Songkhla: Sri Nakharinwirot University, 1978.

——. *Rai-ngan kanwichai phutthasatsana thaep lumthalesap songkhla fangtawan-ok samai krung si-ayutthaya* [Research report on Buddhism along the eastern bank of Songkhla Lagoon in the Ayudhya period]. Songkhla: Southern Thai Studies Institute, Sri Nakharinwirot University (Songkhla), 1980.

Suwit Thirasasawat. *Khwamsamphan thai-farangset r.s. 112—126: kansia dindaen fangkhwa maenamkhong* [Franco-Thai relations 1893—1907: loss of the right bank of the Mekhong]. Bangkok: Sri Nakharinwirot University (Prasanmit), 1980.

Swearer, Donald. "Sulak Sivaraksa's Buddhist Vision for Renewing Society." *Crossroads* 6, no. 2 (1991): 17—57

Tambiah, S. J. "The Galactic Polity: The Structure of Traditional Kingdoms in Southeast Asia." *Annals of the New York Academy of Sciences* 293 (15 July 1977): 69—97.

——. *World Conqueror and World Renouncer*. Cambridge: Cambridge University Press, 1976.

Tej Bunnag. "Kanpokkhrong baep thesaphiban pen rabop patiwat ru wiwatthanakan" [Was the *thesaphiban* provincial administration a revolution or evolution?]. *Sangkhomsatparithat* 4, no. 3 (1966).

——. *Provincial Administration of Siam 1892—1915*. Kuala Lumpur: Oxford University Press, 1977.

——. *Khabot r.s. 121* [The 1902 rebellions]. Bangkok: Foundation for Textbook Projects in Social Science and Humanities, 1981.

Tej Bunnag and Smithies, Michael, eds. *In Memoriam Phya Anuman Rajadhon*. Bangkok: Siam Society, 1970.

Terwiel, B. J. "Muang Thai and the World: Changing Perspectives During the Third Reign." Paper presented at the seminar on Asia: A Sense of Place, Canberra, Australian National University, 1986.

Thai Khadi Research Institute. “Mo bratle kap sangkhom thai” [Dr. Bradley and Thai society]. Papers for the conference on Dr. Bradley. Bangkok: Thammasat University, 1985.

Thak Chaloemtiarana, ed. *Thai Politics: Extracts and Documents 1932—1957*. Bangkok: Social Science Association of Thailand, 1978.

Thamrongsak Phetlert-anan. “Kanriakrong dindaen khun ph.s. 2483” [Demand for the return of territories in 1940]. *Samutsangkhomsat* 12, nos. 3—4 (Feb.—July 1990): 28—65.

Thamsook Numnonda. “Negotiations Regarding the Cession of Siamese Malay States 1907—1909.” *Journal of the Siam Society* 55, pt. 2 (July 1967): 227—235.

——. *Thailand and the Japanese Presence 1941—1945*. Singapore: Institute of Southeast Asian Studies, 1977.

Thawi Muktharakosa. *Phramahathiraratchao* [King Vajiravudh]. n.p., n.d.

Thepphasatsathit, Phraya. *Phumisat lem 1* [Geography book I]. Department of Education. Bangkok: Aksonnit Printing, 1902.

——. *Nangsu an phumisat lem 2* [Geography book II]. Department of Education. Bangkok: Aksonnit Printing, 1904.

Thiphakorawong, Chaophraya. *Phraratchaphongsawadan krung rattanakosin ratchakan thi 3* [Royal chronicle of the third reign of Bangkok]. 2 vols. Bangkok: Khurusapha, 1961.

——. *Phraratchaphongsawadan krung rattanakosin ratchakan thi 4* [Royal chronicle of the fourth reign of Bangkok]. 2 vols. Bangkok: Khurusapha, 1961.

——. *Nangsu sadaeng kitchanukit* [A book explaining various things]. Khurusapha edition. Bangkok: Khurusapha, 1971.

Thongbai Taengnoi. *Phaenthi phumisat prayok matthayomsuksa tonton lae tonplai* [Geographical atlas for junior and senior high school]. 23rd printing. Bangkok: Thaiwatthanaphanit, 1986.

Thongchai Winichakul. “Siam Mapped: A History of the Geo-body of Siam.” In *Proceedings of the International Conference on Thai Studies, Australian National University, Canberra, 1987*. Vol. 1, Canberra: Australian National University, 1987.

——. “Siam Mapped: A History of the Geo-body of Siam.” Ph.D. dissertation, University of Sydney, 1988.

——. "Phurai nai prawattisat thai: karani phra mahathammaracha" [Villain in Thai history—the case of King Mahathammaracha of Ayudhya]. In *Thai Khadi Suksa*, eds. Kanchanee La-ongsri et al. Bangkok: Ammarin Printing, 1990.

Toem Wiphakphotchanakit. *Prawattisat isan* [History of the northeast]. 2 vols. Bangkok: Social Science Association of Thailand, 1970.

Traditional and Changing Thai World View. Southeast Asian Studies Program (Singapore) and Social Research Institute, Chulalongkorn University. Bangkok, 1985.

Turton, Andrew, et al. *Thailand: Roots of Conflict*. Nottingham: Spokeman, 1978.

——. "Limits of Ideological Domination and the Formation of Social Consciousness." In *History and Peasant Consciousness in South East Asia*, eds. Andrew Turton and Shigeharu Tanabe. Senri Ethnological Studies, no. 13. Osaka: National Museum of Ethnology, 1984.

Udomsombat, Luang. *Chotmai luang udomsombat* [Letters of Luang Udomsombat]. Preface by Prince Damrong. Cremation volume for Phra Rattanathatchamuni. Bangkok, 1962.

Uppakitsinlapasan, Phraya. *Chumnum niphon khong o.n.g.* [Collected writings of Phraya Uppakitsinlapasan]. Bangkok: Khurusapha, 1964.

Van Dyke, J. W. [Wandai]. *Phumanithet* [Geography]. Phetchaburi, 1874.

Vella, Walter F. *Siam Under Rama III 1824—1851*. New York: Association for Asian Studies, 1957.

——. *Chaiyo! King Vajiravudh and the Development of Thai Nationalism*. Honolulu: University of Hawaii Press, 1978.

Vickery, Michael. "A Note on the Date of the Traibhumikatha." *Journal of the Siam Society* 62, pt. 2 (July 1974): 275—284.

——. "The Lion Prince and Related Remarks on Northern History." *Journal of the Siam Society* 64, pt. 1 (Jan. 1976): 326—377.

Wachirayanwarorot, Prince Patriarch. *Thetsana phraratchaprawat phrabatsomdet phra paramentharamahamongkut phrachomklaochaoyuhua* [Sermon on the royal biography of King Mongkut]. Cremation volume for Prince Thiwakonwongprawat. Bangkok, 1957.

——. *Pramuan phraniphon—prawattisat borankhadi* [Collected works—history]. Bangkok: Mahamakut Royal College, 1971.

Wannarat, Somdet Phra. *Sangkhitiyawong* [Chronicle of the Buddhist councils]. Translated by Phraya Pariyattithamthada (Phae Talalak). Cremation volume for Prince Petchabun-intharachai. Bangkok, 1923.

Warunee Osatharom. "Kansuksa nai sangkhomthai ph.s. 2411—2475" [Education in Thai society 1868—1932]. M.A. thesis, Chulalongkorn University, 1981.

Wenk, Klaus. *Thailandische Miniaturmalereien nach einer Handschrift der indischen Kunstabteilung der staatlichen Museen Berlin*. Wiesbaden: Franz Steiner, 1965.

——. "Zu einer 'Landkarte' Sued-und Ostasiens." In *Felicitation Volumes of Southeast Asian Studies Presented to His Highness Prince Dhaninivat Kromamun Bidyalabh Bridhyakorn*. Vol. 1. Bangkok: Siam Society, 1965.

——. *The Restoration of Thailand Under Rama I 1782—1809*. Tucson: University of Arizona Press, 1968.

Wheatley, Paul. *The Golden Khersonese: Studies in the Historical Geography of the Malay Peninsula Before A.D. 1500*. Kuala Lumpur: University of Malaya Press, 1961.

White, Hayden. *Metahistory: The Historical Imagination in Nineteenth Century Europe*. Baltimore: Johns Hopkins University Press, 1973.

——. *Tropics of Discourse*. Baltimore: Johns Hopkins University Press, 1978.

Wichitwathakan, Luang. *Wichitsan* [Selected works of Luang Wichitwathakan]. 5 vols. Bangkok: Mongkol Printing, 1965—1966.

Winai Pongsripian. "Traditional Thai Historiography and Its Nineteenth Century Decline." Ph.D. dissertation, University of Bristol, 1983.

——, ed. *Panha nai prawattisatthai* [Problems in Thai history]. Bulletin of the Commission for the Correction of Thai History, Office of the Prime Minister, vol. 1, no. 1. Bangkok: Office of the Prime Minister Publishing House, 1987.

Wolters, O. W. *History, Culture, and Region in Southeast Asian Perspectives*. Singapore: Institute of Southeast Asian Studies, 1982.

Woodward, David, ed. *History of Cartography*. Vol. 2. Chicago: University of Chicago Press, forthcoming.

Wright, Michael. "Khonboran mong phumisat lok" [Ancient people perceived the world's geography]. *Sinlapawatthanatham* [Arts and culture] 6, no. 3 (Jan. 1985): 90—96.

——. "Phaenthi boran" [Ancient maps]. *Sinlapawatthanatham* 7, no. 2 (Dec. 1985):

46—48.

Wutthichai Munlasin, ed. *Monthon thesaphiban: wikhroh priapthiap* [The *thesaphiban* provincial administration: comparative analysis]. Bangkok: Social Science Association of Thailand, 1981.

Wyatt, David K. *Politics of Reform in Thailand: Education in the Reign of King Chulalongkorn.* New Haven: Yale University Press, 1969.

——. "The 'Subtle Revolution' of King Rama I of Siam." In *Moral Order and the Question of Change: Essays on Southeast Asian Thought*. Southeast Asia Studies, Monograph Series, no. 24. New Haven: Yale University Press, 1982.

——. *A Short History of Thailand*. New Haven: Yale University Press, 1984.

Yuangrat Wedel. *The Thai Radicals and the Communist Party: Interaction of Ideology and Nationalism in the Forest, 1975—1980*. Singapore: Maruzen Asia, 1983.

Yuyangthai [Living as Thai]. Radio and television scripts of the programs of the same title. Bangkok: Project on the Dissemination of Thai Identity, Ministry of Education, 1978—1979; Bangkok: Commission for National Identity, Office of the Prime Minister, 1981 .

索　引

（条目后的数字为原书页码，见本书边码）

译后记

每一次阅读的背后都蕴含着一种感悟，每一段努力的背后都深藏着一个梦想。《图绘暹罗》是一部在边疆研究、东南亚研究、民族主义研究和地图研究等诸领域具有深远影响的作品，我很荣幸能有机会将其介绍给国内学术界。在我将翻译意图与进展跟原作者通报之后，曾任2013年度美国亚洲研究协会（AAS）主席的他欣然在第一时间为中译本专门撰写新的序言，并期望中国学界能够进一步深化对“地缘机体”问题以及更为宏大的边疆话语的比较性思考。可以说，这不仅是对我最大的支持与鼓励，在某种程度上也成为本书中译本最好的广告。

不可否认，随着西方话语的强势介入，我们如今的知识范式已经在某种程度上成为很多人心目中理所当然的“正确”逻辑，但作者细致梳理了泰国本土边疆话语与西方边疆话语在19世纪末的冲撞、竞争的历史，展现出了一种与西方话语具有巨大差异的泰国本土知识及其解释框架，以及在这种冲突与协调的过程中，泰国王室、高层和知识界对于西方知识的认知、互动过程。关于这一点，就正如埃里克·沃尔夫在其《欧洲与没有历史的人民》一书中所指出的：“我们再也不能仅仅满足于只书写一种‘胜者为王’的历史，或者只满足于书写被支配族群的屈服史了。社会史学家和历史社会学家已经表明，普通大众虽然确实是历史过程的牺牲品和沉默的证人，但他们同样也是历史过程的积极主体。因此，我们必须发掘‘没有历史的人民’的历史——‘原始人’、农民、劳工以及被征服的少数族群的鲜活历史。”而当这些“没有历史的人民”重新发现自己一度被忽略、被湮灭的知识与历史话语的时候，将会对既有的、被视为常识的西方边疆知识范式形成强而有力且深富意义的挑战，并形成一种真正具有自身主体性的知识与解释话语。当然，这种知识与解释话语的形成，必须是建立在具有洞察力的、认真而又细致的知识考索与挖掘基础上的，并且离不开对本土知识的深刻把握与认识。

在本书中译最后定稿的这段时间里，我正好有机会来到奥地利维也纳大学南亚、藏学与佛学研究所（Institut für Südasien-, Tibet-und Buddhismuskunde, Universität Wien），在Klaus-Dieter Mathes教授的指导之下进行博士后研究，得以与这里的学者进行深入的交流，并充分利用该研究所著名的图书、文献资源。本书中译中一些细节问题的解决，也得益于该研究所各位教授、同事的指点以及相关藏书的帮助。

翻译是一项个人事业。尽管目前学术翻译在很多地方甚至算不上正儿八经的“学术成果”，但我相信，一部好的翻译作品一定可以在学术史当中留下自己的印迹。在当下这个充满浮躁与喧嚣的世界，在人类的语言和思想鸿沟还没有被彻底跨越之前，只要我们还能抽出一段时间去阅读、去思考，翻译就能够激励我们去认知、理解过去、当下和未来的世界，它就永不会过时。正是在这种理念的支撑之下，我才能够在过去的八年时间里像“傻子”般地去做这些性价比似乎很低的事情。我相信，只要坚持，总会有结果。

翻译也是集体智慧和多方支持的结晶。由于本书内容涉及东南亚、泰语、地图、边疆理论、佛学、国际法等等历史、政治、社会与文化方面的知识，因此翻译时面临的挑战很多，幸运的是，我得到了来自各方面的知识支援。这里要特别感谢北京大学外国语学院的金勇老师，他不厌其烦、循循善诱，为我解决了翻译中的诸多难点，使我最后有信心向出版社提交译稿；感谢清华大学刘东教授、彭刚教授将本书纳入著名的“人文与社会译丛”；感谢著名东南亚史专家、美国加州州立大学富乐屯分校孙来臣教授，中央民族大学吴楚克教授，复旦大学姚大力教授，云南大学方铁教授、李晨阳教授，中国社会科学院中国边疆研究所孙宏年研究员、吕文利副研究员的关心与支持；也要感谢云南大学民族学与社会学学院李伟华博士的热心帮助；同时，还要感谢我所在单位——中央民族大学世界民族学人类学研究中心的包智明教授、张海洋教授、龚浩群老师等，他们对我的工作关怀备至，使我时刻感受到一个学术大家庭的温暖。此外，还要感谢维也纳大学副校长魏格林教授（Susanne Weigelin-Schwiedrzik）和段宏伟在我留居维也纳期间给予的巨大帮助，使我能够安享多瑙河畔的宁静时光。最后，还要一如既往地感谢一直陪伴在我身边的读者兼批评者方笑天，她的鼓励与批评始终是我前进的动力。译林出版社刘静编辑为本书顺利出版付出了许多努力，在此一并谨表谢意。当然，按照惯例，中译本中出现的所有问题都由我负责，也欢迎感兴趣的朋友多多指正，我的联系方式是rucyuanjian@hotmail.com。

人生总在前行，而学术之路永无止境。谨以本书作为我朝花夕拾之路上的一个足印，它或许会被纷繁世界的潮水冲淡，但终究已经指示了值得前行的方向。

袁剑

2014年6月20日写于维也纳

2016年3月18日补记于北京